MARKETING ECO SÓFI CO

MARKETING ECOSÓFICO

um novo olhar para o marketing empresarial

RIZOMA VERDE | SUSTENTABILIDADE | ESG

Eliane Almeida
Fred Tavares
Marcelo Fornazin

Editora Senac Rio – Rio de Janeiro – 2024

Marketing ecosófico: um novo olhar para o marketing empresarial (rizoma verde, sustentabilidade, ESG) © Eliane Almeida, Fred Tavares e Marcelo Fornazin

Direitos desta edição reservados ao Serviço Nacional de Aprendizagem Comercial – Administração Regional do Rio de Janeiro.

Vedada, nos termos da lei, a reprodução total ou parcial deste livro.

Senac RJ

Presidente do Conselho Regional
Antonio Florencio de Queiroz Junior

Diretor Regional
Sergio Arthur Ribeiro da Silva

Diretor de Operações Compartilhadas
Pedro Paulo Vieira de Mello Teixeira

Diretora Administrativo-financeira
Jussara Alvares Duarte

Assessor de Inovação e Produtos
Claudio Tangari

Editora Senac Rio
Rua Pompeu Loureiro, 45/11º andar
Copacabana – Rio de Janeiro
CEP: 22061-000 – RJ
comercial.editora@rj.senac.br
editora@rj.senac.br
www.rj.senac.br/editora

Gerente/Publisher: Daniele Paraiso

Coordenação editorial: Cláudia Amorim

Prospecção: Manuela Soares

Coordenação administrativa: Alessandra Almeida

Coordenação comercial: Alexandre Martins

Preparação de texto/copidesque/revisão de texto: Gypsi Canetti

Ilustrações: Camila Rabelo

Projeto gráfico de capa e miolo: Vinícius Silva

Diagramação: Roberta Silva

Impressão: Imos Gráfica e Editora Ltda.

1ª edição: abril de 2024

CIP-BRASIL. CATALOGAÇÃO NA PUBLICAÇÃO
SINDICATO NACIONAL DOS EDITORES DE LIVROS, RJ

A446m

    Almeida, Eliane
        Marketing ecosófico : um novo olhar para o marketing empresarial (rizoma verde, sustentabilidade, ESG) / Eliane Almeida, Fred Tavares, Marcelo Fornazin. - 1. ed. - Rio de Janeiro : Ed. SENAC Rio, 2024.
        248 p. ; 23 cm.

    ISBN 978-85-7756-496-5

        1. Marketing ecológico. 2. Governança corporativa. 3. Sustentabilidade. I. Tavares, Fred. II. Fornazin, Marcelo. III. Título.

24-88419   CDD: 658.40830218
                           CDU: 005.32:174

Gabriela Faray Ferreira Lopes - Bibliotecária - CRB-7/6643

DEDICATÓRIA

Aos meus pais, Armando e Antônia (*in memoriam*), e em especial à minha filha Luiza, meu baluarte e a melhor torcida de todas para este livro existir!

Eliane Monteiro de Almeida

Aos meus filhos, Julie e Bruno, com quem aprendi que o amor é infinito...

Fred Tavares

Aos meus filhos, Gabriel e Teresa, e à minha amada Alice, que sempre esteve ao lado na minha sinuosa trajetória em busca do conhecimento.

Marcelo Fornazin

SUMÁRIO

PREFÁCIO — **11**

APRESENTAÇÃO — **13**

AGRADECIMENTOS — **15**

INTRODUÇÃO — **17**

1. O MUNDO CONTEMPORÂNEO: UMA CARTOGRAFIA DOS RISCOS GLOBAIS NA ERA PÓS-MODERNA — **19**

2. O MARKETING AMBIENTAL PELO OLHAR DA PSICOSSOCIOLOGIA — **31**

2.1 DO MARKETING CONVENCIONAL AO MARKETING AMBIENTAL — 34

2.2 OS PROCESSOS DO CAPITALISMO MUNDIAL INTEGRADO (CMI) NA SOCIEDADE DE CONTROLE: ECOSOFIA, RIZOMA E AGENCIAMENTO DE ENUNCIAÇÃO — 46

2.3 *CLUSTER* DE MARCA: NOVAS CARTOGRAFIAS DO "RIZOMA VERDE" — 50

2.4 AS CONTROVÉRSIAS DO MARKETING: DE VOLTA AO MERCADO DE NICHO — 55

2.5 ALGUMAS PISTAS PARA PENSAR UM NOVO OLHAR DE MARKETING — 58

2.6 A "DOBRA ECOSÓFICA": SUSTENTABILIDADE E VALOR COMPARTILHADO — 63

2.7 ENCADEANDO "REDE SOCIOTÉCNICA" E "RIZOMA VERDE" — 73

2.8 VALIDAÇÃO DA PESQUISA GUIADA PELO MÉTODO DA CARTOGRAFIA — 99

2.9 ANOS 2000/2009 – COCA-COLA BRASIL E AS QUESTÕES
SOCIOAMBIENTAIS – MARKETING 2.0   120

2.10 SÍNTESE DOS TRÊS ATOS DA NARRATIVA DA COCA-COLA BRASIL   168

3. DISCUSSÃO   **171**

3.1 CAPITALISMO MUNDIAL INTEGRADO (CMI) E "RIZOMA VERDE"   175

3.2 SUBJETIVIDADE "VERDE"   190

4. REFLEXÕES (NÃO FINAIS) E PISTAS FUTURAS   **195**

5. SÍNTESE DO MARKETING ECOSÓFICO   **205**

6. INTERVENÇÃO DO MARKETING ECOSÓFICO   **211**

REFERÊNCIAS   **219**

PREFÁCIO

Vivemos em um mundo desafiador, onde as certezas de outrora tornaram-se precárias nos dias de hoje. A aceleração digital imposta pela disrupção tecnológica torna obsoletos produtos e serviços, e as ofertas de valor proporcionadas pelas organizações devem ser persistentemente reavaliadas e criativamente renovadas. Um cenário de negócios em que a turbulência e a crise são a regra, não a exceção, e impõem aos gestores um repensar constante das suas ferramentas; para isso, exigem um olhar estratégico e crítico acerca das oportunidades, ameaças e dos impasses que se descortinam diante dos nossos olhos. Precisamos de gestores comprometidos e engajados com a transformação que está diante dos nossos olhos, que utilizem a capacidade criativa em sua máxima potência para dar soluções aos dilemas vivenciados no dia a dia das organizações.

O Brasil é um país de dimensões continentais, cuja vasta extensão territorial oferece uma riqueza natural sem igual. Uma nação de contrastes, onde a riqueza e a pobreza convivem lado a lado. Isso nos imputa tremendas responsabilidades não apenas como gestores mas como cidadãos brasileiros que somos. É fundamental promover negócios que sejam social e ambientalmente responsáveis, amparados por uma visão de longo prazo, e que proporcionem oportunidades de uma vida melhor para as gerações futuras. As organizações devem, nesse sentido, desenvolver uma mentalidade de longo prazo, incluindo indicadores que meçam o sucesso financeiro de curto prazo tanto quanto garantam a longevidade do negócio para elas, seus clientes, stakeholders e a sociedade.

Desse modo, *Marketing ecosófico: um novo olhar para o marketing empresarial (rizoma verde, sustentabilidade, ESG)*, de autoria dos professores Eliane Monteiro de Almeida, Frederico Augusto Tavares Júnior e Marcelo Fornazin, vem suprir uma lacuna na literatura de marketing com foco em sustentabilidade e ESG. Ao longo dos capítulos, os autores propõem um *framework* instigante de como negócios e preservação do meio ambiente, vistos como antinômicos, podem (e devem!) estar juntos nas práticas de marketing em suas diferentes dimensões.

Fruto de pesquisa teórica densa, o livro deve ser lido por executivos da alta gestão, profissionais de marketing, pesquisadores, professores e alunos empenhados no desenvolvimento de uma visão sustentável de negócios, a fim de promover o bem-estar de comunidades, parceiros e da sociedade.

Para todos os professores e pesquisadores de marketing que, assim como eu, estão interessados em promover práticas de marketing que sejam social e ambientalmente responsáveis, a presente obra é leitura obrigatória. Afinal, nosso planeta dá sinais de esgotamento, e o estilo de vida consumista que se tornou predominante na sociedade ocidental no último século deve ser urgentemente repensado, sob pena de as gerações futuras nem terem a chance de viver em um planeta tão belo e rico como o nosso.

José Mauro Gonçalves Nunes

Doutor em Psicologia pela Pontifícia Universidade Católica do Rio de Janeiro (Puc-Rio)

Professor adjunto da Universidade do Estado do Rio de Janeiro (Uerj)

APRESENTAÇÃO

É com muito prazer que apresento este livro. A obra se baseia na tese de doutorado da minha ex-aluna e, agora, amiga, Eliane Monteiro de Almeida, que tem dedicado sua carreira de pesquisadora a entender a gestão de resíduos e o marketing ambiental.

Como já mencionei, Eliane foi minha aluna no curso de mestrado em Administração da Universidade Federal Fluminense (PPGAd-UFF). Desde a época que cursou as disciplinas de estratégia e marketing, ela já demonstrava interesse pelo tema aqui abordado.

A autora tem vários artigos e capítulos de livros já publicados sobre o tema, bem como um livro anterior e ampla experiência como professora na área de marketing. Atualmente, é professora celetista dos cursos de graduação tecnológica da Faculdade de Tecnologia Senac RJ e professora convidada dos cursos de pós-graduação da Faculdade de Administração, Ciências Contábeis e Turismo da UFF.

Depois do mestrado, Eliane seguiu com seus estudos no doutorado em Psicossociologia de Comunidades e Ecologia Social, do Instituto de Psicologia da Universidade Federal do Rio de Janeiro (Eicos-UFRJ). E foi com muita satisfação que participei da sua banca de doutorado também. Seu orientador – um dos autores deste livro e, ainda, um dos membros externos da banca de mestrado – foi o professor doutor Frederico Augusto Tavares Junior, com quem Eliane vem desenvolvendo vários trabalhos científicos.

Frederico Augusto Tavares Junior é bacharel em Comunicação Social (Publicidade e Propaganda) pela Faculdades Integradas Hélio Alonso (Facha), tem mestrado em Administração e doutorado em Psicossociologia pela Eicos-UFRJ, além de pós-doutorado em Psicossociologia pelo Instituto de Psicologia da UFRJ. Ele desenvolveu sua carreira acadêmica com um olhar crítico para o marketing, em particular para o marketing verde, e já publicou, entre livros, capítulos de livro e artigos acadêmicos, mais de sessenta trabalhos. Frederico vem trabalhando desde 1985 em empresas e universidades sempre com foco em marketing, mas desde 2011 vem se dedicando à linha de pesquisa intitulada "Rizoma verde: consumo verde, comunicação e meio ambiente, marketing ambiental e responsabilidade socioambiental", na qual se encaixa o tema do presente livro. Hoje, Frederico Tavares é professor associado da Escola de Comunicação da Universidade do Rio de Janeiro (Eco-UFRJ), e professor da pós-graduação (mestrado e doutorado) do Instituto de Psicologia da UFRJ.

O terceiro autor deste livro, o professor doutor Marcelo Fornazin, eu conheci na banca de defesa de projeto da Eliane e depois reencontrei na banca de defesa. Ele é bacharel e mestre em Ciência da Computação pela Universidade Estadual Paulista "Júlio de Mesquita Filho" (Unesp), com doutorado em Administração pela Fundação Getulio Vargas (FGV). Marcelo desenvolve projetos de pesquisa na área de saúde e trabalha na Fundação Oswaldo Cruz (Fiocruz), embora já desenvolva atividades profissionais desde 2003. Entre suas publicações acadêmicas, estão diversos artigos publicados em revistas, capítulos de livros e trabalhos completos em congresso, sem mencionar um grande número de outras publicações menores.

Portanto, este livro que aqui se apresenta foi não só muito bem pesquisado, como escrito por autores que são acadêmicos de renome no cenário brasileiro, tornando-se uma obra de referência no tema.

Isabel Balloussier Cerchiaro

Doutora em Administração pela Escola Brasileira de Administração Pública
da Fundação Getulio Vargas (FGV Ebape)
Professora associada da Universidade Federal Fluminense (UFF)

AGRADECIMENTOS

Agradeço em especial ao meu pai, Armando de Almeida (*in memoriam*), que não pôde ver este livro se materializar, mas foi quem me deu a base para valorizar desde cedo tudo o que produzimos ou consumimos. Com ele, entendi que o meio ambiente é único e totalmente interconectado e que cada ação individual afeta coletivamente todo o nosso planeta Terra. À minha mãe, Antônia Monteiro de Almeida (*in memoriam*), que sempre me ensinou a ter gratidão, pois, citando Fernando Pessoa: "Tudo vale a pena quando a alma não é pequena." À minha filha, Luiza A. P. de Mattos, que é meu baluarte e a melhor torcida de todas para este livro existir! Às minhas irmãs, Andreia e Fátima Cristina, e à minha sobrinha, Antônia, minha maior ligação familiar, que tornam os meus dias mais felizes e me dão forças para continuar batalhando pelos meus sonhos; ao meu irmão, Hélio Cesar, aos meus familiares, amigos e a todos que de forma direta ou indireta contribuíram para a realização deste livro. Gratidão ao meu "cãopanheiro", Johnny, que não largou do meu pé, literalmente, e fez "cãopanhia" e me acalentou nas diversas madrugadas durante as minhas escritas. E não posso me esquecer de agradecer ao Universo, em nome de São Francisco, o primeiro Santo ambientalista, a força e fé na natureza!

Eliane Monteiro de Almeida

INTRODUÇÃO

> ### Pistas de leitura
> *"A ecologia social deve trabalhar na reconstrução das relações humanas em todos os níveis do socius" (Félix Guattari).*

PROPÓSITOS E DEVIRES

Olá, leitores! Este livro é fruto de uma tese de doutorado. Para tornar a leitura menos técnica e mais literal, editamos o texto original, reduzindo o conteúdo e simplificando partes da pesquisa. Entretanto, a obra baseia-se nos conhecimentos de Félix Guattari e Gilles Deleuze e é consubstanciada por autores que dialogam com estes sobre como o "capitalismo rizomático" engendra e maquina o consumo verde e a "produtilização da natureza" (Ferreira; Tavares, 2018) para a exploração das grandes empresas multinacionais e transnacionais. O tema aqui tratado diz respeito ao questionamento de que o marketing não se restringe à área econômica, uma vez que migrou ao longo dos anos para outras áreas das ciências sociais, da psicologia e da comunicação. Assim, aproximou-se do consumidor por meio do capitalismo rizomático que tudo atravessa, produz, reproduz e agencia, trazendo à tona as tensões socioambientais. E a esse novo olhar para o marketing ambiental demos o nome de "marketing ecosófico".

De posse dessa questão, fazemos uma reflexão sobre o marketing ambiental, ou marketing verde, para discutir em termos psicossociais, segundo as trilhas teóricas de Félix Guattari e Gilles Deleuze, temas como sustentabilidade, criação de valor compartilhado (CVC) e ESG (ambiental, social e governança). Tais temas estão cada dia mais em voga entre ambientalistas, ativistas e jovens ainda mais capacitados, que querem levar para o seu dia a dia no trabalho produtividade com menor impacto socioambiental, não deixando de gerar rentabilidade aos negócios.

Contudo, a resistência ao avanço das mudanças empresariais em prol de uma melhor atuação das boas práticas persiste, e o marketing continua enfocando muito os resultados imediatos e o lucro empresarial em detrimento dos benefícios socioambientais.

Para enfatizar a necessidade de girar essa chave de mudança, esta obra inicia com uma apresentação dos riscos globais da era pós-moderna e as consequências dos impactos socioambientais decorrentes da produção do Capitalismo Mundial Integrado (CMI),[1] em interconexão com os agenciamentos de enunciação do consumo e do pós-consumo das empresas nacionais e transnacionais via redes sociotécnicas. Afinal, como dizia Guattari, ao escrever sobre um tema há de se desenvolver todas as implicações em um nível sincrônico.

Marketing ecosófico: um novo olhar para o marketing empresarial (rizoma verde, sustentabilidade, ESG) segue a lógica de *Mil platôs: capitalismo e esquizofrenia*, de Gilles Deleuze e Félix Guattari, portanto é organizada de forma rizomática, em que cada capítulo pode ser lido de forma aleatória ou descontinuada. Cada vez que o leitor retornar à leitura, perceberá que os conceitos serão sempre reapresentados, recuperando partes do corpus do estudo.

---

[1] Expressão designada por Félix Guattari.

1
O MUNDO CONTEMPORÂNEO: UMA CARTOGRAFIA DOS RISCOS GLOBAIS NA ERA PÓS-MODERNA

Os riscos globais na era pós-moderna, que têm sido tema recorrente na mídia em geral, trazem discussões para as empresas transnacionais. Estas se veem pressionadas por fluxos e contrafluxos, atualmente agenciados pelas redes sociotécnicas,[1] que impulsionam discursos e narrativas de apelos socioambientais entre os seus shareholders[2] e stakeholders.[3]

Diante disso, é imperativo discutir os desafios complexos e interconectados globalmente enfrentados, desde o combate à pobreza até as questões dos impactos socioambientais que se agravaram em razão da pandemia do novo coronavírus (covid-19).

Para Nunes, Villarinho, Patrocínio (2020): "A Pandemia da Covid-19 é o maior desafio que a civilização humana enfrenta nesse início de Terceiro Milênio. Intelectuais, jornalistas, homens de negócios e operadores governamentais vem chamando esse fenômeno de *A Grande Parada*", ou de "tempestade perfeita" de acordo com Latour (2020, p. 4).

Em face desses últimos acontecimentos, abriram-se novos debates sobre o contexto dos impactos socioambientais e sobre as mudanças climáticas do

---

1   Segundo Latour (2011); Callon (2006), existe uma rede muito complexa que envolve humanos e não humanos na contemporaneidade, ligando interesses em comum, na qual a noção de sociedade é alterada para redes sociotécnicas.
2   Grupo de acionistas de uma empresa (um acionista pode ser uma pessoa, organização ou instituição).
3   Grupo de interesse ou partes interessadas de um negócio.

planeta Terra. Com isso, a consciência coletiva para enfrentar tal problema parece ter despertado de modo a pensar em alternativas para a produção de bens e consumo. Por outro lado, a sociedade vem buscando evoluir e viver melhor, principalmente tentando ser mais sustentável e abrindo diversos debates sobre a era do Antropoceno.[4] Esse termo faz menção à ação do homem sobre a terra e sobre uma nova época geológica em que seres humanos se tornaram não apenas uma força biológica mas, sobretudo, geológica. "O conceito de Antropoceno, a nova época geológica na qual humanos existem como força geológica, modifica severamente as histórias humanistas da modernidade/globalização." (Chakrabarty, 2009, p. 11) Contudo, como pode ser comprovado por este e outros cientistas, a época antropogênica tem sido intensamente modificada pela ação do homem sobre o planeta, trazendo graves consequências para a alteração climática global.

De carona nessa pista de Chakrabarty, concebe-se que as mudanças climáticas são um dos mais graves problemas do mundo pós-moderno e da nova era geológica chamada de Antropoceno. Tais problemas, somados aos desafios sociais, econômicos, políticos e ambientais, têm tornado o cenário mundial ainda mais complexo e ambíguo.

As questões anteriormente mencionadas têm sido discutidas nas áreas das ciências sociais e em outros campos acadêmicos, assim como nas empresas e nos governos. Assim, o Antropoceno é uma das questões mais relevantes nas pautas internacionais e nas agendas empresariais e políticas, visto seu impacto direto nas vidas dos humanos e em todo o ecossistema planetário, o que afeta o aproveitamento dos recursos naturais renováveis e finitos. Além disso, os últimos relatórios do Painel Intergovernamental sobre Mudanças Climáticas (Intergovernmental Panel on Climate Change – IPCC)[5] trazem alertas sobre o aquecimento global, apresentando um cenário preocupante desde o período pré-industrial, que traz responsabilidades para governos, empresários e sociedade.

---

4 Em uma curta declaração publicada em 2000 pelo químico e Prêmio Nobel Paul J. Crutzen e seu colaborador, um especialista em ciência marinha, Eugene F. Stoermer, eles afirmaram: "Considerando [...] [os] extensos e ainda crescentes impactos das atividades humanas na terra, na atmosfera e em todas as escalas, inclusive a global, nos parece mais que apropriado enfatizar o papel central da humanidade na geologia e na ecologia pela proposta do uso do termo 'antropoceno' para a época geológica atual." (Chakrabarty, 2009, p. 11

5 Nos últimos relatórios do IPCC analisaram-se as alternativas de limitar o aquecimento global a 1,5 °C em relação ao período pré-industrial e destacou-se a necessidade urgente de uma ação climática sobre o planeta Terra. O relatório ressalta a pequena janela de oportunidades para o mundo sair do perigoso caminho de aquecimento em que se encontra. O relatório do IPCC sobre o aquecimento global de 1,5 °C é o texto científico mais importante sobre a mudança climática desde o Acordo de Paris (COP21) em 2015 (WWF-Brasil, 2018).

Os assuntos climáticos ganharam notoriedade mundial a partir da década de 1990, quando empresas, governos, terceiro setor e sociedade em geral tomaram maior conscientização sobre os problemas socioambientais, incluindo em seus processos melhorias contínuas para minimizar os impactos das atividades produtivas. Esse avanço ocorreu após a realização de diversas conferências e eventos sobre o tema desde a Eco-92.[6] Daí em diante, o Brasil assumiu compromissos de modificação na Convenção-Quadro das Nações Unidas sobre Mudança do Clima (em inglês, United Nations Framework Convention on Climate Change CMNUCC)[7] e se comprometeu a promover e facilitar a conscientização pública e o acesso público a informações sobre a mudança do clima. Estima-se maior conscientização do Brasil sobre projetos desenvolvidos, cujos temas abordem a sustentabilidade socioambiental e aumentem as possibilidades de mitigação das emissões de Gases de Efeito Estufa (GEE)[8] sobre a atmosfera.

Em decorrência de todos os problemas antropogênicos que a humanidade vem vivenciando, surgiram tempos de incertezas econômicas, políticas, culturais e socioambientais, que apontam ventos contrários para empresas nacionais e transnacionais. Assim: "As organizações passaram a congregar a sustentabilidade às suas estratégias, contribuindo diretamente com o meio ambiente e permitindo aos seus clientes a adesão por meio da prática do consumo consciente, pois os consumidores finais estão tomando parte da decisão final dos negócios." (Ibri, 2009, p. 7)

O aquecimento global também tem sido um dos debates mais acirrados entre as cúpulas ambientais e é tema principal das últimas COPs. Portanto, o desenvolvimento sustentável empresarial parece ter se tornado prioridade na visão dos shareholders e stakeholders do negócio. As organizações que não adotarem a sustentabilidade como atividade econômica básica e como principal essência para sua marca correrão sérios riscos de danificar o valor de sua imagem e reputação, afetando tanto o seu lucro quanto os seus consumidores.

---

6   Rio-92: o mundo desperta para o meio ambiente. Em 1992, o Rio de Janeiro, maior cartão-postal brasileiro, sediou a Conferência das Nações Unidas para o Meio Ambiente e Desenvolvimento, que ficou conhecida como Eco-92 ou Rio-92. Foi a largada para que a conscientização ambiental e ecológica entrasse definitivamente na agenda dos cinco continentes (Ipea, 2009).

7   A negociação internacional sobre mudança do clima ocorre no âmbito da CMNUCC, tendo como principal palco a Conferência das Partes (COP), que acontece, anualmente, com a presença de todos os países signatários da Convenção (Enap, 2018).

8   O efeito estufa é um fenômeno que acontece desde a formação da Terra e é necessário para a manutenção da vida no planeta; sem ele a temperatura da Terra ficaria em torno de 17 °C negativos. Os principais gases responsáveis por aprisionar ou bloquear a saída da irradiância para o espaço são: metano (CH_4), dióxidos de nitrogênio (NO_2) e de carbono (CO_2) e os três gases flúor (HFC, PFC, SF6), associados ao vapor d'água (H_2O), que dão origem ao efeito estufa. Desde a Revolução Industrial, no final do século XVIII, a concentração de CO_2 aumentou cerca de 100 ppm, passou de 280 para 381 ppm em 2008 (Almeida, 2016, p. 35).

Por outro lado, à medida que os problemas ambientais se agravam, aumenta a inquietação da sociedade em relação às práticas empresariais, gerando controvérsias que vão desde a descrença dos cientistas céticos até o ativismo dos ambientalistas que lutam pela causa planetária. "Será preciso esperar? Já é tarde demais?" (Latour, 2019, p. 9)

Portanto, segundo essa reflexão, faz-se importante ressaltar a passagem da sociedade disciplinar (Foucault, 1987) para a sociedade de controle, que culmina em diversas transformações socioculturais, consolidando a conformidade entre sociedade e consumo. "Se a Sociedade de Controle traduz o perfil da sociedade contemporânea, pode-se dizer que: 'Nossa sociedade é uma sociedade de consumo.'" (Tavares; Irving, 2009, p. 50). Então, a lógica de consumo da sociedade contemporânea passa a ser moldada pelo CMI, que cria moldes e modelos de existência. "Ser cidadão é portar a identidade de consumidor. Na axiologia pós-moderna, o consumo se configura como a própria existencialidade. Ou seja, o homem vive para poder desejar consumir. É a morte do ser humano e o nascimento do 'ter' humano." (Tavares; Irving, 2009, p. 50)

Por esse entendimento, Deleuze, quando publicou o *post-scriptum* sobre as sociedades de controle, discorreu sobre o estudo dos mecanismos de controle e sobre um novo regime de dominação que surgiu em decorrência das crises das instituições (estruturas ou mecanismos de ordem social – sociedades, organizações, institutos, fundações, associações, corporações, tais como colégios, academias, escolas, universidades e empresas – que regulam o comportamento de um conjunto de indivíduos dentro de uma sociedade). Esse novo regime de dominação alterou formas de pensar, agir e ser, pois o controle inventou novos dispositivos de sobrevivência humana. Dessa maneira, a sociedade contemporânea, que passa a ser ordenada por novas estruturas políticas e sociais regidas pelo CMI, torna-se cada vez mais uma sociedade de consumo dominada por novos modos disciplinares de existência. "O consumo é um processo em que os desejos se transformam em demandas e em atos socialmente regulados." (Canclini, 1999, p. 83 apud Tavares; Irving, 2009, p. 50)

Foucault (1987, p. 118) observou que os processos disciplinares "existiam há muito tempo: nos conventos, nos exércitos, nas oficinas também. Mas as disciplinas se tornaram no decorrer dos séculos XVII e XVIII fórmulas gerais de dominação". Nessa linha de reflexão, Tavares e Irving (2009, p. 50) comentam: "O consumo é forma de regulação social do controle, sublima a ideia de que para 'ser' é preciso 'ter'. Do contrário, resta a exclusão. O capitalismo contemporâneo reafirma esta posição [...]."

Campbell (2001), por exemplo, ao contextualizar a influência do consumo moderno e a mudança da moda europeia no período que se inicia no século XVIII, explica que o entusiasmo pela moda não se limitou aos ricos, tendo se estendido rapidamente da classe dos empregados domésticos e empregadores industriais até os trabalhadores rurais. Como invenção da sociedade disciplinar, "todos sentiram alguma compulsão de estar 'na moda'" (Campbell, 2001, p. 38). Assim, foram surgindo outras formas de "dominação" regidas pelo consumo, eis que: "A questão não é a posse material dos bens, mas sim a busca do prazer, que desperta estes mecanismos associativos." (Tavares; Irving, 2009, p. 28)

Para culminar, a relação dos indivíduos com o consumo fica mais acentuada após a segunda metade do século XX, coincidindo com a ascensão da sociedade de controle (Pontes; Tavares, 2017). Desse modo, a sociedade inicia uma nova forma de vida e interação humana que delimita os espaços públicos e privados, e afeta até mesmo as organizações e as formas de consumo dos indivíduos. Contudo, percebe-se que: "As conquistas de mercado se fazem por tomada de controle e não mais por formação de disciplina, por fixação de cotações mais do que por redução de custos, por transformação do produto mais do que por especialização da produção." (Deleuze, 1992, p. 224)

Além disso, a partir da segunda metade do século XX ocorre uma mudança dos modos de controle, que eram disciplinares e tornam-se de vigilância constante pela web, pelas câmeras, redes sociais e demais mídias sociais. Dessa maneira, o indivíduo da sociedade de controle (Deleuze, 2000a) passa a pertencer a uma sociedade de consumo conexionista, desterritorializada, globalizada e massificada na qual: "Os valores da cultura do consumo adquirem um prestígio que amplia sua extensão a diferentes domínios sociais. O modelo do consumidor torna-se, então, modelo de vida" (Tavares; Irving, 2009, p. 30) e da qual: "[...] é entendida como uma sociedade corporificada pelo Capitalismo Mundial Integrado" (Guattari, 1981; Rolnik, 2000; Tavares; Irving, 2009, p. 29), fazendo surgir, assim, novos consumidores e novos "modos de ser".

Dessa dialética entre uma sociedade de controle e consumo advém um novo modo de ser no qual todos se vigiam e são vigiados, e no qual o desejo é um devir incessante e maquínico, tal como pontuado por Ferreira (2016, p. 16): "O desejo, portanto, é devir, é criado, e não necessariamente faz parte de um imaginário que preenche os sujeitos sociais. É dado ao desejo, sob a perspectiva de 'máquinas desejantes' de Guattari, um sentido de insaciabilidade." Nesse contexto, Guattari (1981, p. 8) alerta: "Vamos assistindo à construção de uma teoria do desejo no campo social, onde economia política e economia libidinal são inseparáveis. A economia libidinal é a subjetividade da economia política."

Todavia, não muito diferente das sociedades disciplinares, o indivíduo contemporâneo da sociedade de controle vive outra forma de dominação, a das redes sociotécnicas. Nesse contexto, vale a pena destacar que o desejo liga pessoas e que o devir incessante conecta comunidades virtuais, nas quais todos se vigiam e se controlam constantemente.

Para essa reflexão, Deleuze (1992, p. 225) informa: "Pode ser que meios antigos, tomados de empréstimos às antigas sociedades de soberania, retornem à cena, mas devidamente adaptados. O que conta é que estamos no início de alguma coisa." Logo, na passagem da sociedade disciplinar para a de controle, o interesse pelo consumo e pela vida em sociedade continua a existir, mesmo que em redes sociotécnicas.

Nesse sentido, ao refletir sobre o paradigma da sociedade de controle, pode-se dizer que as redes sociotécnicas surgem e reagregam o social (Latour, 2012). Além disso, a psicologia social ocupa um papel epistemológico importante no desafio de entender as formações de grupos e as controvérsias do mundo pós-moderno alimentado e retroalimentado pelo CMI (Guattari, 2012).

Nesse mesmo contexto, observa-se que desde as décadas de 1970 e 1980: "A cada avanço do individualismo, vê-se o florescer de utopias comunitárias e vice-versa [...]" (Sawaia, 2010, p. 37) Em seguida, como se acredita, surgem novos caminhos de reflexões individuais e coletivas a fim de rever o modo de vida capitalista contemporâneo e, dessa maneira, também rever o marketing, que faz parte das organizações e é alimentado pelo CMI ou "capitalismo rizomático" (Pontes; Tavares, 2017; Tavares, 2014a). Contudo, supõe-se que o marketing contemporâneo passa a ter um papel determinante no modo de produzir subjetividades e na forma de atender aos desejos individuais e coletivos da pós-modernidade. Isso significa que se torna quase impossível pensar o marketing somente pelas ciências econômicas, que prioriza os atributos funcionais do produto e não se preocupa com os atributos intangíveis que estão relacionados aos modos de ser e viver contemporâneos.

Com base nesse pensamento, Ottman (1992) menciona que a partir da década de 1970 surgem os primeiros conceitos sobre marketing "verde" e que nessa mesma década o marketing ambiental começa a se desenvolver no âmbito das organizações, voltando-se para a discussão da "sustentabilidade empresarial" (Almeida, 2002) ou sendo visto pelo olhar psicossocial para a "Responsabilidade $ocioambiental Compartilhada (R$C)" (Töpke, 2018).

Contudo, é a partir da década de 1990 que as empresas apostam no marketing sustentável para além das estratégias competitivas do mercado, focando na responsabilidade socioambiental e na cadeia produtiva sustentável (Dias, 2014). Dessa maneira, os consumidores passam a questionar a credibilidade dos discursos das empresas e a ter maior interação a respeito das atitudes éticas na produção e na comercialização dos produtos ecológicos (Tachizawa, 2015). Surgem, também, os movimentos ambientalistas e estes apontam divergências que vão desde o uso do marketing como estratégia de negócios até a aquisição de bens produtilizados pela natureza (Tavares et al., 2017).

Em vista disso, infere-se que o marketing ambiental como dispositivo do capital (Pelbart, 2003; Pontes; Tavares, 2017) tenha um papel relevante no posicionamento empresarial das marcas ecológicas e na criação dos novos consumidores "ecopsicossociais" (Almeida; Tavares; Ferreira, 2019). Destaca-se que, nesse processo, a esquizoanálise – conceito postulado por Guattari e Deleuze – contribui para uma reflexão sobre as ações de marketing. Isso é possível, pois Strey (2013) menciona que: "[...] Deste modo, ela recusa a ideia de que o desejo e a subjetividade estejam centrados nos indivíduos, mas, sim, afirma que eles são construídos socialmente." (Strey, 2013, p. 131)

Daí em diante, *Marketing ecosófico: um novo olhar para o marketing empresarial (rizoma verde, sustentabilidade, ESG)* traz como pista uma reflexão do marketing ambiental pensado não pelo manejo do marketing do viés econômico da Escola de Chicago (Mattelart, 2011), mas pela visão da ecosofia das marcas (Pontes; Tavares, 2017), na qual se discutem as três ecologias (mental, social e ambiental) originalmente formuladas por Guattari (2001). Nesse contexto, o processo que conduz esta obra é o de refletir, no campo psicossocial, o conceito de "ecosofia", usualmente apresentado na literatura de Gilles Deleuze e Félix Guattari Tal processo traz em conjunto a noção de redes de Bruno Latour como pensamento motor para dialogar com a temática da subjetividade e sua interseção com os conceitos de rizoma e agenciamento de enunciação, a fim de apontar desdobramentos e provocações para o marketing ambiental.

Assim, será possível discutir o marketing ambiental pela visão psicossocial e inferir que o marketing formula suas contradições por trás de uma "ecosofia verde" e por meio de agenciamentos de enunciação que exploram a "subjetividade humana, o meio ambiente e as relações sociais, intimamente interconectados entre si" (Pontes; Tavares, 2017, p. 59), para a formação de um "rizoma verde" empresarial? Será essa a lógica do sentido da sociedade de controle de Deleuze (1974, 1992), que, supostamente, opera em forma de rede sociotécnica de Latour (2012) por meio de fornecedores, consumidores, *mass-media*, ONGs, órgãos públicos, formadores de opinião etc., e de uma articulação ecosófica que "sustentam uma sociedade atravessada permanentemente pelo capital, por meio das redes de mercado, em múltiplas dimensões" (Pontes; Tavares, 2017, p. 59)?

Desse modo, nesta obra será investigada tal formação de um "rizoma verde" empresarial. Isso se dará por meio de uma pesquisa empírica que servirá de base tanto para a teoria quanto para uma reflexão crítica do marketing ambiental. Isso se dará pelo olhar da psicossociologia, que apresenta o conceito de ecosofia, originalmente postulado por Guattari em sua obra *As três ecologias*, na qual ele estabelece três esferas de relação: mental, social e ambiental. Assim, a perspectiva teórica psicossocial apresentada intenta romper com sistemas "molares" ou, em outras palavras, com as envelhecidas fórmulas conservadoras de sistemas, tais como fábricas, indústrias, governos e escolas; a finalidade é trazer "práticas modernas" – ou um conjunto de ações "moleculares" – em um processo de revitalização do passado (Deleuze; Guattari, 2011).

Com isso, o estudo problematiza tanto as ações do consumo e do pós-consumo das empresas Coca-Cola Brasil e AmBev quanto das relações dos diversos atores-rede, que na sociedade contemporânea sofrem influência das "redes sociotécnicas" (Latour, 2019) e do arranjo do marketing ambiental, cuja operação ocorre sob a lógica dos agenciamentos de enunciação, ecosofia e rizoma (Deleuze; Guattari, 2012). Primeiramente, vale ressaltar que Gilles Deleuze, Félix Guattari e Bruno Latour não se dedicam especificamente às reflexões sobre os campos da comunicação (marketing) e da psicologia, áreas do conhecimento empregadas neste livro. A escolha desses autores é devida ao fato de que na obra busca-se contribuir com um novo olhar para o marketing tradicional[9] e, desse modo, analisar os agenciamentos coletivos de enunciação das marcas observadas por intermédio da Cartografia de Controvérsias/Teoria Ator-Rede (TAR) (Latour, 2012). O objetivo é discutir o marketing ambiental[10] (variação do marketing tradicional) de acordo com os demais conceitos de ecosofia e rizoma, trazendo um contraponto do tema marketing pensado pela visão convencional (mainstream).

Portanto, começa aqui o caminho cartográfico desta obra. Segundo Deleuze, neste os agenciamentos de enunciação operam por um plano coletivo, utilizando conexões em redes e trazendo uma nova ecosofia[11] ou novas "configurações ecosóficas" entre humanos e não humanos, como menciona Latour (2017). Ain-

---

9   "O marketing, como é conhecido e aprendido nas escolas de Administração, era bem diferente em seus primórdios (início do século XX). [...] nessa época o marketing era visto como um conjunto de atividades que visavam melhorar a distribuição dos produtos." (Alves, 2017, p. 4)

10 "Marketing ambiental é uma mudança na forma de as empresas fazerem negócios, pois exige que elas tenham responsabilidade e compromisso ambiental. Além disso, representa o conjunto de informações [...] sobre como utilizar o produto de forma mais eficiente e sobre sua reutilização, [...] reciclagem e descarte, se for o caso." (Alves, 2017, p. 25)

11 Félix Guattari cunhou o termo ecosofia para trazer luz à questão de que seres humanos e natureza são parte de um mesmo ecossistema e, portanto, deve-se procurar alinhar as ideias e as discussões entre meio ambiente, comunicação e filosofia. Para Cavalcante (2017, p. 72): "A Ecosofia proposta por Guattari aborda a nossa compreensão, como parte do meio em que vivemos, e como aprendemos e agimos sobre a problemática ambiental, tendo por base as três ecologias: a do meio ambiente, a das relações sociais e a da subjetividade humana (mental)."

da sob esse enfoque, Cavalcante (2017, p. 72) diz que: "De acordo com a Ecosofia proposta por Guattari, o que está em questão é a maneira de viver daqui em diante sobre esse planeta, no contexto da aceleração das mutações técnico-científicas e do considerável crescimento demográfico." Dessa forma, por exemplo, novos dispositivos tecnológicos, novos equipamentos ou materiais podem surgir via uma nova rede sociotécnica (Latour, 2019), que pode ser composta de novas dominações que vão do "biopoder ao ecopoder" (Tavares; Irving, 2010; Tavares, 2007). Dito de outra maneira, os agenciamentos de enunciação do "rizoma verde" podem situar relações de influência entre agentes e actantes de uma mesma rede. Segundo Tavares (2014c, p. 101): "Essa 'rede' tende a se configurar por meio de um rizoma, através do qual todos se influenciam, por meio de agenciamentos mútuos, para desenvolvimento, criação, controle e produção do olhar de um 'consumo verde'." Deleuze e Guattari, portanto, estabelecem a ideia de rizoma.

Para os autores, rizoma opera por meio de encontros e agenciamentos coletivos, em uma constante cartografia das multiplicidades, sempre com múltiplas entradas, sujeitas a constantes modificações. Em um rizoma "Não existe enunciado individual, nunca há. Todo enunciado é o produto de um agenciamento maquínico, quer dizer, de agentes coletivos de enunciação (por 'agentes coletivos' não se deve entender povos ou sociedades, mas multiplicidades)." (Deleuze; Guattari, 2011, p. 65) Segundo essa pista, pode-se interpretar que os agenciamentos de enunciação de um "rizoma verde" (Tavares; Irving, 2009) não param de variar, de ser eles mesmos dominados por variações sociotécnicas. Por esse mesmo entendimento, sobre exemplos e práticas da produção de "kits de subjetividade verde" que são operados pelo marketing, Silva e Tavares (2016, p. 33) dizem que: "A produção de desejos implica na produção inacabada de novos valores e nos novos modos de ser, devido aos agenciamentos de enunciação com o foco em marketing ambiental e no 'discurso verde', produzidos pela mídia." Com isso, supõe-se que, com base na lógica de um "rizoma verde", novos "agenciamentos ecosóficos de enunciação" tendem a surgir entre as visões empresariais, ocasionados por tensões socioambientais vigentes nas pautas globais, trazendo novas tônicas para o marketing tradicional.

A fim de reforçar o que já foi dito, neste estudo procura-se refletir como são produzidos os agenciamentos de enunciação do marketing ambiental e as subjetividades do "rizoma verde" das marcas Coca-Cola e AmBev, baseando-se no pós-consumo da plataforma Reciclar pelo Brasil. Para isso, utiliza-se o conceito de ecosofia, originalmente postulado por Guattari em *Três ecologias*. Por esse conceito, são estabelecidas três esferas de relações, dado que, na contemporaneidade, o indivíduo é constantemente estimulado por propostas ecoamigáveis, o que faz emergir consumidores que assumem novos modos de ser e ter "ecopsicossociais" (Almeida; Tavares; Ferreira, 2019). A contribuição desta obra, portanto, é propor uma nova visão para o marketing ambiental, pelo olhar psicossocial, rompendo com formas de pensamento preestabelecidas nessa área do conhecimento.

Em vista disso, as pistas do método da cartografia seguem as trilhas teóricas de Deleuze e Guattari em conjunto com a Cartografia de Controvérsias/TAR, de Bruno Latour, para identificação das associações e conexões entre os atores-rede que fazem parte do "rizoma verde" das marcas investigadas. Com isso, é possível planejar uma mudança "ético-político-estética" nas transações do capitalismo rizomático e da sociedade de controle, de acordo com o conceito ecosófico de Guattari (2001).

Dessa forma, este estudo tem os seguintes objetivos específicos: observar os atores-rede que compõem a rede sociotécnica (Latour, 2012), em parceria de CVC entre as marcas Coca-Cola Brasil e AmBev, para:

◊ descrever os processos que formam o sistema do "rizoma verde" pela lógica do capitalismo rizomático e do CMI;

◊ entender como as parcerias de CVC formam o sistema do "rizoma verde" em empresas sustentáveis transnacionais no Brasil;

◊ analisar as campanhas institucionais da Coca-Cola Brasil e AmBev na mídia em geral, para entender se os agenciamentos de enunciação são utilizados como estratégia de marketing ambiental, seguindo o tema pós-consumo das marcas;

◊ averiguar os processos da "união de forças" entre as marcas Coca-Cola Brasil e AmBev, e da gestão compartilhada de resíduos sólidos da plataforma Reciclar pelo Brasil – rede de reciclagem criada, em 2017, por ambas as empresas –, para discutir se a parceria de sustentabilidade e CVC gera valor compartilhado com base no agenciamento do pós-consumo das marcas analisadas.

A intenção de tal investigação é obter um olhar crítico sobre o marketing para refletir, pela perspectiva psicossocial, como o marketing ambiental é alimentado por mediação de um "rizoma verde" e por diversos atores-rede que fazem parte do CMI da era pós-moderna.

Assim, o estudo propõe uma investigação que adentra o campo da psicossociologia para elucidar os conceitos de agenciamento de enunciação, ecosofia e rizoma de Deleuze e Guattari, trazendo, também, a noção de redes de Bruno Latour em conjunto com a Cartografia de Controvérsias/TAR. O objetivo dessa investigação é trazer contribuições de tais autores para o campo psicossocial, uma vez que "redirecionando nosso olhar para a psicologia e a produção de subjetividades; concluímos apontando para a estreita relação entre a produção científica e a produção de modos de vida e de governo" (Ferreira et al., 2010, p. 61).

O ineditismo da obra é refletir o marketing ambiental pela perspectiva da psicossociologia. Esta utiliza como base conceitual e epistemológica os conceitos de ecosofia, rizoma e agenciamento de enunciação de Deleuze e Guattari, em junção com a TAR de Latour, para controverter o marketing – "sob a égide ético-estética de uma ecosofia" (Guattari, 2012, p. 23) – e suas relações com o tema sustentabilidade e CVC, de Porter e Kramer (2011a).

Assim, o livro torna-se particularmente relevante por trazer à tona um novo modo de pensar as práticas socioambientais, ao que Guattari contextualiza como "articulação ético-política – [...] entre os três registros ecológicos (o do meio ambiente, o das relações sociais e o da subjetividade humana) [...]" (Guattari, 2012, p. 8). Por conseguinte, é preciso uma reflexão sobre o marketing ambiental pela perspectiva "psicossocioambiental" (Almeida; Tavares; Ferreira, 2019), tendo em vista que para Guattari a subjetividade relaciona-se à exterioridade humana, ou seja, toda subjetividade é fundamentalmente maquinada, fabricada, modelada e consumida (Guattari, 1992).

A despeito disso, é nesse contexto que o capitalismo pós-industrial, ou CMI, centra sua produção na formação de estruturas "produtoras de signos, de sintaxe e de subjetividade, por intermédio, especialmente, do controle que exerce sobre a mídia, a publicidade, as sondagens etc." (Guattari, 2001, p.30). Sob essa mesma perspectiva, Tavares e Irving relatam que: "Neste caso, o poder desse novo capitalismo metaboliza a vida e produz novas subjetividades." (Tavares; Irving, 2013, p. 6)

Por essa interpretação, os axiomas do capitalismo evidentemente não são proposições teóricas nem fórmulas ideológicas, mas enunciados operatórios que constituem a forma semiológica do capital e que entram como partes componentes dos agenciamentos de produção, de circulação do lucro e do consumo globalizado (Deleuze; Guattari, 1997). Todo rizoma gera subjetividades orientadas para o consumo dos indivíduos que vivem em um mundo globalizado e alimentado pelo CMI e por grandes corporações transnacionais. Pela visão do marketing, Kotler (2015, p. 3) menciona que: "As pessoas tendem a pensar nesse sistema como composto por grandes organizações corporativas multinacionais e financeiras. Alguns chamam isso de Capitalismo Corporativo."

Para essa reflexão, Deleuze contribui com o seguinte pronunciamento: "O serviço de vendas tornou-se o centro ou a 'alma' da empresa." De forma análoga, Kotler; Kartajaya; Setiawan (2010, p. 4) argumentam que: "[...] Em vez de tratar as pessoas simplesmente como consumidoras, os profissionais de marketing as tratam como seres humanos plenos: com mente, coração e espírito." Nessa concepção, avista-se que é no atual cenário da contemporaneidade, na qual os seres humanos são plenos de conhecimento socioambiental, que a natureza é produtilizada e entregue em uma embalagem verde "produzida como vida, e, capital, 'bem de consumo', ou seja, um novo produto de mercado" (Tavares; Irving, 2009, p. 1). O acúmulo, o descarte e o reaproveitamento de bens são benéficos para a manutenção do sistema, enquanto as relações socioambientais estão a serviço da economia.

Sobretudo, cumpre-se ressaltar que, embora existam muitos estudos sobre o marketing mainstream pensado pelas ciências econômicas da Escola de Chicago, em literatura não há uma produção relevante sobre a temática do marketing ambiental pela perspectiva "psicossociológica" (Almeida; Tavares; Rodriguez, 2020), desvinculada da positivista.

Com esta pesquisa, pretende-se contribuir para o campo psicossocial ao possibilitar novas maneiras de se pensar o marketing ambiental por meio de uma nova ecologia social, a "ecosófica". Esta instaura novos sistemas de valorização ou, como postulado por Guattari, "uma ecosofia de um tipo novo, ao mesmo tempo prática e especulativa, ético-político-estética" (Guattari, 2001, p. 53), que substitui antigas formas de se pensar a sociedade capitalista.

Nesse encadeamento de ideias apresenta-se no capítulo a seguir o marketing ambiental, pelo olhar da psicossociologia, segundo os conceitos deleuze--guattariano e latouriano.

2
O MARKETING AMBIENTAL PELO OLHAR DA PSICOSSOCIOLOGIA

A psicossociologia, por intermédio dos conceitos de Deleuze e Guattari, nos auxilia a compreender o processo de agenciamento de enunciação do marketing ambiental como responsável pela geração de subjetividades. Subjetividades estas apresentadas em forma de "ecosofia das marcas" (Pontes; Tavares, 2017) e produzidas como "kits de subjetividade verde" ou, em muitos casos, como estratégias de "botox ambiental" ou *greenwashing* (Tavares et al., 2017). Assim, no âmbito do capitalismo rizomático, constitui-se "uma poderosa cartografia para nos movermos nos meandros dos processos de subjetivação contemporâneos, cartografia essa que ainda está por ser descoberta e explorada" (Rolnik, 2000, p. 10). A subjetividade é maquinada por um novo processo de produção de relações, tais como: "'Corpo sem Órgãos', [...] 'singularidades pré-individuais' ou 'proto-subjetivas'. Os agenciamentos de tais singularidades são exatamente aquilo que irá vazar dos contornos dos indivíduos, e que acaba levando à sua reconfiguração" (Rolnik, 2000, p. 10).

Visto, também, de outra maneira: "Um agenciamento é precisamente este crescimento das dimensões numa multiplicidade que muda necessariamente de natureza à medida que ela aumenta conexões." (Deleuze; Guattari, 2011, p. 24)

Além disso, Pelbart (2003) defende que essa é a lógica do "Império". Isto é, a lógica dos jogos de poder do capitalismo pós-moderno, descentralizado e desterritorializado, que conecta a sociedade de controle à globalização, interligando o capitalismo a novos modos de "ser" e "viver" (Tavares et al., 2016). É essa mesma lógica que Deleuze e Guattari chamam de "axiomas do capitalismo" em *Mil platôs*. Então, aproveitando-se desse capitalismo contemporâneo, desterritorializado, mundial e integrado, o marketing ambiental utiliza a subjetividade como matéria-prima para produzir e gerar uma prática de modelagem marcária (Ferreira; Tavares, 2017). E é nesse sentido que o marketing ambiental agencia um "movimento de múltiplas faces dando lugar a instâncias e dispositivos ao mesmo tempo analíticos e produtores de subjetividade" (Guattari, 2001, p. 53). Além disso, percebe-se que a subjetividade humana é afetada não somente pelo consumo mas pelo que o produto representa ao indivíduo em seu estilo de vida. O produto e a marca representam "[...] uma 'vida melhor', a partir do diferencial de imagem construída pelo denominado 'consumo verde', como atitude de fazer o bem, de um agir politicamente e ecologicamente corretos" (Tavares, 2014, p. 90).

Segundo Tavares e Irving (2009, p. 103): "A questão do consumo verde reflete uma preocupação sobre o comportamento do mercado em relação ao consumo dos recursos naturais, de forma sustentável." O consumo consciente ou sustentável-justo-ético-responsável torna-se, então, uma preocupação entre empresas e sociedade de forma universal.

Entretanto, o capitalismo rizomático tem atravessado fronteiras e devastado a sociedade global. De alguma maneira, os indivíduos se voltaram para esse questionamento ante os riscos iminentes dos danos ambientais. Desse modo, nasce uma nova consciência social para esse tipo de problema nas organizações nacionais e, especialmente, nas transnacionais, que se veem pressionadas pelas redes sociotécnicas. A pressão é maior nos tempos pós-modernos, uma vez que a sociedade pós-capitalista é também uma sociedade do conhecimento (Drucker, 1993). Assim, como as empresas são compelidas a rever estratégias de valor para não se tornarem obsoletas, Drucker (1993, p. 21) afirma que: "As mesmas forças que destruíram o marxismo enquanto ideologia e o comunismo enquanto sistema social estão, contudo, a tornar também o capitalismo obsoleto."

Dessa forma, as organizações globais iniciam uma reformulação da sua produção de bens – serviços e produtos –, apostando em novas tecnologias inovadoras e em ações de marketing para atender a um novo padrão de consumo, que passa a ser desejado pela maioria da sociedade (Tavares; Irving, 2009).

Tal afirmação leva ao entendimento de que na sociedade pós-moderna as empresas não priorizam as atuações de marketing apenas no lucro, mas, sim, em inovações que podem até ser da ordem de enfrentar a concorrência de mercado para praticar a coopetição[1] em forma de parcerias, estas importantes para o

---

[1] Coopetição é um neologismo que combina as palavras "competição" e "cooperação", conceito de estratégias de empresas com teoria dos jogos. No entanto, essas combinações acabam simplificando a realidade dos negócios e os jogos perdem a eficácia. No jogo há sempre um mais forte que o outro. Mas a coopetição entre empresas pode ser interessante pelo ponto de vista de uma inovação para que seja possível ampliar toda uma cadeia de negócios sem que as empresas percam lucro, que é o objetivo geral de toda empresa (Nalebuff; Brandenburger, 1996).

futuro sustentável das empresas. A coopetição combina os atributos da cooperação e da competição, bem como exerce a estratégia da teoria dos jogos nas empresas. Nesse contexto, organiza-se uma rede de negócios entre stakeholders e shareholders (acionistas, investidores, concorrência, fornecedores, consumidores, terceirizados, cooperados) para escalar o negócio. Esses jogadores formam uma rede sociotécnica "que representa todos os jogadores e as interdependências existentes entre eles" (Nalebuff; Brandenburger, 1996, p. 28). No entanto, essas combinações precisam ser bem equacionadas pela empresa, visto que no jogo há sempre o mais forte e o mais fraco. A coopetição pode ser interessante pelo ponto de vista de uma inovação realizada conjuntamente por duas empresas; logo, é possível ampliar toda uma cadeia de valor sem que estas percam lucro, objetivo final de toda empresa (Nalebuff; Brandenburger, 1996). Além disso, duas ou mais empresas que operem em conjunto em projetos simultâneos, que não sejam da inteligência do negócio delas, podem trazer vantagem competitiva para o *cluster* – "alianças estratégicas" (Correia Filho, 2017).

De acordo com essa reflexão, Prahalad e Hamel (2005) descrevem que a maior vantagem competitiva de uma organização é a visão de futuro, além de garantia para ganhar da concorrência. Ambos os autores afirmaram, também, que as empresas que promoverem uma revolução ambiental, eliminarem barreiras, formarem alianças e se unirem com empresas concorrentes vão prosperar no futuro. Nesse sentido, o marketing ambiental das organizações pós-modernas tem procurado novas formas e atuações estratégicas no âmbito da sustentabilidade e de CVC de produtos e serviços. Basta ver que: "O impacto do consumo na sociedade atinge todos os indivíduos. E o consumo verde é uma forma de politização do consumo, tanto individual, quanto coletiva." (Tavares; Irving, 2009, p. 102)

Com isso em mente, vale ressaltar que a sociedade contemporânea vem passando por alterações socioambientais em um cenário de crises econômicas e políticas intrínsecas ao mundo globalizado, e é nesse contexto que Guattari evidencia: "[...] corremos o risco de não mais haver história humana se a humanidade não reassumir a si mesma radicalmente. Por todos os meios possíveis, trata-se de conjurar o crescimento entrópico da subjetividade dominante" (Guattari, 2001, p. 54).

Para compreender com maior fundamento esse novo modo de produção do "rizoma verde" no Brasil, observa-se, necessariamente, a passagem do marketing mainstream ou convencional para o marketing ambiental, pelo olhar psicossocial.

2.1 DO MARKETING CONVENCIONAL AO MARKETING AMBIENTAL

Antes de apresentar a evolução do conceito de marketing, é necessário esclarecer a concepção da palavra marketing. Não há uma tradução exata para o termo em português e é uma tarefa difícil expressar tudo o que ela engloba.

Tavares (2003, p. 36) explica:

> *Marketing é uma expressão anglo-saxônica derivada do latim mercar, que significa comércio, ato de mercar, trocar, comercializar ou, ainda, transacionar. No Brasil, o termo chegou a ser traduzido por "mercado", e no meio acadêmico chegou a ser chamado de "mercadologia", como disciplina dos cursos de Administração e Publicidade e Propaganda.*

Segundo a Associação Profissional para Profissionais de Marketing (AMA – American Marketing Association):[2] "Marketing é a atividade, o conjunto de instituições e processos para criar, comunicar, entregar e trocar ofertas que tenham valor para os consumidores, clientes, parceiros e sociedade em geral." Dito de outra forma por Nunes (2020, p. 114): "[...] numa perspectiva mais ampla, tal definição causa certa estranheza, pois no público em geral o conceito de marketing está diretamente relacionado a duas grandes atividades: publicidade e vendas". De modo um pouco semelhante, Di Nallo (1999, p. 34) afirma que: "Depois da era das vendas, os homens descobriram o marketing."

Em se tratando da evolução do pensamento de marketing, Wilkie & Moore (1999, p. 209, tradução nossa) argumentam que o marketing "surgiu no início do século XX em reação à falta de atenção dos economistas tradicionais ao valor da distribuição". Seu foco inicial era tratar da venda e da distribuição do produto no "ato de dar ou receber uma coisa em troca de outra" (Sheth; Uslay, 2007, p. 302, tradução nossa). Para Di Nallo (1999, p. 34): "[...] é necessário chegar aos anos 50 para que o marketing, como disciplina autônoma, se afirme e reivindique não somente um espaço próprio e uma competência específica, mas veja reconhecido o seu papel fundamental no interior da organização empresarial".

---

2 Tradução livre do original: American Marketing Association, *About AMA: Definition of Marketing*. (Approved by AMA Board of Directors, July 2013). Disponível em: https://marketing-dictionary.org/m/marketing/#cite_note-1 Acesso em: 30 dez. 2020.

De outro ponto de vista, Shaw & Jones (2005) relatam que o marketing é praticado desde os tempos antigos e pensado desde os primórdios da atividade de troca (venda ou compra de produtos). No entanto, foi apenas durante o século XX que as ideias de marketing evoluíram para uma disciplina acadêmica no próprio direito. Assim, a maioria dos conceitos, questões e problemas do pensamento de marketing se agrupou em uma das várias escolas ou abordagens a fim de entender o marketing. Para que o marketing fosse reconhecido como ciência, foi necessário que ele ampliasse o seu escopo para além das disciplinas de economia e administração de empresas (Wilkie & Moore, 2003; Bartels, 1951, tradução nossa), adentrando outras áreas e subáreas.

Para ampliar esse entendimento, Shaw & Jones (2005, tradução nossa) argumentam que não é tarefa fácil distinguir escolas de pensamento de subáreas do marketing, como propaganda, gerenciamento de vendas ou pesquisa de marketing. Como primeira aproximação, as escolas representam uma perspectiva do todo ou de pelo menos grande parte do marketing; já as subáreas são elementos de uma escola, geralmente em gestão de marketing. Citamos como exemplo o marketing de serviços, que é de grande importância para a gestão de marketing.

De acordo com Kotler & Keller (2012, p. 2), o marketing tem desempenhado um papel essencial nos mercados inconstantes e no enfrentamento de desafios de questões de finanças, operacionais, contábeis, entre outras funções das organizações, para que a empresa obtenha lucro. Todavia, "essa importância abrangente do marketing que se estende à sociedade como um todo" (Kotler; Keller, 2012, p. 2) passa a necessitar de uma evolução que acompanhe o desenvolvimento de novos produtos introduzidos no mercado e oferecidos aos consumidores, tornando o marketing cada dia mais necessário dentro das organizações. Sobre esse ponto, Tavares (2003, p. 37) reflete: "O que se nota, dentro da perspectiva evolutiva, é que o conceito foi se estruturando em cenários que representam desde o aumento da demanda, [...] até o olhar que se volta para o mercado em função da competição." Desse modo, a base epistemológica do marketing apresentou uma cadeia evolutiva, que vai da troca pura ao esboço de um atendimento primário da satisfação de vendas, em função do aumento de concorrentes. Contudo, dando a devida atenção ao mercado, o conceito só se tornou efetivo na década de 1950, quando culminou com a Era do marketing: um marco que tem em Peter Drucker (papa da administração e do marketing) e em seus "seguidores" Jerome McCarthy (o pai dos 4Ps) e Philip Kotler (o criador da "espinha dorsal" do marketing contemporâneo) os principais alicerces contemporâneos do conceito de marketing (Tavares, 2003, p. 37).

2. O MARKETING AMBIENTAL PELO OLHAR DA PSICOSSOCIOLOGIA

A evolução do conceito de marketing acompanha a própria evolução da sociedade. Esse avanço da sociedade e, consequentemente, dos consumidores traça novos caminhos de mudança para o marketing das empresas. Wilkie & Moore (1999, p. 198, tradução nossa) dizem que: "[...] este campo acolhe percepções de muitas disciplinas, incluindo economia, psicologia, história, matemática, sociologia, direito, ciência política, comunicações, antropologia e artes criativas". Ambos sustentam ainda que os estudos do marketing combinam elementos de objetividade e subjetividade, o que exige do profissional de marketing insights quantitativos e qualitativos, mas ao mesmo tempo possibilita liberdade de imaginação e criação. Além disso, o marketing pode ser estudado sob perspectivas que integram diversos campos do conhecimento.

Em outro estudo sobre a evolução do conceito de marketing, Wilkie & Moore (2003, p. 117, tradução nossa) lembram que antes de 1900, era do pré-marketing, não havia um campo distinto para essa área do conhecimento; as questões estavam inseridas no campo da economia. Como evolução, os autores apresentam as "4 Eras" do pensamento de marketing, configurando-as como a seguir.

◊ Era I (1900-1920) – "Fundação do Campo": Desenvolvimento dos primeiros cursos sobre o conceito de marketing, com ênfase na definição do alcance das atividades de marketing como instituição econômica e com foco no marketing como distribuição;

◊ Era II (1920-1950) – "Formalização do Campo": Desenvolvimento de fundamentos geralmente aceitos ou "princípios de marketing". Estabelecimento de infraestrutura de desenvolvimento de conhecimento para o campo: AMA, conferências, periódicos (*Journal of Retailing* e *Journal of Marketing*);

◊ Era III (1950-1980) – "Crescimento do mercado de massa dos EUA e corpo de pensamento de marketing": Duas perspectivas emergem para dominar o marketing mainstream: (1) o ponto de vista gerencial e (2) as ciências comportamentais e quantitativas como chaves para o desenvolvimento futuro do conhecimento. É uma era na qual a infraestrutura do conhecimento passa por grande expansão e evolução;

◊ Era IV (1980-em diante) – "Novos desafios no mundo dos negócios": Foco financeiro de curto prazo, *downsizing*, globalização e reengenharia. A reengenharia surge por meio de consultorias especializadas na década de 1990 como uma espécie de tentativa de adaptação da teoria clássica tayloriana (Taylor, 1911) e passa a uma nova era da tecnologia e do computador (John; Wooldridge, 1998).

Em conformidade com esse contexto, Tavares e Irving (2009) argumentam que a expansão do fordismo, a partir da década de 1950, traz um sistema de produção de massa, das manufaturas e dos bens de consumo, em conjunto com a automatização e a ampliação dos processos de comunicação, fazendo surgir uma época de consumo de massa para um grande alcance de consumidores. E sobre o desenvolvimento do marketing de segmentação de mercado, os autores completam dizendo que: "Só a partir do final da década de 1950 é que surge o princípio do marketing de mercados-alvo." (Tavares; Irving, 2009, p. 22)

Contudo, foi em meados do século XX que a infraestrutura de conhecimento se expandiu e se diversificou em áreas de interesse especializadas. Enquanto isso, os negócios aumentaram e ocorreram mudanças na vida cotidiana da sociedade. Essa evolução das escolas do pensamento de marketing se desenrolou, dando origem a mudanças conceituais responsáveis por apontar a importância desta como disciplina, seja aplicada, seja acadêmica (Hunt, 1976). Em outro sentido, Kotler; Kartajaya; Setiawan (2010, p. 3) explicam a evolução do conceito de marketing: "O marketing evoluiu, passando por três fases, às quais chamamos Marketing 1.0, 2.0 e 3.0. Muitos profissionais de marketing de hoje continuam praticando Marketing 1.0, alguns praticam o Marketing 2.0 e outros ainda estão entrando na terceira fase, o Marketing 3.0." Concebe-se, portanto, que o marketing deva acompanhar a evolução da sociedade e das ondas do mercado.

Ainda segundo Kotler; Kartajaya; Setiawan (2010), o Marketing 1.0 surgiu durante a era industrial e priorizava a venda dos produtos da fábrica, oferecendo-os a quem quisesse comprá-los. Os produtos eram básicos, sem valor agregado e concebidos para servir ao mercado de massa. O principal objetivo do marketing era padronizar e escalar a venda dos produtos, reduzindo assim os custos de produção para ficarem com o preço atrativo a muitos compradores. Pode-se elucidar esse exemplo, citado por Kotler; Kartajaya; Setiawan (2010, p. 4), com a famosa frase de Henry Ford: "O carro pode ser de qualquer cor, desde que seja preto." Era a fase do Marketing 1.0, ou a era do marketing centrado no produto.

Contudo, como o foco do marketing mainstream era vender, não havia, ainda, uma preocupação das empresas em fazer *branding* (Aaker, 2015) nem segmentação de mercado, muito menos fidelização. Todo o esforço do marketing se concentrava nos atributos funcionais do produto e na divulgação massificada, atingindo um grande público por meio de veículos de comunicação de massa, tais quais TV, rádio ou mídias impressas de grande circulação.

Após a era industrial, já na era da informação, nas décadas de 1970 e 1980, aproximadamente, surge o Marketing 2.0, cujo foco passa a ser o da tecnologia da informação. A tarefa do marketing torna-se, então, mais complexa, uma vez que os consumidores já têm como comparar preços e ofertas de produtos similares. "O valor do produto é definido pelo cliente. As preferências dos consumidores são muitíssimo variadas. O profissional de marketing precisa segmentar o mercado e desenvolver um produto superior para um mercado-alvo específico." (Kotler; Kartajaya; Setiawan, 2010, p. 4) O marketing das empresas estava, constantemente, se esforçando para atender aos desejos dos consumidores, e foi uma era em que o consumidor era o "rei". Dessa forma, percebe-se a evolução do marketing, que começa a olhar externamente para o seu consumidor e entender suas necessidades e seus desejos, o que leva ao surgimento de departamentos e diretorias de marketing em empresas de médio e de grande porte ou multinacionais. E por compreender que os consumidores têm necessidades e desejos díspares, o marketing cria estratégias de comunicação para um mercado segmentado; com isso, seu grande desafio passa a ser identificar o público-alvo, delimitando nichos de mercado para atender a interesses em comum.

Mais adiante no tempo, por volta dos anos 1990, o marketing envida seus esforços no relacionamento com o cliente, o qual Baker (2003, p. 11, tradução nossa) define como: "derivado de quatro fontes básicas: canais de marketing; marketing business-to-business ou marketing interorganizacional; marketing de serviços; e marketing direto de banco de dados (marketing de consumo)". Esse foco do marketing proporciona menos gastos para empresa, uma vez que as campanhas publicitárias passam a ser mais direcionadas, evitando comerciais de massa que não atingem o perfil de cliente desejado. Além disso, os profissionais de marketing nas décadas de 1980/1990 começam a apostar no posicionamento de marca, pois: "A identidade e a estratégia da marca, embora não fiquem em evidência, devem ser consideradas parte do relacionamento. Essa perspectiva enfatiza a probabilidade de serem desenvolvidos para uma marca programas que irão apoiar sua personalidade." (Aaker, 1996, p. 182)

Em consonância com esse pensamento, Tavares explica que: "Muitas empresas estão reconhecendo cada vez mais a relevância estratégica da marca em seus negócios. As marcas são um componente fundamental do marketing há mais de cem anos, mas só começaram a ser discutidas seriamente em meados do século XX." (Tavares, 2003, p. 45)

Nessa evolução, próximo aos anos 2000, surge o "Marketing 3.0 ou a era voltada para os valores" (Kotler; Kartajaya; Setiawan, 2010). É também nessa nova era que há intensificação do sentido de rede sociotécnica (Latour, 2012), com a integração de fornecedores, consumidores, *mass-media*, ONGs, órgãos públicos, formadores de opinião etc. A intenção é criar um mundo melhor, em que as empresas se orientam não só pela obtenção de lucro mas pela CVC (Porter & Kramer, 2011a) e pelo comprometimento das ações via compliance,[3] pois: "**Defender interesses já era, agora com o *Compliance* o correto é compartilhar interesses.**" (Nunes; Villarinho; Patrocínio, 2020, destaque nosso)

Outrossim, segundo o conceito do Marketing 3.0, surgem três forças motrizes que impulsionam os negócios das empresas contemporâneas, em um contrassenso da mundialização, contrapondo-se às forças do CMI e ressignificando o consumo pernicioso: "[...] a era da participação, a era do paradoxo da globalização e a era da sociedade criativa. **Observe como essas três grandes forças transformam os consumidores, tornando-os mais colaborativos, culturais e voltados para o espírito.**" (Kotler; Kartajaya; Setiawan, 2010, p. 5, destaque nosso)

Em concordância com esse pensamento, articula-se que o conceito de ecosofia de Guattari versa sobre essa nova era da CVC ou era da participação. Nesta, os consumidores se colocam em conjunção com as marcas, e as empresas criam uma nova perspectiva "ético/estético/política" (Rolnik, 1993) com base nas três ecologias – mental, social e ambiental (Guattari, 2012) –, uma vez que todos os seres humanos são sociais, consumistas e estão envolvidos no mesmo problema socioambiental.

Ao refletir sobre essa nova era do consumo ético e consciente das marcas, Tavares e Irving (2009, p. 97) observam que: "Nessa linha do 'ecomarketing' ou marketing ambiental, a ecologia passa a ser um excelente argumento de vendas."

De modo coerente, pode-se salientar que, para o marketing, empresas são feitas por humanos; consumidores são humanos e únicos para as marcas; e ambos demonstram altruísmo e preocupação com o futuro do planeta. Não obstante, os consumidores mais jovens procuram por marcas sustentáveis que vendem produtos de forma ética e não estética sem se autopromoverem por meio de *greenwashing* (Ferreira; Tavares; Almeida; Ventura, 2017). Com o Marketing 3.0 nasce uma geração mais exigente com o consumo sustentável e saudável. Por isso, é nesse período pós-moderno que: "[...] a mídia e as inserções irão reconstruir socialmente a conexão do indivíduo com o espaço natural, mais estreitamente, colocando-o em um papel protagonista em uma condição de cultura-mercadoria" (Tavares et al., 2017, p. 36, tradução nossa).

---

3   Em suma, o compliance nos negócios significa cumprir as leis e os regulamentos, isto é, todas as políticas, regras, controles internos e externos com os quais uma organização deve estar em conformidade. Seja pela área de segurança da informação, seja pela área de marketing e vendas ou sustentabilidade, quando em conformidade, as atividades de uma empresa estarão em total abonação com as regras e com a legislação relacionadas aos seus processos. Todos que fazem parte do negócio da organização devem estar em conformidade com as suas atividades, tais como os fornecedores, os terceirizados, área de segurança, informática, finanças e associações (Quelhas; Meiriño; França; Neto; Filho, 2017).

É mais fácil compreender esse movimento rizomático do CMI, que cria modos de ser/ter/parecer "verdes" (Tavares et al., 2017), quando se entende que o capitalismo cola e descola novos hábitos e atitudes, posto que: "Seguindo a lógica desse novo contexto, as marcas passam a vender ideias que colam e descolam, em sua metamorfose constante." (Ferreira, 2016, p. 17) Pelos fluxos e contrafluxos do consumo do "rizoma verde", o marketing ambiental elabora novos agenciamentos coletivos de enunciação, com a redefinição de marca-posicionamento-diferenciação de mercado, para afiançar sua "integridade e imagem da marca". Kotler; Kartajaya; Setiawan (2010) ilustram essa ideia e esclarecem que: "No estágio 3.0, o marketing deve ser redefinido como um triângulo harmonioso entre marca, posicionamento e diferenciação. Para completar o triângulo, introduzimos os 3Is: Identidade, Integridade e Imagem da marca." (Kotler; Kartajaya; Setiawan, 2010, p. 43)

Em outras palavras, a marca é um ativo forte para as empresas, ela pode afiançar não somente um bom posicionamento de mercado como diferenciação de produtos. Se esses produtos forem diferenciados por atributos emocionais e os agenciamentos de enunciação do marketing ambiental forem alinhados de forma ético-político-estética conforme as três ecologias, o envolvimento com a marca é ainda mais garantido. Nesse sentido, o Marketing 3.0 evoluiu não apenas para tocar a mente do consumidor "verde", mas, também, a sua alma. "Essa visão dá ensejo à concepção do que o autor denomina Modelo dos 3Is, que envolve a promoção da integridade, da identidade e da imagem da marca." (Ferreira, 2015, p. 96) Para alimentar o "rizoma verde", então, o marketing ambiental desenvolve novos produtos, concebe novas embalagens, utiliza outros elementos sustentáveis, tais quais selos verdes e certificações ambientais, e elabora "agenciamentos ecosóficos de enunciação", garantindo, assim, novos consumidores "ecopsicossociais" (Almeida; Tavares; Ferreira, 2019).

Nessa evolução do marketing, vale apontar o Marketing 4.0, que surgiu em meados dos anos 2010 e é caracterizado pela cultura digital, em que o profissional de marketing precisa estar atento e em constante diálogo nas redes. Kotler antecedeu essa discussão e pronunciou o seguinte: "No futuro, será ainda mais difícil transmitir uma mensagem de marca. A atenção do consumidor será escassa. Assim, somente marcas UAU! (a expressão de satisfação máxima de um cliente) serão consideradas dignas de serem ouvidas e defendidas por eles." (Kotler, 2017) Os profissionais de marketing precisam se esforçar para que os consumidores sejam defensores fiéis da marca e criem identificação e amor de marca. Toda essa conectividade oriunda do poder das redes acaba transformando as relações de consumo e alterando os padrões de comportamento do consumidor. Logo, o Marketing 4.0 consiste não só na transformação do *mindset* das empresas mas na compreensão de um novo cenário que se apresenta interconectado pela lógica de interações do capitalismo rizomático ressignificado, dos atravessamentos e das conexões desterritorializadas e territorializadas entre consumidores – empresas e stakeholders – dispostos em rede de modo globalizante e nivelado. Não se trata apenas de criar produtos "verdes" e regular redes sociais, mas, sim, de interagir com esse novo "campo social" com ética e transparência por meio de plataformas digitais, expor as práticas sustentáveis de forma íntegra, escutar os colaboradores e consumidores, ajustar práticas e produtos ecoeficientes. Dessa maneira, o marketing, ou marketing ambiental, continua a gerar novo propósito de marca e a agenciar as redes sociotécnicas pela Comunicação Integrada de Marketing (CIM), agenciamento este que continua seguindo a lógica do CMI.

Ainda sobre a história do marketing, vale contar que Philip Kotler, o "criador da 'espinha dorsal' do marketing contemporâneo" (Tavares, 2003, p. 37), descreveu em seu livro *Minhas aventuras em marketing* (2017) que sua família emigrou no começo do século XX da Ucrânia e se estabeleceu em Chicago. No livro, ele expõe o início da sua vida acadêmica e da sua entrada na Universidade de Chicago, onde cursou o mestrado em economia no ano de 1953. Fala também do seu doutorado em economia, cursado no Massachusetts Institute of Technology (MIT) em 1956. Segundo ele relata, nessa ocasião a Universidade de Chicago era composta, na sua grande maioria, de eminentes professores de economia: "O ambiente na Universidade de Chicago era estimulante. O corpo docente do departamento de economia era excelente. Lá, aprendi o valor da atividade dos livres-mercados e da concorrência com os professores que faziam parte da Escola de Economia de Chicago." (Kotler, 2017a) Todavia, é nesse corpo docente da Universidade de Chicago que Kotler se depara com outros eminentes professores da área das ciências sociais e conta: "Aprendi muito com eles sobre psicologia, sociologia, antropologia e ciência política. O fato de eu ter tomado conhecimento das outras ciências sociais foi muito vantajoso para minhas ideias." (Kotler, 2017a) Em outra etapa, que se deu por volta de 1955, em Harvard, Kotler faz parte de um projeto da Fundação Ford para aprimorar conceitos de gestão. Para isso, baseou-se na matemática e nas ciências sociais, tendo convivido com selecionados acadêmicos de diversas áreas, que incluem contabilidade, finanças, estratégia de negócios, operações, recursos humanos e marketing. Entre os profissionais de marketing estavam Jerome Francis McCarthy e Frank Bass. Só mais tarde, em 1960 e de volta a Chicago, Kotler foi convidado pela Escola Kellogg de Administração a lecionar marketing, justamente como acadêmico com formação na área de economia, para criar perspectiva ao marketing. Segundo ele, o marketing era visto como "uma disciplina subdesenvolvida que merecia ser atacada por um economista bem-preparado" (Kotler, 2017). Ao interagir com outros acadêmicos, Kotler vai fazendo a passagem da área de economia para marketing. O autor articula que o marketing sofre influência direta do pensamento econômico da Escola de Chicago e que alguns leitores podem pensar que economia e marketing são duas áreas distintas, o que não é verdade. "O marketing é uma área da economia aplicada que examina como os preços dos produtos são efetivamente determinados enquanto eles passam por diferentes estágios que envolvem os produtores, os atacadistas e os varejistas." (Kotler, 2017a)

Dessa forma, Kotler – que vinha das ciências econômicas – repensa o marketing em conjunto com demais acadêmicos renomados que estudaram ciências sociais, como Sidney J. Levy; juntos, recrutam pessoas com doutorado em ciências sociais e matemática e criam em Chicago um departamento de marketing. Assim, o marketing se desenvolve nos Estados Unidos com base em estudos em economia, mas evolui ainda que de forma sistêmica para uma visão social, conforme explica Kotler (2017a): "Com a chegada da década de 1960, os Estados Unidos tiveram de enfrentar muitos problemas, em especial a Guerra do Vietnã e a crescente preocupação no país com problemas sociais, como a poluição ambiental, a discriminação racial e os direitos das mulheres."

Daí em diante é que a Escola de Chicago e a ecologia humana colaboraram com diversas pesquisas no início do século XIX, contrapondo-se à sociologia especulativa da Europa de então e procurando tecer novas ferramentas para a análise de atitudes e dos comportamentos humanos (Coulon, 1995). Esses estudos visavam compreender as novas formas de comunidade e de vida humana que surgiam na era moderna e que apontavam para uma nova forma de vida econômica regida pelo capital.

Emerge, então, uma nova era "cujos membros vivem uma relação de interdependência mútua de caráter simbiótico" (Mattelart, 2011, p. 31), em que se assumem novos instrumentos de controle social ou cultural. Essa nova maneira de sistematizar e organizar a vida resulta na desintegração das estruturas da sociedade europeia. Nesse período, registra-se uma grande mobilidade social com a promoção de deslocamentos de populações atraídas por melhores condições de vida (Coulon, 1995). Em decorrência disso, a revolução industrial é a virada para um mundo capitalista, o que ocasionou uma mudança de paradigma no modo de consumir. Por conseguinte, é após a segunda metade do século XX que ocorre a expansão do consumo e surge um modo de ser egocêntrico, marcado pela forma de consumo descartável e pela obsolescência programada (quando a troca de uma peça do produto tem valor superior ao da compra de um novo). Esta foi provocada após a crise econômica dos anos de 1920, em razão do aumento desenfreado do consumo.

De acordo com essa visão, Tavares e Irving (2009, p. 26) relatam que: "[...] no decorrer do século XX, os mecanismos adotados pelo capitalismo para ocultar seu caráter explorador alteram seu centro de gravidade do campo da produção para o do consumo". Ou seja, em um mundo cada vez mais fragmentado das sociedades contemporâneas, a lógica produtora começa a ser regulada pela ordem do consumo dos objetos (produtos) cada vez mais descartáveis. Esta parece ter sido a "linha de fuga" (Deleuze; Parnet, 1998) para os problemas sociais, econômicos, culturais e políticos da época. Com isso, a crise exige uma nova ordem de mercado, que passa a ser a de promover o acúmulo de produtos; motivar a indústria a diminuir o ciclo de vida; gerar novos produtos com menor vida útil e atrair novos consumidores ávidos por novidades. Surgem, então, novas coligações multinacionais em um modelo desenvolvimentista de novas instituições internacionais, culminando em uma sociedade civil global de tecnologia de ponta, bem como em práticas empresariais avançadas e uma nova responsabilidade mundial (Hart, 2006). Esse novo meio de viver e consumir está relacionado não somente às necessidades básicas de consumo como às necessidades psicológicas, que acabam por promover o consumo e, também, a era da globalização. Assim, o aparecimento da globalização torna o mundo mais conectado e a produção mundial aumenta em escala, trazendo consequências ambientais drásticas como o aquecimento global e catástrofes naturais. "A preocupação ambiental da década de 1970 inspirou uma série de legislações e uma atitude relativamente reativa entre as empresas." (Peattie; Charter, 2003, p. 734) Em vista disso, as organizações voltam suas estratégias para o marketing ambiental como forma de impulsionar a sustentabilidade empresarial (Almeida, 2012). Dias (2014, p. 19) discorre sobre o mesmo assunto: "A questão ambiental tem-se revelado cada vez mais importante nas relações de troca entre os consumidores e empresas." Ainda sobre o mesmo fato, Hart (2006) argumenta que dessa explosão mundial do consumo surge ao mesmo tempo uma antiglobalização que resulta em preocupações com a degradação ambiental, e explica que: "[...] A década de 1980 trouxe consigo um sentido crescente de inquietação como a regulamentação de direção e controle." (Hart, 2006, p. 38)

Por outro lado, a natureza passa a ser constantemente fabricada e produtilizada, seguindo a lógica circulante do biopoder. Segundo Tavares e Irving (2009, p. 99): "Biopoder produz o negócio do consumo verde, tanto pelo sentido da criação de uma nova cultura de consumo, através de um 'poder verde', baseado no Ethos ambiental, quanto pela difusão da noção de sustentabilidade."

Contudo, nesse desarranjo do capitalismo, as empresas se veem na confluência dos movimentos de qualidade e meio ambiente e trazem o foco do marketing para a gestão ambiental, criando estratégia de modernização e competitividade para produtos sustentáveis. Essa estratégia do marketing ambiental, surgido em meados dos anos 1980 e 1990, é controversa ao modelo das ciências econômicas do marketing mainstream, que afirmava que a sustentabilidade ambiental nos negócios é contrária ao desenvolvimento econômico (Dias, 2014, p. 21). Consequentemente, a reação inicial

2. O MARKETING AMBIENTAL PELO OLHAR DA PSICOSSOCIOLOGIA

tanto dos profissionais de marketing como dos acadêmicos ao desafio verde foi tentar integrá-lo à visão de marketing existente. Ao analisar o ambiente competitivo e buscar oportunidades de geração de vantagem competitiva, o forte desempenho ecológico é hoje reconhecido como fonte potencial de diferenciação (Charter; Polonsky, 2017, tradução nossa).

Não obstante, as empresas voltam suas estratégias para garantir a qualidade da matéria-prima e dos recursos naturais utilizados no produto a ser comercializado, mudando o ambiente do marketing. De acordo com Kotler: "[...] Participantes do mercado devem prestar muita atenção nas tendências e nos acontecimentos desses ambientes e realizar ajustes oportunos em suas estratégias de marketing." (Kotler, 2000, p. 37)

De modo igual, Polonsky (2008) afirma que o marketing ambiental incide sobre os consumidores, orientando-os, engajando-os e gerando desejos, sempre a fim de diminuir o impacto ambiental, além de alcançar o lucro desejado pelas organizações.

Assim, compreende-se que a estratégia de marketing ambiental visa promover a venda dos produtos aos consumidores ecológicos ou "ecopsicossociais" (Almeida; Tavares; Ferreira, 2019), como, também, atender à premissa verde das empresas sustentáveis.

Para completar esse raciocínio, Dias (2014, p. 22) assegura que: "Nesse sentido, um componente importante do marketing é a ideia de desenvolvimento sustentável, proposto pela Comissão Brundtland da ONU em seu relatório de 1987 [...]." É nesse mesmo contexto que diversos termos surgem para sustentar o discurso do marketing por meio da relação do consumo com o meio ambiente; entre eles: "marketing ecológico, marketing verde, marketing ambiental, ecomarketing, marketing sustentável" (Cerchiaro, 2003; Fisk, 1974; Henion e Kinnear, 1976; Peattie, 1992; Ottman, 1992; Charter, 1992; Coddington, 1993; Fuller e Butler, 1994; Van Dam e Apeldoorn, 1996; Fuller, 1999; Dias, 2014, p. 73).

Como resultado das ações de marketing ambiental, a estratégia de vantagem competitiva das organizações torna-se um atrativo para que a empresa possa se diferenciar na percepção do consumidor. "O futuro do consumidor não surge do nada, mas da confluência de fatores psicológicos, sociológicos, demográficos e econômicos." (Popcorn, 1993, p. 12)

Não obstante, desde a década de 1990, as empresas encaram problemas inerentes ao controle da sua produção e às legislações ambientais como uma busca de diferencial competitivo do negócio verde. Padrões ambientais mais rígidos podem aumentar a competitividade nos negócios, levando as empresas a usar os recursos naturais de forma mais produtiva (Porter; Linde, 1995). Essa, porém, é uma questão controversa desde essa década, pois, na busca por diferenciação de produtos verdes, o marketing ambiental se tornou, principalmente, uma "produtilização da natureza", ao contrário do que propõe Guattari de pensar os produtos em forma de uma ecosofia entre as três ecologias. Sob essa visão, Ferreira e Tavares (2018, p.2) alertam que: "É observada, na contemporaneidade, a produção de novos arranjos mercadológicos que podem revelar a apropriação da natureza como estratégia de consumo em benefício do capital."

Dessa maneira, atenta-se que o progresso ambiental exige uma nova postura das empresas ante a produtividade de bens, o que, por sua vez, tem sido o desafio das empresas transnacionais e multinacionais no que tange às questões da extração do lucro do negócio e ao reaproveitamento dos recursos naturais. Não obstante, Porter & Linde (1995, p. 133, tradução nossa) já tinham articulado esse pensamento, afirmando que: "É hora de construir a lógica econômica subjacente que liga o ambiente, a produtividade dos recursos, a inovação e a competitividade."

Assim, para avançar na inovação dos produtos, priorizando não somente o lucro do negócio, as empresas iniciam um caminho de sustentabilidade em conjunto com diversos agentes sociais. Segundo Almeida (2012, p. 117): "Essa visão da empresa com finalidade dupla do lucro e agente da transformação social não é nova – embora esteja ressurgindo com ênfase no momento."

Após anos criando estratégias de marketing para perseguir o lucro, as empresas percebem a necessidade de fazer mudanças e iniciam novas formas de atuação para sobrevivência no mercado de nicho "verde". Além disso, a preocupação empresarial se voltou para a preservação dos recursos naturais e para a minimização do impacto ambiental, visto que a industrialização aumenta o GEE e agrava as crises climáticas, comprometendo a vida humana no planeta. De acordo com Kotler (2015, p. 107): "A situação ficará ainda pior se a temperatura da terra subir 2 ºC. O calor adicional não apenas aquece o oceano como também extrai umidade do solo, causando secas mais duradouras."

Em razão das pressões da sociedade e dos marcos regulatórios ambientais, as empresas passam a adotar a consciência ecológica durante os anos 1980 e 1990, e essa mudança se torna perceptível após algumas ações empresariais. Uma dessas ações é a participação dos stakeholders no negócio, que, em conjunto com a sociedade civil, voltam o olhar atento para a sustentabilidade e a responsabilidade socioambiental. Entretanto, nessa década: "[...] A resposta dos profissionais de marketing à agenda verde é às vezes proativo e às vezes reativo." (Peattie; Charter, 2003, p. 735, tradução nossa)

Nesse mapa de pensamento, infere-se que a lógica do marketing contemporâneo das redes sociotécnicas parece aproximar-se de um "rizoma verde", que pode ser proativo ou reativo. Deleuze e Guattari (2011) discorrem sobre o conceito de rizoma e relatam que um rizoma nunca começa nem se conclui, ele se encontra entre as coisas, no meio de um caminho, entre elos, entre coisas, e se conjuga como uma força externa.

Desse modo, o marketing ambiental, com os stakeholders do negócio, caracteriza-se como um "rizoma verde" (Töpke, 2018) ou, em outras palavras, como resposta dos profissionais de marketing à agenda verde. As formações do "rizoma verde" servem para fortalecer as parcerias e as marcas do negócio "verde", ou a "ecosofia das marcas", por meio de enunciados subjetivos com apelos "ecopsicossociais" ou ecológicos que despertam desejos individuais e coletivos, em um devir constante que é retroalimentado pelo próprio grupo ou *cluster*[19] ou rizoma. Nesse sentido, o "*cluster* verde" ou "rizoma verde" se configura por redes de relações do "biopoder ao ecopoder" (Tavares; Irving, 2010; Tavares, 2007).

Daí em diante, é possível refletir que o mundo contemporâneo estabelece uma nova ecologia social ou uma nova ecosofia, constituída por formações rizomáticas entre sociedade civil, terceiro setor, setor público e privado. Portanto, pegando a pista de Guattari, salienta- se que: **"Torna-se imperativo refundar os eixos de valores, as finalidades fundamentais das relações humanas e das atividades produtivas. [...] Significa dizer que a ecologia generalizada – ou a ecosofia – agirá como ciência dos ecossistemas."** (Guattari, 1992, p. 116, destaque nosso)

Para tanto, de maneira a refletir o marketing ambiental sobre uma mudança "ético-político- estética" (Guattari, 2001), no próximo tópico analisa-se o registro ecosófico de Félix Guattari nas transações da sociedade de controle.

2.2 OS PROCESSOS DO CAPITALISMO MUNDIAL INTEGRADO (CMI) NA SOCIEDADE DE CONTROLE: ECOSOFIA, RIZOMA E AGENCIAMENTO DE ENUNCIAÇÃO

Conforme visto nas seções anteriores, o desenvolvimento sustentável do planeta depende diretamente de uma nova visão, que envolve diversos atores sociais no processo. Vivemos em uma sociedade alimentada pelo CMI, na qual o consumo passa a ser vital e adequado à sociedade capitalista: "[...] com novas formas de ser (identidades prêt-à-porter), à captura de novos desejos e à criação de novos dispositivos de socialização. Controle, no qual todos os atores sociais envolvidos em sua produção participam (e empoderam) na concepção de um ecopoder" (Tavares et al., 2017, p. 35). Assim, as pistas do CMI indicam que o marketing ambiental, com os demais atores-rede, forma a rede do "rizoma verde", promovendo novos mercados para "consumidores verdes" ou "ecopsicossociais", alterando estilos, hábitos e "novos modos de ser", na qual uma nova ordem social e política é entendida como nova "ética-estética-verde" a ser consumida (Pereira, 2017; Tavares, 2014).

Segundo Solomon (2002), são diversas as situações do consumo vicioso ou compulsivo que é alimentado pelas empresas, hoje nas redes, e daí surgem questões éticas e legais uma vez que na rede do consumo ninguém é inocente, pois toda a sociedade de consumidores está envolvida no consumo. Estamos todos envolvidos "em nossos papéis de cidadãos-consumidores-usuários" (Rocha, 2020, p. 329).

Com vistas a explorar a noção de CMI de sua intercessão com a temática de rede, a perspectiva ecosófica proposta por Guattari busca pronunciar em suas reflexões um processo de articulação ético-político e estética exercido pelas marcas via publicidade (Tavares; Pontes, 2014), cujo pano de fundo é a "sociedade de controle" que opera no campo dos agenciamentos de enunciação dos processos publicitários e é alimentada pelo CMI (Guattari, 2001).

Dessa forma é que o capitalismo rizomático contemporâneo "trabalha para que os setores indiretamente ligados à máquina de produção tornem-se coadjuvantes ao setor produtivo e para que também produzam meios de contribuir para a lógica do consumo" (Ferreira; Tavares, 2017, p. 51). Por essa pista, Deleuze e Guattari nos convidam a pensar se "essa fase paroxística de laminagem das subjetividades, dos bens e do meio ambiente, não está sendo levada a entrar num período de declínio" (Guattari, 2001, p. 12). Igualmente, é possível dizer que nessa produção capitalística do "rizoma verde" se encontram diversos atores-rede (Latour, 2012) – tais como indústria, comércio, organizações públicas e privadas –, que transformam a matéria-prima, um recurso natural, em produtos ecológicos ou verdes. Nessa evolução do capitalismo rizomático, pela visão psicossocial, poderíamos dizer que o marketing passa a operar não somente pelas ciências econômicas e sociais como, também, por diversas disciplinas que fomentam múltiplas parcerias ou "parcerias rizomáticas" e "agenciamentos maquínicos".

Essa nova potência denominada "natureza dos agenciamentos" indica que "já não há nem homem nem natureza, mas unicamente um processo que os produz um no outro, e liga as máquinas" (Deleuze; Guattari, 2004, p. 8). Se essa reflexão for aprofundada, o texto *post-scriptum* sobre a sociedade de controle resume que "o marketing é agora o instrumento de controle social, e forma a raça impudente de nossos senhores" (Deleuze, 2008, p. 224).

Em consonância com esse pensamento, Kotler argumenta que: "A mudança de poder também tem influência sobre as pessoas comuns. Agora, o poder não reside nos indivíduos, mas nos grupos sociais." (Kotler, 2017b, p. 159) Estamos vivendo uma era na qual o controle exerce o poder de maneira desterritorializada, por intermédio de um plano de forças que advém de um coletivo social, interferindo na força de uma marca sobre o consumidor. "Foi-se o tempo em que a meta era ser exclusivo; a inclusão tornou-se a nova tendência. Em nível macro, o mundo está avançando de uma estrutura de poder hegemônica para uma multilateral." (Kotler, 2017b) Então, ser um consumidor inclusivo é ser social, ser um consumidor sustentável é ser ambiental, e ser um consumidor consciente é ser "ecopsicossocial".

Ainda assim, o CMI se aproveita desse novo poder multilateral, das tendências "ecopsicossociais" para espalhar suas linhas de segmentaridade, criando nichos e fontes de "biopoder" (Hardt; Negri, 2001). Desse jeito, a vida passa a se dar em forma de "capitalismo rizomático". Segundo Deleuze e Guattari (2011, p. 25): "Todo rizoma compreende linhas de segmentaridade segundo as quais ele é estratificado, territorializado, organizado, significado, atribuído etc." É pelo capitalismo rizomático que os agenciamentos de enunciação se formam e "colocam em contato subjetividades – constelações singulares de fluxos sociais, materiais e de signos, criando uma área-de-intimidade-e-desejo onde um e outro se metamorfoseiam. Nunca paralelamente" (Guattari, 1981, p. 9). A seguir, evidencia-se a contribuição da ordem capitalística para que o marketing ambiental atue de forma conexionista e desterritorializada, infiltrando-se nas mentes humanas pelas representações inconscientes e na cultura em geral, agenciando modos de ser, pois: "Um agenciamento é precisamente este crescimento das dimensões numa multiplicidade que muda necessariamente de natureza à medida que ela aumenta suas conexões." (Deleuze, 2011, p. 24) Além disso, ressalta-se que todas essas estratégias de agenciamento alimentam o "capitalismo rizomático" na espécie de um rizoma. De acordo com Deleuze (2011, p. 22): "Num rizoma, ao contrário, cada traço não remete necessariamente a um traço linguístico: cadeias semióticas de toda natureza são aí conectadas a modos de codificação muito diversos, cadeias biológicas, políticas, econômicas etc."

Em vista dessa problemática, entende-se que o marketing ambiental é constantemente alimentado pelo capitalismo rizomático ou pelo CMI, e que suas estratégias comerciais para a venda de produtos sustentáveis ou ecológicos são elaboradas por meio de uma linguagem publicitária, que traz como palavra de ordem "ser sustentável" ou ser "ecopsicossocial". Esses agenciamentos coletivos de enunciação do marketing ambiental se deliberam em função das variáveis engendradas por um "agenciamento maquínico Natureza-Sociedade", e como Deleuze e Guattari (2011, p. 27) definem: "é o processo de subjetivação e o movimento de significância que remetem aos regimes de signos ou agenciamentos coletivos. A função-linguagem é transmissão de palavras de ordem, e as palavras de ordem remetem aos agenciamentos [...]".

E, assim, estima-se que o marketing ambiental elabora os agenciamentos de enunciação para entrega e distribuição de "kits ecopsicossociais" ou "kits ecológicos" ou "kits de subjetividade verde" (Silva; Tavares, 2016), transformando as instituições em empresas com "alma"; como dito por Kotler; Kartajaya; Setiawan (2010, p.40): "[...] já não basta atingir apenas a mente. Os profissionais de marketing também precisam atingir o coração dos consumidores". De acordo com essa reflexão, Ottman relata que: "Os profissionais de marketing que não divulgam as conquistas de sustentabilidade de suas marcas podem descobrir que os consumidores e outros stakeholders acreditam que seus produtos e processos não são ecologicamente seguros." (Ottman, 2012, p. 153)

Consequentemente, o conceito de ecosofia de Guattari (2012) – ou processos psicossociais do consumo verde –, elaborado pelo marketing ambiental, traz dois importantes pontos para a discussão do entrelaçamento entre o CMI e a ordem do "Império". Primeiro é sobre como o imperialismo da globalização opera nas estruturas – molar-molecular –, exercendo uma força maquínica que acama toda a subjetividade humana em um único plano de bens materiais, sociais, culturais e ambientais. Segundo é que as relações sociais são constantemente reguladas pelo domínio de uma máquina policial e militar – leia-se: multas e prisões por crime socioambientais – que pune e ameaça para obter resultados das organizações privadas. Contudo, esses dois importantes pontos, ressaltados por Guattari, nos advertem de que só haverá verdadeira mudança quando as subjetividades humanas estiverem em consonância com as questões ético-político-estéticas do planeta, ou com o registro das três ecologias.

Logo, entende-se que o marketing ambiental ou marketing verde dos tempos contemporâneos abre novas oportunidades e "devires rizomáticos" ou "linhas de fuga" (Deleuze, 2000b), que alimentam um consumo "rizomático verde" por meio de "kits de subjetividade verde", com os quais os novos consumidores "ecopsicossociais" ou ecológicos são agraciados.

Sob esse entendimento, Tavares e Irving (2009, p. 75) confirmam que: "O Capitalismo Mundial Integrado opera na esfera psicossocial, produzindo subjetividades, que são reguladas pelo desejo e pelo consumo." Dessa maneira, o CMI opera sobre os devires e desejos psicossociais como forma de controle social que sustenta o capitalismo rizomático, fazendo-o circular pela lógica de um biopoder que: "[...] articula a vida social por dentro de forma rizomática. Esse poder, engendrado por esse capitalismo conexionista, é expresso como um controle, que se estende e se amplia por todas as dimensões psíquicas, sociais, políticas e culturais, sob a lógica de um enredamento [...]" (Tavares; Irving, 2009, p. 75).

Nesse mesmo contexto, para Deleuze e Parnet, um rizoma é feito de devires que escapam da estrutura e resistem à máquina binária, é pensar entre as coisas e

2. O MARKETING AMBIENTAL PELO OLHAR DA PSICOSSOCIOLOGIA

criar linhas de fuga ou rizomas, e não raízes, espalhar-se, multiplicar-se, impulsionar rupturas e mudanças, elevar-se ou, como eles dizem, promover "evoluções não paralelas que não procedem por diferenciação, mas saltam de uma linha a outra, entre seres totalmente heterogêneos [...] Tudo isso é o rizoma" (Deleuze; Parnet, 1998, p. 22).

No rastro do CMI e do capitalismo rizomático, conforme as descrições anteriores, discute-se no tópico seguinte como o marketing psicossocial assinala novas cartografias do "rizoma verde" e ancora essa discussão.

2.3 *CLUSTER* DE MARCA: NOVAS CARTOGRAFIAS DO "RIZOMA VERDE"

De acordo com a psicossociologia, esta obra apresenta um novo olhar sobre o marketing ambiental – o qual já vem sendo praticado por empresas no Brasil – com base em uma configuração desajustada.

Em conformidade com essa reflexão, as empresas transnacionais no Brasil vêm operacionalizando, há décadas, seus produtos sob o regime do "biopoder e ecopoder". Todavia, pós-Eco-92, por ocasião das pressões das pautas ambientais, as empresas tendem a adotar uma nova onda de reações ecológicas e humanitárias. Dessa maneira, trazem novos campos de saber e, até mesmo, inovações no que tange às parcerias de produtos e serviços compartilhados, contrapondo-se às antigas formas de produção e consumo que visavam o lucro acima de tudo. Contudo, a mudança não se faz rapidamente; as empresas ainda investem constantemente as verbas do marketing em campanhas publicitárias ambíguas, utilizando agenciamentos de enunciação que ludibriam os consumidores com ensejos de consumo consciente. A cada vez que o consumidor sofre um golpe de *greenwashing* se levanta mais a raiz desse problema.

Por conseguinte, em busca de um novo paradigma sustentável e de valor compartilhado é que o marketing ambiental das grandes marcas se aproveita de uma nova onda de fluxos e contrafluxos nas redes sociais. Dessa forma, o marketing começa a agenciar "enunciados ecosóficos" para a venda dos seus produtos industriais "saudáveis" e "verdes", em um movimento molar/molecular entre as marcas nacionais/transnacionais e os seus consumidores, na tentativa de convencê-los a praticarem a compra do "bem". Percebe-se, claramente, que o marketing ambiental das organizações elabora suas estratégias de modo a enaltecer uma marca "alma" que se importa com a natureza, com o impacto socioambiental e com o bem-estar dos seus consumidores. Assim, a nova lógica do marketing ambiental passa a ser a lógica do enredamento das redes, da interface de propagar, de difundir, de dividir, de espalhar a comunicação em um compartilhamento, que é um agenciamento do "rizoma verde" da comunicação. Contudo, concebe-se que o agenciamento de enunciação do marketing ambiental contemporâneo trabalha a subjetividade dos consumidores, via interface da comunicação das redes sociotécnicas, e cria um sistema de ação do "rizoma verde". Isso se dá em razão de um funcionamento rizomático maquínico, em um devir – desdobramento – constante, regulado pelo capitalismo rizomático, conexionista e atravessado em rede (Deleuze; Guattari, 2012). Por outro lado, de olho na sustentabilidade e na responsabilidade social, as marcas percorrem movimentos de territorização e desterritorialização, com a inovação em projetos e disputa por um lugar no capitalismo rizomático. "As territorialidades são, pois, atravessadas, de um lado a outro, por linhas de fuga que dão prova da presença, nelas, de movimentos de desterritorialização e reterritorialização [...], uns com os outros se comunicando no cruzamento dos meios." (Deleuze; Guattari, 2011, p. 91)

Ao mesmo tempo, pela visão ecosófica de Guattari, presume-se que é por meio desse movimento de territorização e desterritorialização das marcas "através desse capitalismo rizomático, da mobilidade das coisas, da multiplicidade, das linhas de fuga, do nomadismo, dos fluxos semióticos, materiais e sociais" (Bittencourt; Tavares, 2018, p. 137) que surgem ações empresariais inovadoras, como é o caso da CVC, de Porter & Kramer (2011). Ao agir em conformidade com a sustentabilidade socioambiental, as empresas renovam o ciclo de vida do negócio.

Nesse diapasão, confere-se que as organizações buscam na estratégia do marketing ambiental saídas para enfrentar o capitalismo e partem para inovações de geração de valor compartilhado e riqueza. Logo, pressupõe-se que a CVC surge como diferencial competitivo nas empresas transnacionais. No caso deste estudo, faz-se um recorte para um olhar psicossocial sobre a formação de um "rizoma verde" entre as marcas parceiras Coca-Cola Brasil e AmBev na gestão compartilhada de resíduos sólidos. Assim, há uma inovação no pós-consumo por meio da "união de forças" e da criação da plataforma Reciclar pelo Brasil, objeto de análise desta obra.

Nesse contexto, Porter & Kramer (2011) afirmam que o novo propósito da empresa deve ser redesenhar sua estratégia como a da CVC, visando não só o lucro por si, mas, sim, uma ressonância com a economia global de forma sustentável, sem perder inovação e produtividade. Entretanto, pelo olhar psicossocial, as ações estratégicas inovadoras das empresas possibilitam um remodelamento do capitalismo rizomático e sua relação com a sociedade, visto que a empresa que gera valor compartilhado legitima sua posição forte no mercado e mantém uma saudável atividade empresarial. Os benefícios da marca vão além do resultado econômico da venda do produto, uma vez que há menor custo no compartilhamento de produtividade.

Ainda assim, calcula-se que a adoção de estratégia de CVC de Porter & Kramer (2011) opera em conjunto com as interações dos stakeholders e forma uma forte "rede rizomática", composta de diversos atores-rede que participam de um "biopoder" (Hardt; Negri, 2001), e, que, portanto, cria modos de "ter humano" em detrimento do "ser humano" (Tavares; Irving; Vargas, 2014), configurando-se em um forte *cluster de marca*.

Desse modo, presume-se que o desafio do "rizoma verde" ou da "marca de rede" ou *cluster* de marca é aprimorar processos em conjunto com os demais atores que participam dessa poderosa rede política, gerando competitividade, fortalecendo as barreiras entrantes (Porter; Montegomery, 1998), e promovendo um perfeito equilíbrio dos "agenciamentos ecosóficos de enunciação", relacionando o "ter" e o "ser" ao "EcoTer" e ao "SerEco".

Para tanto, em consequência de movimentos de territorialização e desterritorialização, as marcas nacionais/transnacionais se globalizam e ao mesmo tempo se "localizam", tornando os seus produtos "verdes" ecosoficamente bem agenciados pelo marketing ambiental. Além disso, criam valor por meio de parcerias de coopetição, fortalecendo o conglomerado ou os *clusters* de marcas. Acentua-se, porém, que esse propósito de geração de valor compartilhado extrapola a visão mainstream do marketing do lucro em si, pois amplia o valor da marca pela CVC e pela inovação sustentável (Porter; Kramer, 2011b). Como exemplo, enxergam-se nas empresas transnacionais brasileiras iniciativas que fortalecem a relação do "rizoma verde" ou dos *clusters*, por intermédio da R$C, conceito elaborado por Töpke e Tavares (2019) que evidencia que tais iniciativas beneficiam os stakeholders e os diversos atores-rede participantes de uma mesma rede sociotécnica. Em linha com esse raciocínio, Kotler (2015, p. 121) relata que: "Movimentos como a Nova Economia e o Capitalismo Consciente estão concebendo novos modelos de capitalismo que visam aumentar a propriedade e a participação dos cidadãos, além de proporcionar mais benefícios aos stakeholders. Eles estão buscando um capitalismo mais esclarecido e construtivo." Dito de outra maneira, pelo olhar psicossocial: "A ecologia social deverá trabalhar na reconstrução das relações humanas em todos os níveis do socius. [...] ampliando seu domínio sobre o conjunto da vida social, econômica e cultural do planeta [...]" (Guattari, 2001, p. 33)

Apesar disso, supõe-se que no mundo contemporâneo não há uma só empresa que não seja favorável a uma economia capitalista; portanto, o viés do lucro acaba sendo o pilar principal do marketing. Assim, novas ações de marketing ambiental têm sido desenvolvidas por empresas multinacionais e de grande capital como forma de melhorar a vida socioambiental e satisfazer seus clientes e stakeholders. No final, e quase sempre, o viés é o lucro, mas com isso o capitalismo se reinventa, circula e cria valor compartilhado.

MARKETING ECOSÓFICO: um novo olhar sobre o marketing empresarial

Como diz Kotler (2015, p. 10): "No melhor dos casos, o capitalismo é acionado por individualismo, ambição, espírito competitivo, colaboração e bons sistemas de gestão."

Com base nessa pista, vale destacar que o conceito deleuze-guattariano de rizoma e ecosofia auxilia conceber que o pensamento do marketing do "novo capitalismo" é o de parcerias e de coopetição, como também o de CVC, de Porter & Kramer (2011b). A estratégia de CVC é aplicada hoje por algumas empresas transnacionais no Brasil, como é o caso da empresa Coca-Cola Brasil, e funciona em diversos platôs (Deleuze; Guattari, 2011) por projetos socioambientais – ao contrário do marketing binário mainstream, que tinha como premissa produzir-vender. Favorável ao conceito de CVC há, também, o novo conceito do Marketing 3.0 de Kotler (2010), que estimula a inovação com o uso da tecnologia, para envolver seres humanos plenos com coração, mente e espírito. O Marketing 3.0, quando aplicado nas organizações, pretende fazer do mundo um lugar melhor pela colaboração de um-para-muitos; é, também, supostamente o novo pensamento rizomático dos três registros da ecologia de Guattari (Almeida; Tavares; Ferreira, 2019).

Ainda nessa pista, Deleuze e Guattari argumentam que o rizoma é um sistema não binário contra os sistemas centrados de comunicação hierárquica e de ligações preestabelecidas. "O rizoma se refere a um mapa que deve ser produzido, construído, sempre desmontável, conectável, reversível, modificável, com múltiplas entradas e saídas, com suas linhas de fuga." (Deleuze; Guattari, 2011, p. 43)

Infere-se, pois, que os agenciamentos de enunciação do marketing, marketing ambiental ou marketing verde operam em conjunto com a estratégia de CVC, em uma dimensão de múltiplos "platôs", ligando diversos atores-rede a um poderoso *cluster* do "rizoma verde". Este é constantemente alimentado por agenciamentos coletivos de enunciação, uma vez que para Deleuze e Guattari (2011, p. 64): "Não existe enunciado individual, mas agenciamentos maquínicos produtores de enunciados [...] de vários tipos: máquinas humanas, sociais e técnicas, molares organizadas; máquinas moleculares, com suas partículas de devir-inumano [...]." (Deleuze; Guattari, 2011, p. 64)

Evidencia-se, portanto, que essa configuração de CVC, em forma de parcerias de compartilhamento de valor, nasce em prol do pensamento empresarial "verde" ou "sustentável" para operar por meios moleculares nas mentes dos empresários, políticos, ambientalistas, consumidores, fornecedores, shareholders e stakeholders em geral, e por meios molares em fábricas, indústrias, novas tecnologias "verdes" etc., criando modelos de negócios e formando um *cluster* do "rizoma verde", conforme diagrama proposto na Figura 2.1.

Figura 2.1 - Diagrama *Cluster* do "rizoma verde"
Fonte: elaborado pelos autores (2021).

Consequentemente, essas parcerias rizomáticas de coopetição entre as empresas transnacionais e seus concorrentes são como novas "linhas de fuga" que compõem uma forma de territorialidade de defesa de mercado. Tais movimentos de territorialização e desterritorialização do *cluster* do "rizoma verde" se aproximam da qualidade do que é territorial de acordo com o comportamento animal, como postulado por Deleuze e Guattari no livro *Mil platôs: capitalismo e esquizofrenia 2* (Deleuze; Guattari, 2011).

Essa concepção leva a outra reflexão sobre as atividades das indústrias e da produção excessiva do capitalismo rizomático, sobre as quais há desperdício de recursos naturais. Esse desperdício desencadeia pobreza e penúria para o planeta Terra, ao mesmo tempo que leva as organizações a abrirem diálogos sobre o tema sustentabilidade entre sociedade, stakeholders e shareholders. Para embasar essa reflexão, Almeida (2012) descreve que: "Nos últimos anos, cresceram e se aprofundaram as discussões e iniciativas voltadas à sociedade mais responsável. Vivemos numa época em que é essencial o diálogo com os diversos stakeholders [...]" (Almeida, 2012, p. 119). Além disso, a Agenda 2030 para o desenvolvimento sustentável do planeta articula que: [...] medidas ousadas e transformadoras estão sendo tomadas pelos países e são urgentemente necessárias para direcionar o mundo para um caminho sustentável e resiliente (Brasil, 2015).

Nesse sentido, compreende-se que as empresas nacionais/transnacionais busquem equacionar as externalidades oriundas de suas atividades industriais, adotando "linhas de fuga" em forma de associações – coopetição – como tentativas de mitigação aos efeitos das suas atividades capitalísticas. Ademais, é premissa das empresas contemporâneas, sobretudo as transnacionais, pensar em mudança de propósito e em uma boa missão. Segundo Kotler; Kartajaya; Setiawan (2010 p. 65): "Uma boa missão tem sempre a ver com mudança, com transformação, com fazer a diferença. O Marketing 3.0 está relacionado a mudar a maneira como os consumidores fazem as coisas na vida. [..] É disso que trata o marketing do espírito humano."

Para além disso, seguindo as pistas teóricas psicossociais deste estudo, percebe-se que há controvérsias sobre a evolução do marketing mainstream para o marketing ambiental – no processo de desterritorialização e reterritorialização –, em busca de um "novo" nicho de mercado "verde", conforme apresenta-se na próxima subseção.

2.4 AS CONTROVÉRSIAS DO MARKETING: DE VOLTA AO MERCADO DE NICHO

Em um mundo contemporâneo e controverso, pautado por tantas mudanças, no qual a noção de social se modificou e alternou as fronteiras desterritorializadas e reterritorializadas, há de ser compreensível que a comunicação de massa tenha sofrido alterações. "Assim sendo, as transformações ocorridas no decorrer da história nas formas de armazenar, organizar e transmitir as informações devem ser compreendidas, também, nos seus importantes significados sociais e filosóficos de contribuir em novas formas de ver, de perceber e de entender o mundo." (Di Felice, 2007, p. 1) A internet e as redes digitais colocaram a vida no centro do universo; com isso, modificaram o modo de ser e viver do homem, remetendo-o a um plano horizontal complexo, de fluxo, repleto de conexões e interações em redes. Assim, surge uma nova ecologia[4] – em rede – que se apresenta por uma "ecosofia social" e que consiste em novas maneiras de interagir socioambientalmente (Guattari, 2012). Segundo Di Felice, o conceito de ecosofia de Guattari

---

4   Ciência ampla e complexa, a ecologia preocupa-se com o entendimento do funcionamento de toda a natureza. Como vários outros campos de estudo da biologia, ela não é uma ciência isolada. Fonte: < https://brasilescola.uol.com.br/biologia/ecologia.htm>. Acesso em: 20 fev. 2019.

e de autores pós-modernos ligados a ele surge como uma nova dimensão ecológica proveniente da difusão de outra cultura tecnológica que põe, compõe e recompõe a vida no centro do universo (Safatle, 2015).

E é dessa nova configuração ecosófica (mental, social e ambiental) de mundo, no qual o social forma um novo coletivo de humanos e não humanos em redes, que a comunicação entre as marcas e os consumidores passa a existir horizontalmente, modificando a forma original dos 4Ps do marketing, sobretudo quando se relaciona à comunicação com seu público-alvo. Percebe-se, então, que as marcas globais e locais estão direcionando suas estratégias de posicionamento de mercado ao que os seus consumidores exigem, visto que eles hoje exercem poder sobre as marcas nas redes (Kotler; Keller, 2012).

Muitas marcas estão compreendendo a necessidade de alinhar-se a causas sociais e valores significativos para os consumidores. O envolvimento em temáticas como sustentabilidade, diversidade e inclusão tornou-se prática comum para forjar uma imagem positiva. Nesse sentido, marcas globais e tradicionais estão inovando em suas abordagens, adotando posições favoráveis aos movimentos sociais que ganharam destaque nos últimos anos.

Com a ascensão das redes sociais, os consumidores passam a ter voz ativa, exercendo influência nas estratégias de marketing das marcas. Esse fenômeno marca um retorno ao mercado de nicho, no qual as escolhas dos consumidores são orientadas não apenas pela qualidade do produto e preço mas também pela identificação com os valores da marca.

No cenário contemporâneo das redes sociais, uma marca enfrenta a possibilidade de desaparecer rapidamente por causa da intensa circulação dos consumidores entre diversas iniciativas de marcas. Estamos em um mundo de comunicação rizomática e horizontal, diferente do marketing mainstream, que exercia poder *top-down* nos seus consumidores. Para tanto, atualmente, o marketing precisa cuidar da sua comunicação mais do que nunca, pois diversos fatores culturais, sociais, econômicos e até de cunho religioso tomam diferentes relevos nas redes. Dessa maneira, Kotler diz que o marketing das empresas precisa evoluir para uma abordagem *omnicanal* – tanto online quanto offline – e assim interagir com seus consumidores, compreendendo os vieses da vida humana (Kotler; Kartajaya; Setiawan, 2021).

De acordo com essa ideia, a perspectiva ético-política de Guattari apresenta uma modificação da existência humana em nova conjuntura histórica. Para Guattari (2001, p. 15): "A ecosofia social consistirá, portanto, em desenvolver práticas específicas que tendam a modificar e a reinventar maneiras de ser no seio do casal, da família, do contexto urbano, do trabalho etc." Supõe-se que é pela razão de conceber novas práticas socioambientais ou, dito de outra forma, pela nova "ecosofia social" (Guattari, 2001) que todos vivem absolutamente conectados. Sobre essa reflexão,

Kotler (2017b) afirma que: "A internet, que trouxe conectividade e transparência às nossas vidas, tem sido em grande parte responsável por essas transformações."

Em linha com esse pensamento, Bruno Latour traz a noção de redes e encontra um meio de reformular questões básicas da teoria social, epistemologia e filosofia. Portanto, para o autor, as redes sociotécnicas trazem não só conexões mas revoluções e novas ideias nunca imaginadas (Latour, 2010).

Assim, é a partir da evolução das redes sociotécnicas que o marketing volta seus esforços para desenvolver a escuta com o seu consumidor, fazendo surgir projetos inovadores de cunho socioambiental – uma nova ecosofia social. Latour interpreta "social" da seguinte forma: "O latim 'socius' é um parceiro partilhado, parceiro, companheiro, associado. 'Sócio' significa unir, associar, fazer ou manter em comum." (Strum; Latour, 1987)

É nesse novo modo "social" dos entrelaçamentos das redes sociotécnicas que os consumidores contemporâneos vivem conectados em rede. Dessa maneira, eles são capazes de seguir as marcas, rastrear suas ações e confrontar os seus valores com os seus posicionamentos, exercendo total controle. Hoje o consumidor não é passivo, ele interage e pode exercer força e poder sobre uma marca. São inúmeros os casos de reclamações de consumidores no Programa de Proteção e Defesa do Consumidor (Procon) que resultam em regulações do Conselho Nacional de Autorregulamentação Publicitária (Conar), a fim de coibir práticas ilegais de publicidade e propaganda.

Portanto, os anúncios, em geral, são cada vez menos criados pela lógica da persuasão, como outrora, de forma absoluta e impositiva, com repetições que façam o consumidor se envolver sem perceber os reais atributos do produto ou serviço. Nos tempos atuais das redes sociotécnicas, o consumidor é atento e não se verte aos reclames das empresas sem perceber o que é dito e falado. Quando a publicidade e a propaganda eram a alma do negócio, em tempos remotos, a meta era automatizar a consciência coletiva pela repetição e pela persuasão dos reclames. Mattelar (2011), ao discorrer sobre anúncios em seu livro, lembra o que ocorria: "Como ideal, a publicidade aspira ao objetivo de harmonizar programadamente todos os esforços, impulsos e aspirações humanas. Utilizando métodos artesanais, ela visa à derradeira meta eletrônica de uma consciência coletiva." (Mattelart, 2011, p. 256)

Apesar disso, é evidente que no contexto atual o marketing, incluindo o marketing ambiental, emprega abordagens persuasivas. Essas estratégias de comunicação incluem o uso de conteúdo viral nas redes sociais, postagens de influenciadores e memes Podemos considerar os memes um processo análogo ao vírus, que se replica de mente em mente: "memes são como vírus. [...] Uma marca como a Coca-Cola replica-se de mente em mente, via um processo análogo ao vírus" (Tavares, 2003, p. 208-209).

Além disso, há um movimento inverso nas redes do marketing concentrado de nicho, no qual era possível entender a fundo as necessidades do segmento. Kotler & Keller definiram a concentração em um único segmento, da seguinte forma: "Um nicho é um grupo de clientes definido de maneira estrita, que procura por um *mix* distinto de benefícios em um segmento." (Kotler; Keller, 2012, p. 249) Todavia, os setores de marketing das empresas, atualmente, deparam-se com uma controvérsia, uma vez que, ao posicionar o produto para o mercado, seu público-alvo o escolhe ou o rejeita em 24 horas. Não obstante, as redes estão dotadas de poder: "Esses movimentos alteraram radicalmente nosso mundo, levando a uma realidade na qual as forças horizontais, inclusivas e sociais sobrepujam as forças verticais, exclusivas e individuais, e comunidades de consumidores tornaram-se cada vez mais poderosas." (Kotler, 2017b)

Visto dessa forma, deve-se dizer que o mundo pós-globalização não é mais o mundo exclusivo, individual, formado por nichos determinados pelas marcas, mas, sim, o de bolhas online, de grupos coletivos e preenchidos por singularidades ao mesmo tempo. Esse novo contexto social é caracterizado por desejos que se tornam eloquentes "devires",[5] trazendo mudanças e transformação nas marcas, nos conteúdos, nas formas, nos símbolos e nos signos de acordo com a atualidade e as demandas do momento. Esse ambiente em constante evolução gera movimentos éticos e políticos que desafiam as práticas organizacionais que não estejam alinhadas com as preocupações socioambientais, provocando resistência. Contudo, em se tratando de pensar uma nova "ecosofia social", há de se lembrar que: "[...] Abertura para o novo não envolve necessariamente abertura para o estranho, nem tolerância ao desassossego que isto mobiliza e menos ainda disposição para criar figuras singulares orientadas pela cartografia destes ventos, tão revoltos na atualidade" (Rolnik, 1996, p. 2).

Na esteira da mudança dos ventos e rumos sobre a evolução socioambiental, a seguir analisaremos novas pistas sobre o marketing ambiental.

2.5 ALGUMAS PISTAS PARA PENSAR UM NOVO OLHAR DE MARKETING

De volta à discussão psicossocial, esta obra utiliza o conceito das três ecologias de Guattari, em conjunto com a Cartografia de Controvérsias/TAR de Latour, para apontar algumas pistas do marketing ambiental e, assim,

---

5 "Devir" é um conceito filosófico que vem do francês e significa "tornar-se" ou "vir a ser". É um termo usado para descrever o processo de transformação e mudança que ocorre na realidade e pela qual a sociedade vive. O conceito de "devir" foi desenvolvido pelo filósofo francês Gilles Deleuze, em conjunto com Félix Guattari, em sua obra conjunta intitulada *Mil platôs: capitalismo e esquizofrenia*.

pensar o marketing contemporâneo segundo a ecosofia. Nesse sentido, analisar o marketing ambiental pelo olhar psicossocial é um pressuposto deste estudo, visto que a comunicação entre humanos e não humanos passa a ter a participação de diversos atores sociais que interagem em rede (Latour, 2012), e se dá por agenciamentos de enunciação entre as marcas e os conglomerados.

Tal reflexão remete à discussão de quem seria o responsável por regular o agenciamento de enunciação das marcas verdes no mundo contemporâneo: do consultor de marketing ou do consumidor?

Diversas bases teóricas que abordam o tema processo da comunicação em rede sociotécnica presumem que o consumidor, hoje em dia, é quem muda a regra do jogo do marketing; a empresa que não souber jogar estará fora do ar (literalmente). Se outrora a estratégia do marketing poderia ser controlada pela empresa, hoje não pode mais. Esse controle escapa dos conceitos teóricos originados por McCarthy e popularizados por Kotler nos estudos dos 4Ps: Produto, Preço, Praça e Promoção (McCarthy, 1978). Kotler (2000, p. 697), em enaltecimento a essa era, alertou que: "A organização de marketing terá de redefinir seu papel: em vez de administrar as interações com os clientes, deverá integrar todos os processos de interface com os clientes." E mais adiante, Kotler & Keller (2012, p. 77) completaram essa ponderação com a seguinte argumentação: "As empresas devem monitorar seis importantes forças macroambientais: demográfica, econômica, sociocultural, natural, tecnológica e político-legal."

Por outro lado, o consumidor contemporâneo tem se tornado empático no ato da compra e começa a incorporar novos hábitos em um movimento que prioriza a coletividade em detrimento da individualidade. "Os esforços para garantir a sustentabilidade no consumo não devem se limitar a comportamentos individuais ou a mudanças tecnológicas adotadas por fornecedores para atender este novo nicho de mercado. Para além disso, devem valorizar nossos papéis como consumidores, compreendendo a ação de compra enquanto prática política." (Instituto Brasileiro de Defesa do Consumidor [Idec], 2018, p. 7)

Com isso, percebe-se uma evolução natural do consumidor, que se torna "verde" e exige variáveis de produtos para além de qualidade/preço, incluindo nisso o seu poder de escolha e a sua preferência por produtos menos agressivos à sua saúde e ao meio ambiente (Makower; Elkington; Hailes, 1990; Portilho, 2005).

Por outro lado, as empresas que estão de olho no consumidor consciente com o consumo acabam criando produtos e agenciando discursos "verdes", muitas vezes ludibriando o consumidor.

2. O MARKETING AMBIENTAL PELO OLHAR DA PSICOSSOCIOLOGIA

Nesse sentido, poderiam as três ecologias de Guattari remeter a uma nova consciência socioambiental planetária e acender o debate da sustentabilidade empresarial? Decerto, percebe-se uma evolução do marketing nessa questão; mesmo que novas ideias não substituam as antigas totalmente, eis que há sempre uma transição de ideias até que o velho costume substitua o novo. Mas, ao contrário do marketing pensado pela visão funcionalista, as três ecologias de Guattari, pensadas nesta obra, buscam envolver os acontecimentos contemporâneos na sua mudança, no seu devir. Para isso, apontam "algumas pistas para pensar o novo marketing", pois há sempre um devir latejante no pensamento do marketing como no desejo do consumidor (Ferreira, 2016; Tavares; Irving, 2009). Sobre essa reflexão, Deleuze e Parnet (1998, p. 24) elucidam que: "É claro que as velhas escolas e o novo marketing não esgotam nossas possibilidades; tudo o que está vivo passa em outra parte, e se faz noutra parte."

Ainda assim, pode-se dizer que há ao menos uma tentativa das organizações nacionais e transnacionais de agenciar novas campanhas publicitárias "verdes", suscitando um novo discurso sustentável empresarial. "O debate sobre sustentabilidade fica marcado por um pressuposto de aliança entre agentes sociais, de inter-relação harmônica não só entre eles, mas entre economia, política e condições ecológicas." (Tavares, 2014, p.50)

Todavia, as controvérsias sobre o desenvolvimento empresarial e o desenvolvimento sustentável persistem no que tange à realidade das atuais empresas e dos órgãos de defesa do meio ambiente, haja vista que as crises ecológicas se acentuaram nos últimos anos e deixaram questionamentos quanto à real R$C (Töpke, 2018).

Sob esse olhar, Latour (2005, p. 175) alerta: "O que as recentes 'crises ecológicas' sugerem é, ao contrário, que não pode haver mais monopólio da definição deste mundo 'natural'. Essas crises são, nesse sentido, também 'crises de objetividade'." Para essa observação, Latour (2005) completa e relaciona uma série de problemas da globalização, confirmando que na modernidade a relação entre política e natureza, entre subjetividade e objetividade é uma luta social constante.

Assim, a cada dia mais a responsabilidade das empresas pelas suas produções e seus argumentos de venda não devem iludir o consumidor com a utilização de enunciados "verdes". Tavares (2014, p.83), ao discorrer sobre os engendramentos do marketing ambiental, argumenta: "O 'discurso verde', o marketing ambiental e as ações de responsabilidade socioambiental parecem atuar como dispositivos de controle social da mídia e das empresas para a criação de novos mercados de consumo e novas identidades de consumidores." Portanto, supõe-se que é nesse cenário estratégico que o marketing ambiental elabora os agenciamentos de enunciação do "rizoma verde".

Apesar disso, nas empresas que têm foco no produto verde, procura-se ouvir os consumidores, sobretudo nas redes sociotécnicas, para compreender as tendências, poder inovar e acompanhar as mudanças de mercado. "Hoje vivemos em um mundo totalmente novo. A estrutura de poder está passando por mudanças drásticas." (Kotler, 2017b)

Por outro lado, a subjetividade é demasiadamente trabalhada pelos "kits de subjetividade verde" nas campanhas publicitárias (Tavares, 2016), prática que se torna uma estratégia de envolvimento dos consumidores "ecopsicossociais" (Almeida; Tavares; Ferreira, 2019). Dessa forma, as empresas garantem o crescimento sustentável por meio do tripé economia, sociedade e meio ambiente (Elkington, 2001) ou, indo além na responsabilidade compartilhada, por meio dos três registros ecológicos: mental, social e ambiental.

Muitas vezes, porém, tais práticas "verdes" são configuradas como *greenwashing* em razão de muitas empresas convencionais que resolvem transformar seus produtos verdes da noite para o dia em função da demanda do mercado. "As empresas convencionais do próprio mercado específico são aquelas que já atuam no mercado oferecendo seus produtos, mas que visualizam a oportunidade de também entrar no mercado verde." (Alves, 2017, p. 28)

Sobre a mesma reflexão, Ottman (2012) preferiu utilizar o termo "produtos mais verdes" na atualização do seu livro sobre marketing verde, para distinguir os produtos que remetem ao *greenwashing* dos que estariam em maior conformidade com os requisitos e as novas regras do marketing verde. "Com a popularização da consciência verde agora, muitas empresas atendem consumidores que há pouco se tornaram conscientes da importância de proteger o ambiente." (Ottman, 2012, p. 181)

As práticas de *greenwashing* parecem ser comuns entre muitas empresas no Brasil e, ainda segundo Ottman: "[...] as acusações de *greenwashing* podem surgir de muitas fontes, incluindo reguladores, ambientalistas, a imprensa, consumidores, concorrentes e a comunidade científica, e podem ser sérias, duradouras e muito prejudiciais à reputação da marca" (Ottman, 2012, p. 182).

Sob esse ponto de reflexão, vale destacar que o Idec aconselha os consumidores a prestarem atenção aos enunciados das marcas. "A publicidade, ou propaganda comercial, está dedicada à difusão de empresas, produtos ou serviços. Como sua finalidade é estimular o consumo, deve-se tomar cuidado com o teor das mensagens e saber identificar práticas inadequadas para o mercado." (Idec, 2018, p. 9) Nesse sentido, o órgão auxilia na ponderação entre a velha fórmula do capitalismo rizomático e a nova lógica coletiva do consumo ecológico e dos "kits de subjetividade verde" (Vargas; Tavares, 2018).

2. O MARKETING AMBIENTAL PELO OLHAR DA PSICOSSOCIOLOGIA

Por outro ponto de vista, ao longo das últimas décadas, percebe-se uma evolução das empresas com relação à conformidade dos seus produtos, adotando assim certificações ambientais que atestem a veracidade dos produtos verdes. "Para empresas que oferecem produtos verdes, em particular, são esperadas ações mais contundentes a favor do meio ambiente, considerando que o ser humano faz parte dele." (Alves, 2017, p. 181)

Nesse aspecto, para Tavares e Irving (2013), surge uma nova ordem de mercado que produtiliza a natureza e utiliza um "capital verde" e que, igualmente: "são fluxos sociais, materiais e de signos que são a objetividade do desejo" (Guattari, 1981, p. 8). É via marketing, ou marketing ambiental, que a dinâmica do capital passa a se dar em rede e virtualmente (Ferreira; Tavares, 2017). Isso ocorre em uma condição de comunicação rizomática na qual o consumidor tanto produz quanto é produzido pelo atravessamento das redes sociotécnicas, em uma revolução molar-molecular entre organizações, agentes sociais, consumidores e *mass-media* – "máquina de guerra"/"máquina desejo"/"máquina teórica" (Guattari, 1981). Para tanto, os agenciamentos de enunciação do "rizoma verde" são produzidos coletivamente por redes sociotécnicas, em uma relação híbrida entre humanos e não humanos (Latour, 2005; Strum; Latour, 1987). Da mesma forma, o conceito de coletivo pode ser compreendido como rede social (Da Escóssia; Kastrup, 2005; Callon; Law, 1997), em uma imanente relação em que todos se agenciam e são agenciados por diversas forças constituintes desse plano comum, pois toda subjetividade é coletiva e produzida por um agenciamento coletivo de enunciação que se virtualiza e se materializa ao mesmo tempo (Kastrup, 2013).

Nesse contexto, presume-se que os agenciamentos de enunciação do marketing ambiental devem ser éticos e abertos, contribuindo com uma relação profícua entre o consumidor e a marca. Sobre isso, Kotler & Kotler (2013) mencionam que a melhor maneira de uma empresa crescer continuamente é ter objetivos claros e garantir que os stakeholders estejam alinhados à missão sustentável do negócio, agindo com integridade, pacifismo e ética; só assim o negócio futuro deve prosperar.

Para validar essa visão íntegra-pacífica-ética das empresas, segundo Guattari, a "ecosofia social" deve invocar um novo paradigma "ético-político-estético". Por essa razão, sugere-se que as empresas contemporâneas voltem seus esforços para atender aos desejos dos consumidores com ética, cumprir com o propósito socioambiental de forma estética e interligar todo o processo político com integridade.

Com base nessa reflexão, na próxima seção este estudo controverte o conceito entre sustentabilidade e CVC, seguindo a pista da "dobra" de Deleuze (1988), para compreender como as empresas transnacionais sustentam o suposto "rizoma verde", por meio de uma rede sociotécnica alimentada e retroalimentada pela lógica do capitalismo rizomático.

2.6 A "DOBRA ECOSÓFICA": SUSTENTABILIDADE E VALOR COMPARTILHADO

Ao trazer de volta o conceito "ecosófico", sobre o qual foi anteriormente refletido segundo as três ecologias de Guattari, aponta-se nesta seção uma nova discussão sobre as controvérsias do marketing ambiental. Para isso, é apresentado o conceito da "dobra ecosófica",[6] para discutir a sustentabilidade e a CVC de Porter pela lógica do capitalismo rizomático.

Com a retomada das pistas teóricas de Deleuze e Guattari, supõe-se que o capitalismo rizomático e o desenvolvimento sustentável se configuram em uma "dobra ecosófica" (Deleuze, 1988). Esta, vista pelo olhar psicossocial, contém o conceito deleuze-guattariano dos agenciamentos de enunciação, dos fluxos e contrafluxos da comunicação, os quais operam nos desejos, no devir e na elaboração das estratégias do marketing ambiental.

Com base nessa lógica ecosófica dos novos fluxos, do capitalismo rizomático, dos devires "verdes" (Bittencourt; Tavares, 2018) e dos agenciamentos de enunciação que ligam um ponto ao outro, inculca-se que o marketing ambiental tenha como papel pensar novas saídas para a promoção dos produtos e serviços de uma marca, adotando assim uma nova postura "ética-política-estética" (Guattari, 1992). "Todas essas mudanças estão diretamente interligadas às novas formas de agenciamento do capitalismo contemporâneo." (Ferreira, 2016, p. 15)

Contudo, em busca dessa saída ou "linha de fuga" para os problemas socioambientais, as empresas contemporâneas passam a apostar na "dobra ecosófica" da sustentabilidade e da CVC, pois os dois conceitos juntos funcionam como uma dupla potência sobre a "produção de subjetividades capitalísticas" (Topke; Tavares, 2019). Dessa forma, as marcas adotam a sustentabilidade empresarial ao mesmo tempo que compartilham seus princípios com uma cadeia de valor, escalando seus negócios não apenas como unidades econômicas mas como uma produção que beneficia a todos "psicossocioambientalmente" (Almeida; Tavares; Ferreira, 2019).

---

6 Termo proposto nesta obra.

Como já contextualizado, a lógica do marketing é a do lucro que permanece como primeiro pilar da sustentabilidade de acordo com o tripé de Elkington (2001); para essa afirmação, evidencia-se que a aplicação da "dobra ecosófica" aumenta o Índice de Sustentabilidade Empresarial (ISE)[7] da BM&F Bovespa. Nessa interpretação, Abreu e Las Casas afirmam que: "O marketing da gestão sustentável contribui para a obtenção de vantagem competitiva, que contribui para melhoria de resultados empresariais." (Fiqueiredo; Abreu; Las Casas, 2009, p. 6)

Em apoio a esse entendimento, Töpke e Tavares (2019) dizem que a abordagem do Triple Bottom Line (TBL) é cada vez mais adotada pelas empresas na contemporaneidade, está ligada à questão socioambiental e, consequentemente, à ecoeficiência empresarial. Isso acontece porque as três dimensões do TBL reunidas – *profit* (lucro); *planet* (planeta); *people* (pessoas) –, que representam o virtuoso tripé (econômico, social e ambiental), criam valor em múltiplas dimensões para a empresa e seus compartilhados. Além disso, a Responsabilidade Social Empresarial (RSE), ou R$C, está introduzida no TBL e é um excelente dispositivo para o marketing ambiental. Portanto, a junção desses conceitos gera a fórmula "sustentabilidade mais CVC, caracterizando-se em uma perfeita "dobra ecosófica" rizomática. Para reiterar: "A R$C é rizomática, pois os atores sociais (mídia e empresas) atuam em rede, como dispositivos em um rizoma, agenciando e sendo agenciados e; portanto, produzindo e 'compartilhando' [...] em contínua produção." (Topke; Tavares, 2019)

Ademais, toda e qualquer ação de marketing ambiental de uma empresa contemporânea pressupõe investimentos que juntam duplo objetivo – o de lucro financeiro e o de retorno de imagem –, os quais acontecem como resultado das ações sustentáveis da marca, embasando ainda mais a ideia da "dobra ecosófica". Dessa forma, para aumentar a rentabilidade das empresas, o marketing se vale de estratégias de subjetivação para além das três ecologias. "As empresas e os executivos de marketing esquecem que a escolha de uma marca é puramente emocional, e que os valores perceptuais estão na mente do consumidor." (Tavares, 2003)

Dito isso, presume-se que a marca de uma empresa no mundo contemporâneo utiliza estratégias de marketing ambiental para se diferenciar no mercado e para agregar "valor verde" ao seu produto ou serviço, adotando um posicionamento de mercado via perspectiva "ética-política-estética". Nesse cenário, a estratégia de marketing ambiental assume papel fundamental, sempre à frente da concorrência, conforme preconizado por Ottman (2012) em "Projetando

---

7 Segundo o Conselho Empresarial para o Desenvolvimento Sustentável (CEBDS), esse é o primeiro índice global que acompanha o desempenho financeiro das companhias líderes em sustentabilidade em todo o mundo com papéis negociados na Bolsa de Nova York (CEBDS, 2006).

Produtos Mais Verdes". Tal abordagem não apenas se torna uma forma eficaz de diferenciação, como destaca o compromisso da empresa com a sustentabilidade e a responsabilidade ambiental.

Essa visão estratégica do marketing ambiental permanece alinhada com o contexto mais amplo do marketing mainstream, especialmente quando consideramos a perspectiva competitiva. Como observa Kotler (2000, p. 245): "Uma empresa precisa monitorar continuamente as estratégias de seus concorrentes. Concorrentes engenhosos revisam suas estratégias constantemente." Portanto, a adaptação constante e a inovação são essenciais não apenas para se manterem relevantes, mas também para se destacarem em um mercado dinâmico e competitivo.

Com base nessa reflexão, Ottman (2012, p. 78) diz : "As novas regras que estão sendo estabelecidas pelos consumidores de hoje, com consciência ecológica, não podem ser abordadas com estratégias e táticas convencionais de marketing."

Nessa pista, no recorte desta obra, que aponta o foco para a "união de forças" entre as empresas Coca-Cola Brasil e AmBev, mais especificamente para o pós-consumo da gestão compartilhada de seus resíduos sólidos, é importante ressaltar a parceria de sustentabilidade e de CVC entre elas, que envolve outros atores sociais. Tal "união de forças" remete a uma suposta manobra tática da "dobra ecosófica", configurando-se como uma "dupla potência" de "ecopoder" ou "biopoder" entre elas. Além disso, por meio das ações de sustentabilidade, a marca Coca-Cola Brasil sobe ainda mais no ranking[8] das marcas mais escolhidas do mundo.

Em vista disso, Kotler e Kotler (2013) auxiliam na reflexão de que a estratégia com foco nos fatores socioambientais se torna um diferencial competitivo para a marca contemporânea, fortalecendo seu crescimento com sua participação de mercado e percepção de marca.

Assim, supõe-se que as empresas que pretenderem sobreviver no futuro deverão cuidar das suas relações com a sociedade civil e rever seus processos de decisão e práticas de negócios. Isso ocorre principalmente porque, ao contrário da RSE ou R$C, que carrega uma visão superada de que as empresas só teriam custos, o conceito de CVC de Porter traz uma nova oportunidade de obtenção de sucesso econômico compartilhado. "O CVC assume publicamente que a preocupação com o meio ambiente e com a questão social deve ser lucrativa para que seja realmente colocada em prática." (Tavares; Ferreira, 2012, p. 28)

Como exemplo, em entrevista realizada durante o Exame Fórum de Sustentabilidade 2017, o gerente executivo do Núcleo de Sustentabilidade da Fundação Dom

---

8   As marcas de consumidores mais escolhidas do mundo. Fonte: < https://www.statista.com/chart/13893/most-chosen-fmcg-brands/>. Acesso em: 24 abr. 2021.

Cabral menciona que o valor compartilhado está reinventando negócios e o lucro das empresas, por se tratar de um novo propósito empresarial. Ele complementou com esta informação: "Em vista das mazelas sociais e econômicas que ainda persistem no Brasil e no mundo, o valor compartilhado representa a chance de reinvenção das empresas, em diálogo aberto e transparente com a sociedade. E a mudança já começou." (Barbosa, 2018)

Então, em contraponto ao pensamento do marketing da visão mainstream, cujo objetivo é elementar o lucro financeiro que beneficia poucos, cabe averiguar se as organizações brasileiras – mais especificamente no recorte desta obra que trata da "união de forças" entre as empresas Coca-Cola Brasil e AmBev – estariam baseando suas estratégias em ações de CVC para sobrevivência e posicionamento com vantagem competitiva no mercado. Seria, então, o marketing ambiental dos tempos atuais o marketing da CVC? Porter e Kramer (2011) ordenaram três configurações da CVC: concepção de novos produtos e novos mercados; incremento de *clusters* e transformação da cadeia de valor.

No rastro da pista anterior, as organizações transnacionais iniciam um caminho de compartilhamento de ideias advindas da sociedade e das comunidades locais, dado que o diálogo abre espaço para associações de valor e até para o fortalecimento da marca. Da mesma forma, Porter & Kramer (2011) declaram que o incremento de *cluster* auxilia as empresas, gerando competitividade aos negócios à medida que a união das empresas locais se fortalece em conjunto com os projetos comunitários. Além de tudo, o *cluster* minimiza problemas socioambientais, promove parcerias preciosas entre marcas fortes, proporciona melhorias para a sociedade com inovações sociais e amplia a satisfação do consumidor pós-moderno.

Por esse parecer, vale recobrar o entendimento de Latour sobre o "social", em que aponta que o mundo pós-moderno traz uma nova concepção de como viver em rede e, para tanto, nos convida a pensar o social de outra maneira. Nesse sentido, as organizações transnacionais e nacionais brasileiras que se alinham a essa premissa estariam se diferenciando entre seus stakeholders e mantendo o seu mercado forte. Avalia-se, também, que as empresas que inovam nos projetos sociais estariam praticando a sustentabilidade sob o conceito das três ecologias de Guattari, pensando assim de forma comunitária (mental) em desenvolver projetos de melhoria para a sociedade (social), com menor impacto dos recursos da natureza (ambiental). Como exemplo, a pesquisa da Akatu (2018) declara que: "O desejo da população brasileira é claramente pelo caminho da sustentabilidade." Com isso, compreende-se que as três ecologias de Guattari estão avançando em todos os territórios nos últimos anos, inclusive no brasileiro.

MARKETING ECOSÓFICO: um novo olhar sobre o marketing empresarial

Por outro lado, sabe-se que é iminente a preocupação planetária com relação às emissões globais de GEE, sendo esse um tema hoje recorrente nas pautas jornalísticas e nas mídias sociais. É perceptível que as emissões de GGE crescem a cada ano por causa dos altos níveis de produção e consumo, e que a temperatura média global ultrapassou 1 °C em relação à era pré-industrial (Observatório do Clima, 2019). Consequentemente, as empresas vêm buscando alternativas para o problema da questão socioambiental e para novos meios de produção e consumo. Segundo o Observatório do Clima (2015), em conformidade com a Agenda 2030, o Brasil anunciou que quer reduzir as emissões de GEE em 43% até 2030. Para minimizar tais impactos socioambientais e ao mesmo tempo não perderem em desenvolvimento econômico, as organizações buscam novas estratégias em conjunto com seus shareholders e stakeholders, e para alcançar tais objetivos apostam em associações de valor compartilhado.

De uma forma ou de outra, as empresas têm tomado iniciativas de mudanças que priorizem as ações socioambientais para além do lucro. Algumas grandes empresas incorporaram tais mudanças desde o acordo de Paris (COP 21),[9] enquanto outras menores começaram a demonstrar potencial para isso com a aprendizagem de interações com comunidades locais. No caso das grandes empresas transnacionais, a necessidade surge para se capitalizar e gerar vantagem competitiva (Mintzberg; Etzion; Mantere, 2018).

Por esse mesmo ponto de vista, Prahalad e Hart (2002) articulam que as empresas transnacionais objetivam pensar novas estratégias por meio da coalizão de ONGs, líderes comunitários e autoridades locais que possam contrapor interesses enraizados pela globalização. Ambos os autores argumentam que as multinacionais precisam entender essas agendas e criar aspirações compartilhadas. A discussão sobre os problemas que impactam comunitariamente é necessária, uma vez que uma miríade de dúvidas surge entre os consumidores e as marcas multinacionais.

Em todo caso, tal discussão suscita uma reflexão mais aprofundada sobre o tema "dobra ecosófica": sustentabilidade e CVC. De acordo com Kotler (2017b): "No fim, não existirá uma empresa que domine totalmente as demais. Pelo contrário, uma empresa pode ser mais competitiva se conseguir se conectar com comunidades de consumidores e parceiros para a cocriação, e com concorrentes para a coopetição."

---

9   Na COP21 da Convenção-Quadro das Nações Unidas para as Alterações Climáticas (UNFCCC), em Paris, foi adotado um novo acordo com o objetivo central de fortalecer a resposta global à ameaça da mudança do clima e de reforçar a capacidade dos países para lidar com os impactos decorrentes dessas mudanças. O Acordo de Paris foi aprovado pelos 195 países participantes da UNFCCC para reduzir o GEE no contexto do desenvolvimento sustentável. O compromisso é firmado para manter o aumento da temperatura média global em bem menos de 2 °C acima dos níveis pré-industriais e de envidar esforços para limitar o aumento da temperatura a 1,5 °C acima dos níveis pré-industriais (Brasil, 2017).

A iniciativa das empresas transnacionais de estudar novas formas de produção em prol de um coletivo de forças – leia-se coopetição, parcerias de compartilhamento de valor e cocriação – é um forte argumento para que os setores público e privado descubram novas conformações de operação colaborativa. Conforme Kotler & Kotler (2013, p. 145): "Muitos são os papéis positivos que os governos podem exercer para fortalecer o setor privado, por meio de investimentos públicos em P&D e de incentivos fiscais para a formação de novas empresas e para a expansão das empresas estabelecidas." Em consequência, parece ser a melhor saída para as empresas transnacionais, atualmente, unir esforços por meio da estratégia da "dobra ecosófica". Tal reflexão pode ser embasada por Kotler & Kotler (2013), quando ambos afirmam que: "Sustentável, para nós, significa que, no longo prazo, a empresa torna-se capaz de atender aos interesses do stakeholders e aos da comunidade e da sociedade em geral." (Kotler; Kotler, 2013, p. 21)

A ideia da "dobra ecosófica" pressupõe uma estratégia de dobra do marketing ambiental na junção das forças dos conceitos de sustentabilidade e CVC. Contudo, verificou-se que a "dobra ecosófica" praticada pelas empresas transnacionais provoca controvérsias, pois, ao mesmo tempo que gera valor comunitário, a marca cresce. Quando isso acontece, ela tira valor de uma camada social menos favorecida e que precisa ser abastecida para consumir, tornando-se um círculo vicioso que pode ser visto como virtuoso. Apesar disso, a união de forças com um coletivo se apresenta como "linha de fuga" para um problema maior humanitário, uma vez que todos estariam implicados na perda total dos recursos da natureza. Para essa ideia, Charbonnier (2020) apud Latour e Chakrabarty (2020, p. 6, tradução nossa) observam que: "[...] a ecologia política perdeu um século – isto é, sobre o tempo que levou para um senso de justiça articulado no sentido socioambiental das relações a serem recompostas, fora da zona de atração do conservadorismo". Diante disso, surgem novas formas de interações capitalísticas entre empresas, órgãos públicos e a sociedade civil em um devir de "máquinas desejantes verdes", típico de uma racionalidade "ético-político-estética" (Guattari, 1992) que leva a recordar um aforismo: "Por mais que o capitalismo anseie em funcionar cegamente, 'automaticamente' como se fosse uma máquina técnica autônoma, ele é indissociável de uma 'máquina social' composta por relações de dominação e exploração de toda sorte [...]" (Pelbart, 2013, p. 140).

Assim, a lógica do "capitalismo rizomático" parece ser mesmo a lógica da "dobra ecosófica", apresentada nesta obra sob os conceitos de sustentabilidade e CVC, uma dobra ideal e perfeita para o mundo caótico de crise ambiental, um "rizoma verde" perpétuo operado em rede – de rede – para rede, em um movimento contínuo e de diversas dimensões ou "platôs" (Deleuze; Guattari, 2011), que sobrepuja "um campo de forças complexo, múltiplo, atravessado por embates concretos em várias escalas, com todas as reversibilidades aí envolvidas" (Pelbart, 2013, p. 15).

Uma nova proposta de "não" esgotamento de recursos, dinheiro, capital e vida que se apresenta como uma grande "virada" – "dobra ecosófica" – no sentido do "avesso" tal como proposto por Pelbart, Deleuze e Guattari, visto que "um sistema nunca é fechado, ele foge por todas as suas pontas [...]. Nesse sentido, não se trata de ultrapassar ou de reverter seja lá o que for, mas de revirar [...] percorrer a outra face [...], o fora" (Lapoujade, 2010; Pelbart, 2013, p. 15).

Para tanto, no contexto da "dobra ecosófica" que este estudo se propõe a pensar, com base na "dupla captura" dos sentidos de sustentabilidade e CVC de Porter, discorre-se que: "Pode-se, deve-se então supor uma multiplicidade de planos, já que nenhum abraçaria todo o caos sem nele recair, e que todos retêm apenas movimentos que se deixam dobrar juntos." (Deleuze; Guattari, 1992, p. 67)

Apesar disso, as empresas vêm fazendo a passagem para um novo capitalismo, que busca trabalhar com "aqueles" cuja pobreza os impossibilita de consumir; para que o consumo se retroalimente é preciso pensar em saídas, como também é preciso difundir a educação ambiental, levando em conta a sustentabilidade e o compartilhamento de valores que se apresenta como a hora da vez. Segundo Deboni (2013, p. 74), "A consolidação de práticas e a demonstração de resultados desse modelo de atuação parece ser o único caminho possível para a reinvenção do capitalismo, por meio da CVC."

Portanto, toda inovação tecnológica é bem-vinda e faz circular o capital por meio de um rizoma que fortalece os três setores (governos, iniciativa privada e terceiro setor), priorizando as empresas globais e fortalecendo as iniciativas locais. Ao discorrer sobre esse assunto, Mintzberg; Etzion; Mantere (2018, p. 2, tradução nossa) articulam que: "As soluções tecnológicas são importantes para lidar com as mudanças climáticas, assim como as considerações econômicas. O que requer mais atenção, no entanto, é a organização dos esforços dos três setores da sociedade, local e globalmente, e a consolidação de estratégias em todos os setores."

Sobretudo, parece ser complexo para as organizações refletir sobre o papel da sustentabilidade empresarial sem que o lucro seja o principal viés do negócio. Basta ver que surgem novas concepções socioambientais empresariais, como o ESG,[10] tema em evidência no mercado atual que, de acordo com Guarisa (2021), "ainda não condiz com o discurso na prática".

---

10 ESG – Environmental, Social, and Governance (em português, ASG: ambiental, social e governança). Conceito que surgiu, há pouco tempo, globalmente e que: "De modo geral, trata-se de um acrônimo que une iniciativas de caráter ambiental (*environmental*), social e de governança, em um conjunto de práticas que tem por objetivo principal o alcance da sustentabilidade. Assim, apesar de geralmente apresentado como um conjunto de critérios e métricas que tem passado a nortear os fluxos globais de investimentos, prefiro compreender o ESG (ou, em português, ASG) como um novo meio de empreender, de trabalhar e, por que não dizer, de ver e viver o mundo." (Lima, 2021)

Assim, o conceito da "dobra ecosófica", proposto nesta seção de estudo, reúne a "dupla estratégia de sustentabilidade e CVC", e indica pistas para a "união de forças" entre as marcas Coca-Cola Brasil e AmBev com base na gestão compartilhada de resíduos das gigantes de bebidas. Tais pistas apontam para uma rede sociotécnica alimentada pelo capitalismo do "rizoma verde", pois o coletivo de forças empodera as partes e "escala a rede", como no movimento coletivo Mundo Sem Resíduos da The Coca-Cola Company.[11]

Desse jeito, percebe-se que as marcas se apropriam do teor de sustentabilidade e CVC como estratégia de alavanca dos negócios empresariais, uma vez que o tema está em alta em todas as pautas e mídias globais. Por outro lado, como há maior cobrança socioambiental para que medidas empresariais sejam adotadas, em virtude da preocupação planetária sobre as emissões globais de GEE, o marketing das empresas parece mesmo muito preocupado.

Ao discorrer sobre o mesmo assunto, Kotler (2015) alertou que a não redução dos GEE poderá ameaçar a sociedade com escassez de alimentos, crises de refugiados, inundação de algumas cidades, bem como extinção em massa de plantas e animais, além de um clima tão castigado que se tornará perigoso para as pessoas trabalharem ou se divertirem ao ar livre nos períodos mais quentes do ano.

Por outro lado, a questão da exploração dos recursos naturais levou as empresas transnacionais a se preocuparem de tal forma que não cabe mais só a ajuda social, mas, sim, saídas para resolver a questão da problemática ambiental, que envolverá todos. Visto desse modo, cuidar dos resíduos que restam da exploração dos recursos naturais é uma saída estratégica de sustentabilidade e CVC para a gigante de bebidas Coca-Cola, conforme exemplo no relato do Ben Jordan (diretor sênior de Política Ambiental da The Coca-Cola Company): "Nós somos líderes na indústria de bebidas, por isso, queremos fazer parte da solução, não apenas do problema." (The Coca-Cola Company, 2019a)

Nesse rastro e refletindo sobre a sustentabilidade e os resíduos, Ottman (2012, p. 79) adverte que: "Na era da sustentabilidade, os produtos são designados para ficar em *loops* eternos; quando a vida útil deles termina, os materiais não são jogados em um aterro, mas reunidos para reciclagem, reúso ou remanufatura."

Faith Popcorn parecia já saber disso em 1993 e anteviu a riqueza do lixo. Em seu relatório intitulado "Popcorn", ele mencionou a riqueza do lixo e afirmou que:

---

11 ICCB – Movimento Coletivo Mundo Sem Resíduos da The Coca-Cola Company. Fonte: < https://www.cocacolabrasil.com.br/historias/entenda-a-nova-visao-sustentavel-da-the-coca-cola-company-para-embalagens >. Acesso em: 15 fev. 2019.

"Adotaremos uma abordagem de consumo/reabastecimento para viver. Reabastecer e consumir." (Popcorn, 1993, p. 17) A previsão de Popcorn não só se confirmou como no ano de 2018 ela sustentou o propósito das empresas transnacionais na gestão da economia circular: "Ecoapocalipse Agora: [...] a necessidade de salvar o planeta vai aumentar e é uma das preocupações mais urgentes do consumidor. Isso se deve em parte às ações do governo para reprimir empresas e cidadãos que não são ecologicamente corretos." (Popcorn, 2018, tradução nossa)

Infere-se, portanto, que a estratégia de sustentabilidade e CVC adotada nos enunciados da marca Coca-Cola Brasil sustenta o conceito da "dobra ecosófica"; além disso, opera sob os três registros de Guattari (mental, social e ambiental), gerando valor entre os parceiros da cadeia produtiva e conduzindo a economia circular socioambientalmente. Esse exemplo pode ser visto na publicação do relatório de sustentabilidade da marca Coca-Cola Brasil – Global Report Initiative (GRI)[12] – no ano de 2019.

Para além disso, a prática da economia circular que é gerada pela logística reversa dos resíduos sólidos formados pela "união de forças" entre as marcas Coca-Cola Brasil e AmBev – parceria de coopetição e cooperação, firmada em 2017 – fortalece o esquema da rede sociotécnica do "rizoma verde", aumentando a rentabilidade do "*cluster* de marca" – viés do lucro –, empoderando e "escalando a rede" dos shareholders e stakeholders do negócio, como também enobrecendo a marca.

Em razão disso, a lógica do capitalismo rizomático na ideia da "dobra ecosófica" é que a empresa passa a praticar a sustentabilidade em conjunto com a CVC, empoderando e escalando uma cadeia de valor. Logo, é importante para a empresa alimentar e retroalimentar a comunidade, os parceiros, os fornecedores, os shareholders e os stakeholders, transformando um negócio individual em um sistema coletivo de forma saudável, lucrativa e rentável para todos. Nesse duplo sentido, o marketing ambiental agencia os enunciados coletivos para fortalecer a imagem da "marca *cluster*", uma vez que, como se sabe, os atores sociais de menor porte (empresas pequenas, cooperativas de reciclagem, catadores etc.) não participam dos lucros e dos dividendos da poderosa "dobra ecosófica". "O devir é sempre duplo, e é este duplo devir que constitui o povo por vir e a nova terra."

---

12 Fonte: <https://www.cocacolabrasil.com.br/historias/entenda-a-nova-visao-sustentavel-da-the-coca-cola-company-para-embalagens>. Acesso em: 15 fev. 2019. Global Report Initiative (GRI) é uma organização internacional independente, com uma estrutura baseada em rede e um centro colaborador do programa das Nações Unidas para o meio ambiente. Como tal, foi criada uma dupla estrutura de governança, com o Conselho Global de Padrões de Sustentabilidade (GSSB), que governa as atividades normativas da GRI, e o Conselho de Administração – que rege todas as outras atividades organizacionais. A visão da GRI é uma economia global sustentável na qual organizações podem medir seus desempenhos e impactos econômicos, ambientais, sociais, bem como os relacionados à governança, de maneira responsável e transparente. A missão da GRI é fazer com que a prática de relatórios de sustentabilidade se torne padrão, fornecendo orientação e suporte para as organizações (GRI, 2016, tradução da autora).

(Deleuze; Guattari, 1992, p. 141) Demajorovic et al. (2014, p. 17) seguem o exemplo e comentam que: "No cenário atual, os catadores independentes, responsáveis pela maior parcela material processado na cadeia de reciclagem, são os que recebem a menor parcela do valor gerado na atividade. Além disso, [...] problemas operacionais e de gestão dificultam a venda direta das organizações de catadores para a indústria."

Ainda sob essa consideração das duplas capturas e das dobras e desdobras "ecosóficas" promovidas pelo capitalismo do "rizoma verde", segundo Deleuze e Guattari (1992, p. 141): "A desterritorialização e a reterritorialização se cruzam no duplo devir." Daí em diante, pressupõe-se que as empresas transnacionais de grande porte adotem a "dobra ecosófica" de "sustentabilidade e CVC" como processo de subjetivação que fortalece o plano de forças do trabalho. A "dobra e a desdobra das ações de sustentabilidade", com o valor compartilhado, ampliam os ganhos de capital e a vantagem competitiva, formando um cartel da rede sociotécnica do "rizoma verde".

Ademais, nesse contexto, o plano de forças do "rizoma verde" sob o olhar psicossocial se estabelece "como uma subjetividade autônoma e transformadora do mundo em que se vive" (Romagnoli, 2014, p. 604). "Portanto acreditamos na ideia do trabalho no mundo contemporâneo como algo que, cada vez mais, nos desconstrói e, também, nos constrói, ainda que de forma padronizada, em termos de nossa dimensão subjetiva e singular." (Romagnoli, 2014, p. 603)

Para tanto, o olhar psicossocial é imprescindível para edificar uma compreensão científica das interações socioambientais (Stern, 1992). Nesse contexto, Nasciutti (1992, p. 51) descreve a perspectiva da psicossociologia e diz que: "Os sociólogos contemporâneos [...] concebem a sociedade como sistemas de instituições e processos de socialização onde o indivíduo ocupa um outro lugar, no qual se inclui a subjetividade [...] e a ação construtiva e modificadora do homem sobre o meio."

Infere-se assim que o plano de forças da rede sociotécnica do "rizoma verde", apresentado aqui na ideia de "dobra ecosófica", exerce um "poder verde" circulante sobre a produção de "subjetividade verde", trazendo à tona novos modos de socialização e comercialização. "Afinal [...] tudo isto ocorre ecosoficamente, através da 'cultura capitalística' e pelo capitalismo desterritorializado ou Mundial Integrado ou conexionista, sob a *intelligentsia* capitalista internacional, segundo a lógica do mercado, neste caso, do 'mercado verde'." (Tavares; Irving, 2009, p. 99)

Apesar disso, uma das questões dessa pesquisa é compreender com maior fundamento esse novo modo de produção do "rizoma verde", no Brasil, e observar o marketing ambiental pelo olhar psicossocial.

Visto isso, a tarefa de estudar a interface entre o marketing ambiental e as inovações mercadológicas é tão importante, na contemporaneidade, quanto é controversa por diversas razões que continuam nas reflexões psicossociais deste estudo. Uma das reflexões sobre o tema é que a psicologia social[13] tem um papel fundamental na busca pela compreensão dos problemas socioambientais e na investigação de soluções.

Segundo a ideia da "dobra ecosófica" e dos processos de "agenciamentos coletivos de enunciação", apresenta-se na próxima subseção um encadeamento dos conceitos de "rede sociotécnica" e de "rizoma verde", que adentram o campo da psicossociologia,[14] uma área de estudo dos grupos, das instituições e das interações coletivas.

2.7 ENCADEANDO "REDE SOCIOTÉCNICA" E "RIZOMA VERDE"

Em se tratando do tema "rede sociotécnica", vale destacar que a palavra rede costuma ser utilizada em diversos escritos acadêmicos ou corporativos e na vida cotidiana de maneira ampla, mas carece ser conceituada e definida nesta subseção para que seja possível apresentar no próximo capítulo da metodologia o conceito da Teoria Ator-Rede atrelado ao de "rizoma verde".

Uma rede pode ser integrada por pessoas em prol de interesses em comum de trabalho ou em proveito de relações. De modo geral, a rede passou a significar pessoas em relação, seja por relações de trabalho, seja por interesses comunitários. Contudo, esta obra discute a rede sociotécnica do "rizoma verde" e os "agenciamentos coletivos de enunciação" (Almeida; Tavares; Ferreira, 2019), os quais são alimentados pelo CMI[15](Guattari, 1981) ou pelo "capitalismo rizomático" (Deleuze; Guattari, 2011; Topke; Tavares, 2019). Isso se dá na contemporaneidade, onde tudo se compõe e se decompõe "de novos arranjos mercadológicos que podem revelar a apropriação da natureza como estratégia de consumo em benefício do capital" (Ferreira; Tavares, 2018, p. 1).

---

13 O social é tudo aquilo que é da ordem do coletivo, que ultrapassa o indivíduo. Esse coletivo ao qual me refiro é organizado política, econômica e culturalmente, apresentando um sistema simbólico e permeado pela ideologia. Esse coletivo é ainda permeado por um imaginário que ele próprio constrói continuamente, pelo qual a sociedade designa sua identidade e se representa. O social não atua simplesmente sobre o comportamento individual, mas faz parte dele, se inscreve no corpo, no psiquismo mais profundo, na representação que o indivíduo faz de si mesmo e dos outros, nas relações que ele mantém com o mundo exterior (Nasciutti, 1992, p. 51).

14 Trata-se do estudo do desejo do sujeito e da vontade dos atores sociais, que modificam (atuam sobre) um mundo que os modifica e sobre eles age; trata-se ainda da reconstrução de uma realidade psíquica e histórica, cuja consciência, questionamento e interpretação podem produzir um sentido novo. Perceber as dimensões essenciais dos problemas, dos conflitos, dos processos de idealização e de alienação, dos investimentos pessoais, pode ser um caminho para a transformação da ação individual e coletiva, da vontade de inovar e de buscar um prazer mais legítimo para cada um (Nasciutti, 1992, p. 56).

15 "O poder do CMI é sempre descentralizado em benefício de mecanismos desterritorializados" (Guattari, 1981, p. 215).

Ao adentrar, portanto, o conceito de rizoma, Deleuze e Guattari (2011) o qualificam como um método para estabelecer conexões em rede,[16] no qual os pontos de contato são linhas evolutivas que se apresentam de forma "heterocrônica", e não sincrônica (Guattari, 1992). Para tanto, a rede deve ser entendida pela coerência das conexões. "O que aparece nela como único elemento constitutivo é o nó." (Kastrup, 2013, p. 80) Portanto, um rizoma não é uma condição conformada, não tem limites definidos nem formas preexistentes, tornando a rede uma estrutura aberta, de múltiplas entradas, em que eventos sucessivos não são previstos; assim, o rizoma se modifica o tempo todo. "A rede é uma encarnação, uma versão empírica e atualizada do rizoma. É um campo visível de efetividade, onde ocorrem agenciamentos concretos entre os elementos que a compõem." (Kastrup, 2013, p. 84) Da mesma forma, Moraes (2019, p. 110) diz que: "O entendimento sobre redes, segundo a Teoria Ator-Rede, parte da noção de que existem vários fios que conectam o social sem, necessariamente, formar uma unidade, mas, sim, um processo contínuo de associações."

Nesse sentido, a TAR indica que a sociedade pode ser retratada como uma rede sociotécnica, que agrupa diversos atores de todos os tipos, que transporta e traduz "agenciamentos coletivos de enunciação", e que opera a favor de descobertas científicas e inovações tecnológicas (Fornazin; Joia, 2015a).

Pode-se dizer, portanto, que a rede sociotécnica do "rizoma verde" se apresenta como uma plataforma oportuna de intercâmbios em busca de novidades socioambientais, visto que os "agenciamentos coletivos de enunciação" dessa rede são constantemente operados por diversos atores-rede que se cruzam e se associam pelo ponto de vista do consumo verde, pois:

> *Nessa transformação, a temática ambiental passa, então, a ser conduzida pelo mercado. A questão é atravessada pela abordagem do consumo, na qual o tema sustentabilidade ecológica é transformado nas redes do mercado em argumento para produção do consumo verde, por intermédio da participação dos diferentes atores sociais nessa produção, segundo o prisma de um "rizoma verde" no Brasil (Tavares e Irving, 2009, p. 216).*

---

16 O conceito de rede é oriundo da topologia [...] focaliza apenas no objeto estudado [...], desconsiderando uma série de fatores [...]. Pouco importam suas dimensões. [...], pois ela não é definida por sua forma [...], mas por suas conexões, por seus pontos de convergência e de bifurcação (Kastrup, 2013, p. 80).

Desse modo, induz-se que os "agenciamentos coletivos de enunciação" do marketing ambiental são elaborados pelas marcas nacionais e transnacionais para a captura de novos consumidores "ecopsicossociais" (Almeida; Tavares; Ferreira, 2019): "O capitalismo corporativo verde vem colaborando para dar visibilidade à 'onda verde'." (Tavares e Irving, 2009, p. 217) Acima de tudo, as empresas vêm desenvolvendo novas abordagens para os "agenciamentos coletivos do rizoma verde", como o advento da sustentabilidade ecológica pelo prisma do ESG, termo muito discutido ultimamente nas redes sociotécnicas do mundo corporativo e que busca ampliar a noção de responsabilidade socioambiental empresarial. Segundo Töpke (2018, p. 31): "Essa abordagem do 'rizoma verde' fornece pistas sobre uma possível aplicação dessa lógica rizomática também para se pensar a responsabilidade socioambiental empresarial contemporânea [...]."

Entretanto, pela abordagem da rede, "estar conectado ou interconectado e ser heterogêneo não são suficientes. Tudo depende do tipo de ação que está fluindo nesse contexto" (Moraes, 2019, p. 110). Daí em diante, vale trazer nesta subseção uma reflexão sobre o tema redes sociais e influência dos consumidores, via internet, nos tempos atuais. Vale trazer também espaço cibernético de vigilância e poder (Domingues, 2016), em que, comumente, são apresentadas as tensões entre os consumidores e as marcas, e surgem apontamentos muitas vezes com o intuito de promover mudanças de pensamento para as questões socioambientais empresariais. Na construção de um sistema de "rizoma verde", Tavares (2014) relata que a sociedade contemporânea, por um olhar pós-moderno, vem alterando hábitos e promovendo mudanças no estilo de consumo nos últimos anos, influenciada pelo paradigma da sustentabilidade ambiental. Assim, nesse contexto, esse novo modo de ser "verde" envolve uma complexa rede de atores sociais que é constituída por empresas (stakeholders e shareholders), poder público, ONGs, sociedade civil e mídia em geral. Essa espécie de "rede" se torna um espaço: "[...] através do qual todos se influenciam, por meio de agenciamentos mútuos, para desenvolvimento, criação, controle e produção do olhar de um 'consumo verde'" (Tavares, 2014c, p. 101).

Ao refletir sobre a rede sociotécnica do "rizoma verde", concebe-se que diversos atores sociais estão distribuídos entre humanos e não humanos[17] (Latour, 2012), e formam um conjunto heterogêneo, em prol de um mapa de interesse em comum no âmbito das questões socioambientais. Segundo Callon (2007), o uso

---

17 Os fatos não acontecem isoladamente, mas estão imbricados em redes de relações que se estabelecem. A TAR questiona o humanismo fundacional das ciências sociológicas, que concentram o social apenas no humano, quando propõe a presença, a aceitação e a agência dos objetos e das coisas; ou nos não humanos, como apresenta Latour (1997) em sua obra – na análise sociológica. Ele defende, dessa forma, a "necessidade de entender a trama social não somente como efeito das ações humanas, mas também pela intervenção de outros agentes não humanos" (Bussular et al., 2014, p. 2 apud Selgas, 2008, p. 9).

das tecnologias em favor da questão da responsabilidade social das empresas está cada vez mais célere, com total ênfase na inovação e na combinação do uso de técnicas que agregam o social desde o "local" ao "global". Sobre as técnicas: "designam representações do coletivo que, em si, nada tem de natural ou de social, as palavras 'local' e 'global' possibilitam pontos de vista sobre redes que não são, por natureza, nem locais, nem globais [...]" (Latour, 2019, p. 153). Logo, um "reagregamento social" surge como "redes de poder" e "linhas de força" que se estendem mundo afora (Latour, 2012), fazendo surgir uma nova "ondulação verde" para empresas nacionais e transnacionais, e novos modos de "ter" e "ser" (Bittencourt; Tavares, 2018). O que se percebe é uma rede entrelaçada por empresas que operam por meio de "agenciamentos coletivos de enunciação" e de "kits de subjetividade verde". Estes são elaborados pelo marketing ambiental para angariar consumidores "ecopsicossociais", como se metaforicamente "um fio de Ariadne" (Latour, 2019) os conduzisse "seguramente" de forma desterritorializada e reterritorializada (exemplo do e-commerce), sendo, continuamente, alimentados pelo capitalismo rizomático.

Destarte, esta obra objetiva responder a tais questões relativas ao marketing ambiental e analisar os "agenciamentos coletivos de enunciação" da rede sociotécnica do "rizoma verde", baseando-se no conhecimento epistemológico da escola francesa – conforme os preceitos teóricos deleuze-guattariano e latouriano.

Contudo, os conceitos de Gilles Deleuze e Félix Guattari são atrelados à abordagem metodológica de Bruno Latour, atualmente muito em uso nos trabalhos científicos do mundo inteiro (Latour, 2000a). Para tanto, o estudo segue as pistas de Deleuze e Guattari, segundo os conceitos de ecosofia, rizoma e agenciamento de enunciação, em um entrelaçamento com a abordagem da TAR/Cartografia das Controvérsias de Latour. A finalidade é mapear o movimento do pós-consumo da plataforma Reciclar pelo Brasil com base na "união de forças" entre as marcas Coca-Cola e AmBev no recorte da gestão dos resíduos das gigantes de bebidas. A trilha do estudo segue em conjunto para mapear práticas, actantes e identificar os enunciados entre os atores do objeto de estudo dessa plataforma para descrever a rede sociotécnica que dá origem a uma nova articulação sustentável nas empresas investigadas. Além disso, a ideia central é suscitar reflexões epistemológicas no campo da psicossociologia, resultando em discussões relevantes para os debates da sustentabilidade empresarial e das questões socioambientais globais.

Pretendeu-se seguir tais processos para investigar de que forma os "agenciamentos de enunciação" do marketing ambiental podem ser apropriados na composição de um sistema de "rizoma verde" em empresas transnacionais no Brasil, como estratégia de sustentabilidade e CVC, visando explicar e descrever as controvérsias da rede sociotécnica. Tanto Latour quanto Venturini propõem a atitude científica de colocar a observação e a descrição à frente de "explicações sociais". "Para a TAR, só é possível compreender o social pelas descrições das associações entre actantes – humanos e não humanos" (Venturini, 2010; Barberino, 2016, p. 129).

Como a TAR é uma teoria que torna possível seguir os atores em redes complexas, múltiplas e desterritorializadas, utilizou-se nesta pesquisa a Cartografia de Controvérsias para entender a ação dos agentes – humanos e não humanos – e detectar actantes, que interagem socialmente (Latour, 2012). Cabe ressaltar, também, que a TAR facilita abordar o fenômeno investigado em redes sociotécnicas. "O conceito de redes sociotécnicas envolve a ideia de múltiplas conexões que nos permitem acompanhar e delinear a produção dos fenômenos." (Law, 2006 apud Pedro, 2010, p. 83)

Portanto, uma rede pode ser definida como uma reunião do social, como uma "sociologia das associações" (Latour, 2012), sendo um poderoso meio para identificação dos atores envolvidos no objeto de estudo e para a descrição das controvérsias imbricadas pelo "rizoma verde" das empresas analisadas. Assim, esta pesquisa se torna possível apenas com base na identificação de atores-rede, mediadores e intermediários que atuam em uma determinada associação. "[...] Na expressão hifenizada ator-rede, o ator significa o agente que produz ação sobre os outros" (Barberino, 2016, p. 129).

Lemos (2013) explica que a TAR é considerada uma associação do social e auxilia a identificar a conexão entre sujeito e objeto, que na teoria de Latour é a associação entre humanos e não humanos por meio da rede. Latour propõe, então, que a rede seja vista de outra maneira ainda não investigada pela ciência. Ele propõe que as interações sejam feitas entre o ambiente social e a observação do pesquisador para a construção do conhecimento, visto que este advém do social e não é algo produzido por um método científico positivista. "Dessa forma, a teoria ator-rede assume que a estrutura social não é um nome, mas um verbo." (Law, 2006, p. 7) Ainda, Law embasa a teoria de Latour da seguinte forma: "[...] eu começo por explorar a metáfora da rede heterogênea. Isso reside no núcleo da teoria ator-rede, e é uma forma de sugerir que a sociedade, as organizações, os agentes, e as máquinas, são todos efeitos gerados em redes de certos padrões de diversos materiais, não apenas humanos" (Law, 2006, p. 2).

Logo, a TAR se define como uma sociologia das organizações que segue um processo para explorar o arranjo das instituições. "[...] Assim, quando a teoria ator-rede explora o caráter de uma organização, ela o trata como um efeito ou uma consequência – o efeito da interação entre materiais e estratégias da organização" (Law, 2006, p. 11).

Para melhor compreensão e utilização da metodologia, apresentam-se no Quadro 2.1 os principais termos, conceitos e pressupostos da Cartografia de Controvérsias /TAR.

Quadro 2.1 - Principais termos, conceitos e pressupostos da Cartografia de Controvérsias/TAR

ACTANTE	Um actante é tudo que age, que gera uma ação, que produz movimento humano ou não humano, que exerce uma força-poder, atuação sobre a rede, um "actante-rizoma" (Latour, 2006b, p. 9). Um actante pode ser um ator, um mediador, uma empresa ou máquina; a ideia é desligar a associação entre sujeito e objeto como feito pela sociologia. "Cada actante é sempre resultado de outras mediações e cada nova associação age também como um actante." (Lemos, 2013, p. 44)
INTERMEDIÁRIO	O intermediário faz parte da ação, mas fica em segundo plano, porém pode se tornar um actante a qualquer momento. "Ele não media, não produz diferença, apenas transporta sem modificar. Ele transporta (leva de um lugar para outro), mas não transforma." (Lemos, 2013, p. 46)
TRADUÇÃO OU MEDIAÇÃO	Pode ser entendida como translação e remete à ideia de comunicação entre os atores. A tradução altera a ação dos actantes. Uma forma de contato que sofre transformação de uma linguagem para outra, segundo a TAR. Por isso, quando se fala de TAR também se fala de sociologia das associações. Há no processo de tradução um deslocamento, uma invenção, mediação da comunicação dos atores envolvidos. Contudo, de acordo com Latour, o intermediário transporta significado sem ser transformado. Pode ser considerada uma caixa-preta, uma unidade estabilizada (Latour, 2006a).

INSCRIÇÃO	Pode ser compreendida como uma forma de mediação e tradução de signos, de escritas em dispositivos, scripts, que se configura por uma associação (Lemos, 2013).
REDE	É tudo que compõe o social, mas não no sentido original da sociologia, visto que a rede não é uma estrutura, não são linhas segmentadas, mas, sim, um espaço com múltiplas entradas pelas quais as coisas passam e formam relações e associações. "É o próprio 'espaço-tempo', o conceito remete às formas de associações entre actantes e intermediários definindo a relação entre eles." (Lemos, 2013, p. 53) Pelo ponto de vista de Latour, o sentido de Rede refere-se às interações entre actantes (humanos e não humanos) que transformam um ao outro de modo contínuo. E explicando o uso da TAR ou ANT (sigla em inglês para Actor-Network Theory) nos estudos das ciências sociais: *Um bom relato ANT é uma narrativa, uma descrição ou uma proposição na qual todos os atores fazem alguma coisa e não ficam apenas observando. Em vez de simplesmente transportar efeitos sem transformá-los, cada um dos pontos no texto pode se tornar uma encruzilhada, um evento ou a origem de uma nova translação. Tão logo sejam tratados, não como intermediários, mas como mediadores, os atores tornam visível ao leitor o movimento do social (Latour, 2012, p. 189).*

CONTROVÉRSIA	A controvérsia é o ponto de encontro das relações na rede. É quando se estabelecem contradições e associações. "A TAR tem nas controvérsias o momento e o lugar privilegiado para observar a circulação, a criação e o término das associações, para observar a agregação social." (Lemos, 2013, p. 53, 106) Latour (2000b) discorre sobre o termo, informando que, para enxergar uma rede complexa de relações, é necessário abandonar os preconceitos que a ciência impõe entre o contexto e o saber. Assim, fica mais fácil compreender a subjetividade da rede e localizar controvérsias, como se perguntar por que elas surgem e por que se fecham em caixa-preta.

Fonte: adaptado de Latour, 2019, 2001, 2006b, 2012; Venturini, 2010, 2012; Lemos, 2013.

De acordo com os termos, conceitos e pressupostos da Cartografia de Controvérsias /TAR, a pesquisa seguiu e observou os atores-rede da plataforma Reciclar pelo Brasil. O propósito foi analisar as relações entre as marcas Coca-Cola Brasil e AmBev no recorte do objeto do estudo, que é a gestão compartilhada de resíduos sólidos, e então compreender a produção de subjetividade do marketing ambiental. Nesse sentido, a TAR e o método da Cartografia de Controvérsias serviram para descerrar a "caixa-cinza", que, segundo Latour, inclui a possibilidade de ser aberta e revelada, ao contrário da "caixa-preta", que se mantém cerrada como um objeto dado (Latour, 2017).

A Cartografia de Controvérsias faz despertar cientistas de diversas áreas de pesquisas inter e transdisciplinares, com o intuito de compreender a humanidade e seus impactos socioambientais. Assim, há um despertar entre sociólogos, historiadores, economistas, cientistas políticos, filósofos, antropólogos e demais pesquisadores na tentativa de "salvar" o planeta Terra (Latour, 2019). Não obstante, o mundo científico tem vivido uma disputa entre correntes teóricas equivalentes ou antagônicas sobre a interferência do homem em uma nova era geológica chamada Antropoceno.[18] Nesse pensamento, os autores Lenton; Latour (2018, p. 1066, tradução nossa) comentam: "A Terra entrou agora em uma nova época chamada de Antropoceno e humanos estão começando a tomar consciência das consequências globais de suas ações."

De acordo com essa observação, Latour adverte que a modernidade é uma falácia e os que se intitulam "modernos" pregam a separação entre a ciência, política e a natureza. E que "ecologizar" é o verbo da vez, mas em um sentido mais amplo do que os ativistas e políticos praticam (Eichenberg, 2013). Não obstante, os países mais desenvolvidos estão constantemente se reunindo em cúpulas internacionais para debater temas como os impactos da globalização, os modos de consumo da vida urbana e os efeitos climáticos do nosso planeta. Por exemplo, na Conferência das Nações Unidas sobre Mudança Climática (COP 24) os representantes mundiais dos principais governos reunidos procuraram avançar na implementação do Acordo de Paris (COP 21), traçando metas e objetivos para a redução de GEE. "O Acordo de Paris está se mostrando resiliente às tempestades da geopolítica global. Agora, precisamos que todos os países se comprometam a elevar a ambição climática antes de 2020, porque o futuro de todos está em jogo", disse Manuel Pulgar-Vidal, líder de Clima e Energia Prática do World Wide Fund for Nature (WWF) (Neomondo, 2018).

Assim, o método de mapeamento da Cartografia de Controvérsias de Latour contribui para reunir conexões sociais e responder a questões às quais as ciências naturais não respondem pela falta de métodos para reflexões mais profundas. De certo modo, o que Latour propõe em seu livro é "aprender como ir mais devagar a cada passo" (Latour, 2012, p. 38) e explorar a pesquisa como se estivesse usando um guia de viagem, pensando no que vale a pena ver e aonde ir, em vez de pensar em método ou metodologia. Em suma, o mapeamento de controvérsias deve explorar e visualizar uma circunstância contemporânea caracterizada por oposição entre grupo de atores. A base da Cartografia de Controvérsias está no questionamento da visão positivista da ciência, visto que em relação a temas controversos não há fatos incontestáveis ou verdade absoluta (Sciencespo, 2018). O objetivo, portanto, é descrever um panorama com base na compreensão dos diversos atores que estão envolvidos na complexidade investigada. Dito de outra maneira, é cruzar as diferentes versões sobre o objeto, a fim de criar

---

18 O termo refere-se a uma nova era na qual os seres humanos exercem uma força, não somente biológica, mas, também, geológica, e que altera o curso "natural" do nosso planeta Terra – por intermédio de algumas ações e intervenções –, tais como a extração de matérias-primas para a produção capitalística, os produtos industrializados vendidos em massa, o uso dos combustíveis fósseis, o desmatamento florestal. Tudo isso colabora para a formação de uma nova era chamada Antropoceno (Chakrabarty, 2009).

opinião sobre o contexto investigado. Assim, o mapeamento da Cartografia de Controvérsias é a diligência para seguir os acontecimentos e os atores-rede da história investigada para, então, descrever um fato complexo, exteriorizando-o de forma legível, visto que a controvérsia é comumente uma situação de confronto entre questões diferentes de diversos atores. Além disso, no mapeamento da controvérsia, é fundamental dar voz a todos os pontos de vista, explorando as opiniões contraditórias, com a finalidade de encontrar a "objetividade". Latour caracteriza isso como "objetividade de segundo grau", e acrescenta: "[...] É por isso que é espantoso ver a sociologia de associações ser acusada frequentemente de 'meramente descritiva'." (Latour, 2012, 363)

Portanto, na pesquisa empírica, o pesquisador deve se abrir para a escuta do campo, multiplicar diferentes pontos de vista e explorar as "subjetividades" para alcançar uma objetividade de segundo grau, conforme Latour (2012) orienta. Vale ainda ressaltar que a TAR é uma teoria que considera a interação de atores humanos e não humanos como parte do social. Um ator não humano pode ser um actante, uma força que age e não simplesmente um artifício utilitarista. Como exemplo, nesta pesquisa foram analisados o contexto da rede, os atores humanos e não humanos (máquinas, plataformas, tecnologia etc.).

O roteiro adotado na investigação da pesquisa de campo desta obra utiliza o mapeamento de controvérsias, portanto visa observar e descrever a história da Coca-Cola Brasil e AmBev pelo marco da "união de forças", no recorte da gestão da plataforma Reciclar pelo Brasil, para discutir o marketing ambiental, pelo olhar psicossocial, e o pós-consumo das marcas analisadas. Venturini (2010) define a Cartografia de Controvérsias como o exercício de elaborar artesanalmente dispositivos para observar e descrever o debate social, e afirma que, apesar de a metodologia ser atualmente adotada e desenvolvida em várias universidades no mundo inteiro, sendo considerada um método completo de pesquisa, ainda há pouca documentação sobre sua prática (Moraes; Andion; Pinho, 2017, p. 848).

Para tanto, o roteiro proposto no mapeamento de controvérsias desta obra segue os parâmetros utilizados por Tommaso Venturini, conforme Quadro 2.2 a seguir.

Quadro 2.2 - Roteiro para mapeamento de controvérsias (inspirado em Tommaso Venturini)

Definir a controvérsia;

Observar, descrever e defender a controvérsia;

Identificar se a controvérsia é:
- ◊ quente/fria,
- ◊ presente/passada,
- ◊ secreta/pública,
- ◊ de difícil acesso/acessível,
- ◊ ilimitada/limitada;

Aplicar as lentes para a "colheita de dados":
- ◊ recolher informações,
- ◊ colher opiniões,
- ◊ aprofundar a literatura especializada;

Distinguir os actantes (humanos e não humanos) e delinear a rede de conexões;

Identificar o universo e a ideologia das redes: representatividade, influência e interesse dos actantes;

Em suma:
- ◊ ouvir abertamente os atores (quem define a controvérsia são os atores – para tanto não fazer juízo de valor);
- ◊ considerar os múltiplos pontos de vista;
- ◊ utilizar diversos métodos de análise e observação;
- ◊ observar e descrever a controvérsia periodicamente;
- ◊ atribuir peso proporcional aos atores (capacidade diferenciada);
- ◊ fazer descrições flexíveis e ajustáveis.

Fonte: adaptação da autora (Venturini, 2010; 2012).

Pelo roteiro proposto, o mapeamento da Cartografia de Controvérsias é um método para compreender as conexões com base nos atores-rede. No caso desta obra, o mapeamento é relevante para investigar de que modo os agenciamentos de enunciação do marketing ambiental podem ser apropriados na composição de um sistema de "rizoma verde" em empresas transnacionais no Brasil como estratégia de sustentabilidade, responsabilidade social e CVC (Porter; Kramer, 2011).

Contudo, na pesquisa cartográfica, a intervenção sobre a realidade modifica o procedimento metodológico de coleta de dados para o sentido de fazer uma "colheita". "Preferimos, então, o termo 'colheita de dados' para afirmar o caráter mais de produção do que de representação do mundo conhecido. A pesquisa colhe dados porque não só descreve, mas sobretudo acompanha, processos de produção da realidade investigada." (Passos; Kastrup, 2013, p. 395)

A Cartografia de Controvérsias explora dispositivos para descrever as controvérsias. Venturini (2010) alerta que se devem evitar controvérsias "frias", que já estejam estabilizadas ou "encaixapretadas"; em outras palavras, que não sejam inéditas ou "quentes". O ideal é procurar temas que estejam em voga e que suscitem debates contemporâneos sociais. Além disso, devem-se evitar assuntos muito amplos, secretos ou de difícil mapeamento. O importante é escolher um objeto que possibilite uma boa observação do campo e suscite controvérsias e boas descrições. "As cartografias das controvérsias nada mais são do que formas de 'desenhar' a distribuição das ações, de seguir os actantes, de visualizar os diagramas da mediação, agenciamentos e de revelar cosmogramas." (Lemos, 2013, p. 110).

Os problemas socioambientais fazem parte da vida coletiva; quanto mais atores estiverem envolvidos nessa problemática, mais necessário é o processo de reflexão. Toda força coletiva traz divergências e controvérsias, portanto é necessário analisar e compreender as questões controversas e situações de conflitos que possam interferir nos interesses comuns de uma mesma rede. Entende-se que essa rede agrega tanto ações positivas com melhores práticas empresariais socioambientais quanto reflete o interesse comunitário. Além das questões relativas à reciclagem, as empresas privadas e públicas vêm se dedicando ao tema sustentabilidade empresarial para mitigar os impactos socioambientais. Conforme Barbieri (2016), os termos sustentável e sustentabilidade foram acrescentados ao termo desenvolvimento a partir da década de 1980, quando se iniciou o movimento empresarial para rever e estudar formas de mitigação de impacto socioambiental global, visando poupar recursos naturais para o futuro do planeta. Ainda segundo Barbieri (2016), os problemas ambientais exigem soluções globais e a busca por acordos multilaterais entre empresas privadas e órgãos intergovernamentais.

MARKETING ECOSÓFICO: um novo olhar sobre o marketing empresarial

Sob esse mesmo ângulo de visão, estima-se que as empresas transnacionais, que outrora focavam no pilar econômico, têm envidado seus esforços nos pilares sociais e ambientais. Como resultado, as empresas não só mantêm suas ações de sustentabilidade como partem para estratégias de responsabilidade social e de valor compartilhado, ampliando assim a visibilidade da marca por meio de uma rede de "biopoder" e "ecopoder" (Tavares; Irving, 2010).

Como exemplo dessa rede de "biopoder" e "ecopoder", que é constantemente alimentada pelo capitalismo rizomático/CMI, e visando "esquentar a controvérsia" do estudo em questão, para o mapeamento da "colheita de dados" secundários, foram realizadas buscas na internet sobre a parceria de "sustentabilidade e CVC" entre as marcas Coca-Cola Brasil e AmBev a partir do marco da "união de forças", programa de reciclagem da plataforma Reciclar pelo Brasil.

Para alimentar e esquentar a controvérsia, em pesquisa da internet sobre o tema "união de forças" entre as marcas Coca-Cola Brasil e AmBev, é possível encontrar dados no site do Instituto Coca-Cola Brasil (ICCB) sobre o projeto Coletivo Reciclagem, que traz na linha do tempo a informação de que a empresa se torna uma Organização da Sociedade Civil e de Interesse Público (Oscip).[19] Tal programa amplia a atuação do ICCB para o meio ambiente, criando em 2006 um Conselho Diretor do Instituto, formado por conselheiros e representantes do Sistema Coca-Cola. Em 2010 ocorreu a mudança de estratégia da empresa para a aproximação de cadeia de valor do Sistema Coca-Cola Brasil, com o objetivo de alavancar o impacto social. Pressupõe-se que tal estratégia, portanto, pode ser representada por uma rede de "ecopoder", alimentada pelo CMI sob os valores de CVC de Porter e Kramer (2011). Seria, então, essa parceria de CVC uma nova estratégia do marketing ambiental, que usa uma rede de "biopoder" e "ecopoder" do "rizoma verde" para criar uma "máquina de compartilhamento" para exploração e subordinação do social, e ainda para acumulação de capital? Vale ressaltar que, juridicamente, uma Oscip: "Está prevista no ordenamento jurídico brasileiro como forma de facilitar parcerias e convênios com todos os níveis de governo e órgãos públicos (federal, estadual e municipal) e **permite que doações realizadas por empresas possam ser descontadas no imposto de renda.**" (Sebrae, 2014, destaque nosso)

Contudo, seguindo a pista teórica de Félix Guattari sobre a ecosofia e sua configuração "ético-político-estética", pode-se dizer que o projeto Coletivo Reciclagem do Instituto Coca-Cola Brasil indica uma controvérsia. Isso ocorre porque

---

19 Oscip é uma qualificação jurídica atribuída a diferentes tipos de entidades privadas que atuam em áreas típicas do setor público com interesse social, que podem ser financiadas pelo Estado ou pela iniciativa privada sem fins lucrativos. Ou seja, são as entidades típicas do terceiro setor (Sebrae, 2019).

a parceria entre as empresas multinacionais em forma de Oscip e as cooperativas de reciclagem ampliam os lucros e a rentabilidade empresarial, ao mesmo tempo que escalam uma rede de valor para a Coca-Cola Brasil. Supõe-se que o projeto se torna um arranjo do marketing ambiental por meio da configuração de um projeto social.

Para aprofundar e elucidar a controvérsia, há de se seguir a história, os atores, identificar as associações e as conexões da rede sociotécnica do pressuposto "rizoma verde" da Coca-Cola Brasil e AmBev, com base no caso da "união de forças" e do programa de reciclagem. Para melhor esclarecimento dessa rede, entrevistaram-se executivos das empresas e outros atores-rede envolvidos na gestão do pós-consumo da plataforma de resíduos – Plataforma Reciclar pelo Brasil –, que exercem diversas funções e cargos transversais. Os pesquisadores que utilizam a TAR "consideram os agregados sociais como o que é necessário explicar a partir das associações fornecidas pela economia, linguística, psicologia, direito, gestão etc." (Latour, 2006, p. 5). Para tanto, faz-se necessário esse cruzamento de dados.

Ao iniciar a investigação na internet, foram verificados dados controversos para o modelo de negócios de valor compartilhado da Coca-Cola Brasil e parceiras, a contar da iniciativa do ICCB para o projeto do coletivo de reciclagem, cujo relato segue: "Justificamos a melhoria compartilhada entre empregabilidade para o jovem e aumento do valor de marca e vendas." (Fillippe, 2017) Conforme esse relato e mais uma vez refletindo sobre o conceito dos três registros ecológicos de Guattari, as pistas apontam que o projeto do coletivo de reciclagem da Coca-Cola Brasil se aproxima de uma controvérsia "ético-político-estética", pois não fica clara a regra do jogo. Além disso, suspeita-se que o trabalho do coletivo de reciclagem pode ser caracterizado como apropriação de mais-valia e dupla captura de valor compartilhado. A produção capitalista "depende do sobretrabalho e da mais-valia, o lucro [...] constitui um aparelho de captura" (Deleuze; Guattari, 2012, p. 146). Dessa forma, estima-se que o trabalho do coletivo de reciclagem se configura em uma mais-valia de fluxo: "A mais-valia não é mais uma mais-valia de código (sobrecodificação), mas devém uma mais-valia de fluxo. É como se o mesmo problema tivesse recebido duas soluções [...]" (Deleuze; Guattari, 2012, p. 158). Essa interação híbrida entre o setor público e o privado, como é o caso da Coca-Cola Brasil em relação ao coletivo de reciclagem representado pela Oscip, aponta para indícios de "uma servidão maquínica ou um regime de sujeição social" (Deleuze; Guattari, 2012). Deleuze e Guattari (2012, p. 159) corroboram com a seguinte reflexão: "O regime de signos mudou, portanto, sob todos esses aspectos, a operação do 'significante' imperial dá lugar a processos de subjetivação; a servidão maquínica tende a ser substituída por um regime de sujeição social."

Questiona-se ainda o programa de reciclagem pelo ponto de vista de o projeto ser Oscip e por estar sob os cuidados do ICCB, tendo como pretexto empreender no social e dar incentivo às cooperativas de reciclagem. Infere-se que, dessa maneira, a Coca-Cola Brasil economizou custos, pagando menos impostos trabalhistas e deixando a cargo das cooperativas a operação da coleta seletiva e da reciclagem, e beneficiando a sua cadeia produtiva com os resíduos descartados. Sobretudo, há de se destacar a questão da legislação, a respeito da Lei 12.690, de 2012,[20] que instituiu a organização das cooperativas de trabalho, tornando-se um marco do cooperativismo no Brasil. "Foi no auge da última ditadura brasileira que o Estado institucionalizou o modelo cooperativo no país." (Lopes, 2012, p. 124) Por outro lado, ressalta-se uma estratégia institucional com a integração do terceiro setor aos projetos Oscips, camuflados sob a "máquina cooperativista" cujo principal objetivo é otimizar a logística reversa, reduzir custos, aumentar a lucratividade empresarial e a acumulação do capital. Segundo Lopes (2012), muitas cooperativas de trabalho têm sido denunciadas pelos órgãos de fiscalização laboral por burlarem a legislação trabalhista do país. A estratégia dessas coopergatos, como são denominadas, é fundar falsas cooperativas com a conversão de empregados em "cooperados", sob ameaça de desemprego.

Ainda no tema legislação, localizou-se outra controvérsia sobre as cooperativas de reciclagem na Lei 12.305/2010, que instituiu a Política Nacional de Resíduos Sólidos (PNRS) e seus instrumentos – Art. 8º e incisos terceiro; quarto; quinto e sexto. Esta incentiva e informa as instituições sobre os sistemas de logística reversa e outras ferramentas relacionadas à implementação da responsabilidade compartilhada pelo ciclo de vida dos produtos; o incentivo à criação e ao desenvolvimento de cooperativas ou de outras formas de associação de catadores de materiais reutilizáveis e recicláveis; o monitoramento e a fiscalização ambiental, sanitária e agropecuária; a cooperação técnica e financeira entre os setores público e privado para o desenvolvimento de pesquisas de novos produtos, métodos, processos e tecnologias de gestão, reciclagem, reutilização, tratamento de resíduos e disposição final ambientalmente adequada de rejeitos (Brasil, 2010a). Entretanto, desde promulgada, a Lei evoluiu muito pouco, afrouxando os órgãos fiscalizadores, abrindo brechas para os conglomerados transnacionais se fortalecerem sobre as camadas mais pobres da população brasileira, com práticas sustentáveis escusas e que retroalimentam os ciclos produtivos das "marcas *clusters*".

---

20 Dispõe sobre a organização e o funcionamento das cooperativas de trabalho; institui o Programa Nacional de Fomento às Cooperativas de Trabalho (Pronacoop); e revoga o parágrafo único do art. 442 da Consolidação das Leis do Trabalho (CLT), aprovada pelo Decreto-Lei no 5.452, de 10 de maio de 1943 (Brasil, 2010b).

2. O MARKETING AMBIENTAL PELO OLHAR DA PSICOSSOCIOLOGIA

Daí em diante e com orientação da ecosofia de Guattari, foi possível identificar os "agenciamentos ecosóficos de enunciação" nos dados analisados da Coca-Cola Brasil, obtidos por meio de entrevistas, conferências, fóruns e na mídia em geral.

Adicionalmente, percebe-se que esses enunciados operam por intermédio das "'subjetividades rizomáticas verdes", penetram nas mentes dos consumidores e na sociedade em geral, configurando-se como práticas de "biopoder" e "ecopoder". Observa-se uma produção orgânica de subjetivação no marketing ambiental a fim de atrair os consumidores com uma abordagem "ecopsicossocial".

Os tempos atuais exigem uma nova postura ética-estética-ambiental em relação ao marketing, principalmente de empresas multinacionais que causam enormes impactos socioambientais, visto que os consumidores atuais estão atentos nas redes digitais e, além de se expressarem livremente, exercem poder sobre as marcas. Nesse ponto, vale ressaltar uma citação de Kotler (2017a): "A marca é moldada cada vez mais pelos consumidores, que conversam uns com os outros na internet."

Para "não" encerrar e deixar pistas que alimentem mais controvérsias, que puderam ser esclarecidas após a pesquisa empírica de campo, dá-se continuidade ao processo da pesquisa cartográfica. Para isso, apresentam-se os pressupostos metodológicos de Latour em virtude de tentar organizar as etapas desta pesquisa, mesmo contrariando os princípios da TAR. A operacionalização da cartografia, nesta pesquisa, visa traçar um plano para seguir os atores-rede de maneira a observar os movimentos de territorialização e desterritorialização que são produzidos pelos múltiplos agenciamentos de enunciação do "rizoma verde" das empresas Coca-Cola Brasil e AmBev e suas associações e conexões a partir do marco da "união de forças" e da criação da plataforma Reciclar pelo Brasil; assim, será possível compreender tais movimentos da história para descrevê-los e discuti-los. Supõe-se que os agenciamentos de enunciação desse "rizoma verde" englobam diversos atores que agem como uma peça de xadrez: "Cada uma é como um sujeito de enunciado, dotado de um poder relativo; e esses poderes relativos combinam-se num sujeito de enunciação." (Deleuze; Guattari, 2012, p. 13)

A continuar a pesquisa, para seguir os atores-rede, a TAR, sugerem-se três movimentos como método: a localização do global, a redistribuição do local e a conexão de locais (Latour, 2012). O primeiro movimento, que é o global, procura conectar as interações locais umas às outras. "A localização do global trata de desfazer o hábito de explicar interações locais com base em um contexto, estrutura ou fator global. [...] Para estabelecer as conexões, deve-se ouvir os atores e identificar as conexões sem utilizar categorias prévias como 'contexto' ou 'estrutura'." (Latour, 2012; Fornazin; Joia, 2015, p. 8)

O segundo movimento pressupõe que, assim como não se pode chegar ao global sem a identificação do local, este deve ser explicado em termos globais. Para isso, é preciso identificar o acontecimento que influencia as ações locais. E, por fim, o terceiro movimento estabelece conectar os lugares e acoplar os pontos de vista e comportamentos dos atores-rede.

A seguir, no Quadro 2.3, uma ilustração comparando os três movimentos:

Quadro 2.3 - Comparação entre os pressupostos metodológicos de Latour

PRIMEIRO MOVIMENTO: LOCALIZAÇÃO DO GLOBAL	Primeira regra metodológica: estudar a tecnociência em construção;
	Segunda regra metodológica: o destino dos fatos e máquinas está na mão dos usuários posteriores;
	Terceira regra metodológica: não utilizar a natureza para explicar uma controvérsia científica;
	Quarta regra metodológica: não utilizar a sociedade para explicar uma controvérsia científica;
SEGUNDO MOVIMENTO: REDISTRIBUIÇÃO DO LOCAL	Quinta regra metodológica: considerar tanto os atores internos quanto os atores externos;
TERCEIRO MOVIMENTO: CONEXÃO DE LOCAIS	Sexta regra metodológica: analisar os atores-rede para entender os comportamentos.

Fonte: adaptado de Fornazin; Joia, 2015a.

Portanto, com base na Cartografia de Controvérsias/TAR, o objetivo geral foi investigar de que forma os agenciamentos de enunciação do marketing ambiental podem ser apropriados na conciliação de um sistema de "rizoma verde" em empresas transnacionais no Brasil, como estratégia de sustentabilidade e CVC (Porter; Kramer, 2011).

Uma vez que mapear é acompanhar processos e que o problema dessa investigação é da ordem "psicossocioambiental" ou, como dito anteriormente, sob os três registros da ecosofia de Guattari, o recurso não é dado *a priori*, mas, sim, construído em laboratório com base nos três movimentos anteriormente apresentados, propostos por Latour (2012). Além disso, como se trata de um mapeamento exploratório, a pesquisa segue três pistas de investigação: psicossocial, teórica e empírica.

◊ A pista psicossocial seguiu o mapeamento das notícias relacionadas ao caso de estudo, divulgadas em sites, conferências e palestras e demais dados da internet "literatura cinza", com o intuito de "esquentar a controvérsia" e preparar o campo empírico;

◊ A pista teórica seguiu os principais autores pós-modernistas utilizados nesta obra e as demais produções na área das ciências sociais, em busca de artigos e livros que compõem o referencial teórico desta pesquisa;

◊ A pista empírica seguiu uma abordagem qualitativa que utilizou diversas "entradas"[21] para a "colheita de dados" por meio de entrevistas de profundidade, observação do participante, análise de documentos (relatórios, registros de reuniões, dados estatísticos, além de informações compartilhadas publicamente).

As entrevistas de profundidade seguiram um roteiro, com perguntas abertas e relacionadas ao tema do caso da "união de forças" das gigantes Coca-Cola Brasil e AmBev, para compreender como as estratégias de marketing ambiental criam valor nas empresas analisadas.

Daí em diante, apresentam-se no Quadro 2.4 os critérios adotados para a seleção dos atores-rede da pesquisa de campo.

---

21 São múltiplas as entradas em uma cartografia (Passos, Eduardo; Kastrup, Virgínia e Da Escóssia, 2015).

Quadro 2.4 - Critérios para a seleção dos atores rede da pesquisa de campo

DADOS GERAIS	◊ Perfil da rede; ◊ Contexto em que as instituições se inserem na rede; ◊ Poder de cada actante; ◊ Grau de influência do actante na rede.
NAS INSTITUIÇÕES	◊ Perfil dos atores-rede envolvidos; ◊ Função e cargo dos atores; ◊ Grau de influência dos atores; ◊ Características das instituições, cultura e ambiente físico; ◊ O quê, Por quê, Como, Quem, Onde (actantes/atores); ◊ Interações entre humanos e não humanos.

Fonte: elaborado pela autora (2019).

Em prosseguimento ao desenvolvimento do laboratório da pesquisa de campo e considerando o contexto da pesquisa cartográfica em que são utilizadas diversas "entradas" durante a "colheita de dados", optou-se por utilizar o ponto de vista qualitativo proposto por Pierre Charbonnier. Esse estudo, intitulado Pesquisa Cartográfica Reflexiva, segue "quatro restrições à escrita científica" (Charbonnier, 2020b), que são: análise; reflexividade; demonstração e retórica. Segundo o autor, essas quatro tarefas devem ser utilizadas simultaneamente quando se escreve uma pesquisa científica sem que estas atrapalhem umas às outras. Dessa forma, a ideia de argumento científico se constrói ao longo da descrição contínua do pesquisador.

Dessa maneira, a ideia da Pesquisa Cartográfica Reflexiva é o seguinte passo a passo:

1. **Análise** – é a necessidade de expor os materiais empíricos e conceituais com clareza, geralmente separando os vários aspectos do objeto pesquisado. É o componente de base para uma boa explicação;

2. **Reflexividade** – é a capacidade de exercer um olhar crítico e analítico sobre o material pesquisado, notadamente sobre a dimensão histórica, social e simbólica dos conceitos e sobre a situação de enunciação dos autores. É a tarefa mais exigente, por vezes até parasitária;

3. **Demonstração** – é simplesmente o fato de que uma explicação encontra seu valor final na apresentação de um argumento não trivial e bem documentado sobre uma questão socialmente em disputa. Sem ser necessariamente dogmática, a argumentação deve ser convincente;

4. **Retórica** – é a miríade de dispositivos linguísticos que empregamos mais ou menos conscientemente para descrever as ideias. A fraseologia, o tom, os dispositivos estilísticos, o registro linguístico etc. estão naturalmente presentes mesmo enquanto temos uma pretensão analítica.

Contudo, segundo Pierre Charbonnier (2020), é preciso equilibrar a escrita acadêmica para que ela não tenda a focar sobre a análise e a reflexividade a um ponto excessivo que às vezes conduz toda a observação empírica à subjetividade. Por essa abordagem científica, Latour (2012) explica que: "Assim, encarar um texto de ciência social como relato textual não enfraquece sua pretensão à realidade, mas constitui uma extensão do número de precauções que precisam ser tomadas e das habilidades exigidas dos pesquisadores." (Latour, 2012, p. 187)

Presume-se que o ir e vir não é um problema na Pesquisa Cartográfica Reflexiva, pois é um diálogo entre teoria e campo. O pesquisador vai a campo, analisa os dados, tem ideias, muda a metodologia, ajusta a teoria, não apenas se informa pela teoria e vai observar o mundo. Quando se faz um diálogo entre teoria e campo, um está informando o outro o tempo todo. Então, o campo traz dados para repensar a teoria e a teoria fornece ideias para avaliar melhor o campo. A metodologia não é uma sequência de passos fechados; logo, é muito diferente da pesquisa quantitativa. A Pesquisa Cartográfica Reflexiva tem espaço para criatividade, tem espaço para desvio, tem espaço para reflexão. Além de tudo, há flexibilidade para o pesquisador interagir com os atores-rede da pesquisa. Em analogia, é como pegar uma peça de argila, moldar e ajeitar para deixar o vaso pronto ao final.[22]

---

22 Fala de Marcelo Fornazin durante co-orientação remota pelo Google Meet, em 12 mar. 2021.

Ainda, evidencia-se que a Pesquisa Cartográfica Reflexiva não segue os critérios de uma pesquisa objetiva, quantitativa, tradicional, que se baseia em validação dos dados, confiabilidade, evidências objetivas. Contudo, são seguidos dois critérios: primeiro, o critério de autenticidade, ou seja, demonstrar que o pesquisador foi a campo e que os dados e suas reflexões derivam do campo; segundo, o pesquisador deve demonstrar como a pesquisa passou do dado bruto para o argumento teórico, e quais foram os passos do desenvolvimento da análise desde os dados brutos à argumentação teórica.

Tommaso Venturini (2010), em reconhecimento a esses dois critérios informados no trecho anterior, explica que uma pesquisa científica deve demonstrar:

1. Autenticidade do material;

2. Plausibilidade do argumento.

É o que Tommaso Venturini resume sobre "objetividade de segundo grau". "Não vamos buscar objetividade a partir das evidências, mas sim conseguir transitar entre os dados e os argumentos."[23] "A objetividade só pode ser alcançada através da multiplicação dos pontos de observação. Quanto mais numerosas e parciais forem as perspectivas das quais um fenômeno é considerado, tanto mais objetiva e imparcial será a sua observação." (Venturini, 2010, p. 260, tradução nossa)

Pelos preceitos teóricos da Pesquisa Cartográfica Reflexiva, foram realizados três tipos de "colheita de dados": "[...] para afirmar o caráter mais de produção do que de representação do mundo conhecido" (Passos; Kastrup, 2013, p. 395), conforme a seguir:

1. **Referencial teórico** – em um estudo sistemático desenvolvido por meio de leitura de livros, revistas e jornais acadêmicos especializados, obras e artigos relacionados aos temas de estudo sobre o marketing ambiental, pela perspectiva psicossocial e pelas trilhas teóricas de Félix Guattari e Gilles Deleuze, em concordância com a noção de redes de Latour, a pesquisa bibliográfica foi realizada via bases de dados em psicologia e em demais fontes de busca acadêmica, tais como Portal Periódicos Capes, Conselho Federal de Psicologia, Scielo, Scielo Psicologia, EBSCO, ScienceDirect, Annual Reviews, Sistema de Bibliotecas e Informação da UFRJ. Utilizou-se para organização desses dados o software Mendeley;[24]

---

23 Fala de Marcelo Fornazin durante co-orientação remota pelo Google Meet, em 12 mar. 2021.

24 Mendeley Reference Manager | Mendeley é um software que ajuda os pesquisadores acadêmicos na busca e na organização de uma biblioteca para gerenciar, compartilhar, ler, anotar e editar artigos científicos e livros acadêmicos em geral. Disponível em: < https://www.mendeley.com/reference-management/reference-manager >. Acesso em: 12 fev. 2021.

2. **Dados secundários** – para melhor acompanhamento dos processos da Cartografia de Controvérsias, foram realizadas "colheitas de dados" secundários (literatura cinza) em documentos das empresas, sites, LinkedIn, dados estatísticos e de relatórios da internet – "cartografar é acompanhar processos" (Barros; Kastrup, 2015);

3. **Pesquisa de campo** – foram realizadas entrevistas de profundidade por meio de um roteiro com perguntas abertas aplicadas aos atores-rede envolvidos na pesquisa.

Para reflexão, antes da apresentação da próxima subseção – que descreve como foi realizada a aproximação com os atores-rede que participaram da pesquisa desta obra –, vale lembrar que: "[...] a entrevista não é vista pela cartografia como um mero procedimento para coleta de dados, mas sim para a colheita de relatos que ela mesma 'cultiva'" (Moraes, 2019, p. 148).

É importante ressaltar que a aproximação com os atores-rede da pesquisa se iniciou com mapeamento pelo LinkedIn em meados de outubro de 2018, visando compreender a rede que envolvia os executivos da Coca-Cola Brasil e AmBev no caso de estudo do pós-consumo da plataforma Reciclar pelo Brasil. Posteriormente à qualificação e à aprovação do CEP/Conep,[25] sob o número CAAE 22698919.8.0000.5582, com data de início da pesquisa de campo prevista para 21 de outubro de 2019, foi feita a primeira abordagem para convidar os atores-rede a participarem da pesquisa via LinkedIn. O primeiro convite aceito foi o da gerente de Sustentabilidade da Coca-Cola Brasil, em agosto de 2019, e a pesquisa foi realizada presencialmente, em 28 de agosto de 2019, no escritório da Coca-Cola Brasil em Botafogo, Rio de Janeiro. A segunda entrevista foi indicada por método "bola de neve" pela primeira entrevistada, e assim sucessivamente. Daí em diante, alguns atores-rede foram mapeados, de acordo com os critérios da pesquisa, e abordados diretamente para compor a Cartografia de Controvérsias. Até o quinto ator-rede as entrevistas foram presenciais; após a sexta entrevista, virtuais, via plataforma Zoom.us, em decorrência da pandemia da covid-19. A pesquisa continuou a ser realizada por uma seleção mista entre

---

25 O sistema CEP-Conep foi instituído em 1996 para proceder à análise ética de projetos de pesquisa que envolvem seres humanos no Brasil. Esse processo é baseado em uma série de resoluções e normativas deliberadas pelo Conselho Nacional de Saúde (CNS), órgão vinculado ao Ministério da Saúde. O atual sistema apresenta como fundamentos o controle social, exercido pela ligação com o CNS, a capilaridade, na qual mais de 98% das análises e decisões ocorrem em nível local pelo trabalho dos comitês de ética em pesquisa (CEP) e o foco na segurança, proteção e garantia dos direitos dos participantes de pesquisa. A maioria dos processos relacionados à análise ética ocorre em ambiente eletrônico por meio da ferramenta chamada Plataforma Brasil.

atores que demonstravam características de afinidade com a rede sociotécnica investigada, em conjunto com o método "bola de neve". "Esta técnica de amostragem é como a de um bom repórter que rastreia as 'pistas' de uma pessoa para outra" (Coleman, 1958, p. 29); assim, a rede foi crescendo com a indicação de outros atores-rede que apresentassem características equivalentes ao solicitado. Dessa forma, a amostra foi autogerada e contou com a colaboração voluntária dos primeiros atores-rede e dos subsequentes, então o processo de solicitação de novos participantes continuou a crescer até que a "colheita de dados" alcançou uma quantidade satisfatória, ao mesmo tempo que se percebeu a saturação dos dados analisados quando não emergiram novas informações do campo.

Nessa administração foram realizadas 24 entrevistas, que envolveram executivos de níveis de planejamento – estratégico e tático – relacionados às áreas de marketing, sustentabilidade, responsabilidade social, valor compartilhado, governança, compliance, financeiro, recursos humanos, como também outros atores-rede que compunham o perfil da rede sociotécnica da reciclagem referente ao objeto de estudo da plataforma Reciclar pelo Brasil. Todos os participantes da pesquisa foram informados dos procedimentos do protocolo – Centro de Ética em Pesquisa (CEP/Conep, 2016) – posteriormente via chat do LinkedIn, e-mail ou WhatsApp. Em relação aos princípios éticos e legais da pesquisa, adotaram-se normas para pesquisas em ciências humanas e sociais, cujos procedimentos metodológicos envolvem a coleta ou "colheita de dados" diretamente obtida com os participantes. O protocolo com as informações dos riscos inerentes à pesquisa foi definido com base na Resolução 466, de 12 de dezembro de 2012, e posteriormente na Resolução 510, de 7 de abril de 2016, aprovada pelo Conselho Nacional de Saúde.[26] Como a ética em pesquisa implica o respeito pela dignidade humana e a proteção devida aos participantes das pesquisas científicas que envolvem seres humanos; e como a produção científica deve implicar benefícios para os sujeitos, respeito aos seus direitos e preservação de danos, ainda que imateriais, a pesquisa foi submetida à avaliação do CEP (Brasil, 2012a) e ao grupo de pesquisa Rizoma Verde, do programa de pós-graduação do Instituto de Psicologia da UFRJ, Rio de Janeiro (PPG Eicos-UFRJ), a fim de garantir os direitos dos participantes de modo autônomo, voluntário e consciente. Após a tramitação do processo de registro na Plataforma Brasil, o projeto de pesquisa foi aprovado em 12 de

---

26 Para fins da Resolução 510, define-se pesquisa em ciências humanas e sociais como sendo "aquelas que se voltam para o conhecimento, compreensão das condições, existência, vivência e saberes das pessoas e dos grupos, em suas relações sociais, institucionais, seus valores culturais, suas ordenações históricas e políticas e suas formas de subjetividade e comunicação, de forma direta ou indireta, incluindo as modalidades de pesquisa que envolva intervenção" (Conselho Nacional de Saúde, 2016, p.04). Disponível em: < Plataforma Brasil (saude.gov.br) >. Acesso em: 25 fev. 2021.

fevereiro de 2020, sob o Parecer 3.834.929. Com comprometimento documental, via Registro de Consentimento Livre e Esclarecido (RCLE), de que serão assegurados o respeito e os direitos do participante de "ser informado sobre a pesquisa e seus resultados, desistir de participar da pesquisa sem prejuízos, ter seu direito à identidade e informações preservadas ou divulgadas e indenização por dano ou ressarcimento das despesas (CEP/Conep, 2016)"; e após a aprovação do CEP/Conep, datada de 21 de outubro de 2019, deu-se início às entrevistas com os atores-rede da pesquisa, conforme perfil dos entrevistados na descrição das instituições e dos atores-rede da pesquisa TAR, a seguir.

Uma vez que o intuito da TAR é entender o social ali no local em que ele é trançado, entrelaçado e conectado em rede, sua contribuição principal é apresentar novos conceitos e novas visões do coletivo. O objetivo geral deste estudo foi analisar de que forma os agenciamentos de enunciação do marketing ambiental podem ser apropriados na composição de um sistema de "rizoma verde", adotando a estratégia de sustentabilidade e CVC em empresas transnacionais no Brasil. Para tanto, a autora entrevistou executivos de duas empresas para compreender como as estratégias de marketing ambiental criam valor. O recorte da pesquisa visou analisar as interações das multinacionais brasileiras Coca-Cola Brasil e AmBev, mais especificamente da "união de forças" da gestão compartilhada de resíduos das duas empresas. Para isso, buscou-se entrevistar os atores-rede para compreender a rede sociotécnica investigada, envolvendo porta-vozes das empresas Coca-Cola e AmBev, empresários da reciclagem, órgãos do terceiro setor da reciclagem, cooperativas e catadores e gestores da plataforma Reciclar pelo Brasil. Na visão de Latour (2010), o ator-rede incide sobre o saber social, contrapondo-se às ciências da natureza; para ele, o social não pode ser separado do fator natureza, uma vez que a sociedade é composta com essa simetria. Então, a pesquisa estudou os atores, considerando que todos fazem parte de uma rede sociotécnica de influências coletivas.

Pretendeu-se, contudo, observar as relações das empresas por meio de uma investigação que seguiu os atores, mapeando e descrevendo as redes, desligando-se de amoldamentos teóricos rígidos e visando mostrar de que forma a rede do "rizoma verde" – pela perspectiva psicossocial – "reagregra o social" (Latour, 2012).

Vale ressaltar que a Cartografia de Controvérsias/TAR foi utilizada no percurso metodológico para elucidar as conexões e as relações da rede investigada. Dessa forma, a pesquisa de campo foi realizada por entrevistas de profundidade com atores-rede.

A pesquisa de campo que se iniciou em 28 de agosto de 2019 com a primeira entrevista presencial e se encerrou em 16 de novembro de 2020 com a vigésima quarta entrevista remota, via Zoom.us, utilizou a Cartografia de Controvérsias e considerou o modo de fazer pesquisa por intermédio das contribuições da TAR (Latour, 2012). Dessa maneira, optou-se por um projeto de pesquisa iterativo com uma proposta contra-hegemônica e consubstanciada pelo pensamento deleuze-guattariano-latouriano, de modo a romper com antigas formas de pensar e produzir conhecimento na pesquisa em ciências humanas e sociais (Almeida; Tavares; Ferreira, 2019). Afinal, a pesquisa de campo não pretendeu conceber um modelo elucidativo de discussões teóricas discursivas, mas, sim, oferecer um procedimento metodológico que lança mão de novas abordagens sobre o tema em questão.

Assim, optou-se, nesta obra, pelo método qualitativo – Cartografia de Controvérsias/TAR de Latour – em razão da proposta teórica deleuze-guattariano-latouriano, que contribuiu com a reflexão crítica do marketing ambiental pelo olhar psicossocial. Para tanto, o percurso metodológico adotado compôs a cartografia com base nas entrevistas abertas, nas observações do campo por meio de conexões a associações dos atores-rede da pesquisa, seguido do mapeamento dos porta-vozes das empresas entrevistadas no LinkedIn.

Montando o laboratório

Para cartografar e acompanhar os atores, foi realizado o consequente percurso da pesquisa a seguir.

1. Mapeamento prévio dos atores-rede da pesquisa no LinkedIn – abordagem rápida e direta – por meio de mensagens solicitando a participação na pesquisa;

2. Após a confirmação via mensagem pelo LinkedIn, envio por e-mail ou WhatsApp com o RCLE;

3. Após a confirmação da participação da entrevista via e-mail ou WhatsApp, agendamento de data e hora da entrevista (presencial ou via plataforma Zoom.us);

4. Entrevista presencial gravada por celular;

5. Entrevista virtual gravada na plataforma Zoom.us;

6. Registros de campo/anotações das entrevistas em dois cadernos físicos, com as percepções do pesquisador, alguns dados importantes, anotações dos enunciados dos atores-rede para análise posterior e contato com indicações para o próximo entrevistado (método "bola de neve");

7. Pesquisa documental ou literatura cinza realizada em busca de whitepapers, brochuras, relatórios estatísticos e relatórios organizacionais de empresas privadas e de órgãos governamentais e não governamentais – que têm agência na rede e são atores políticos e formadores de opinião;

8. Dados dos enunciados dos porta-vozes das empresas Coca-Cola Brasil e AmBev levantados no LinkedIn e anotados, periodicamente, no caderno virtual do Google Classroom para posterior análise.

Na análise da Pesquisa Cartográfica Reflexiva são utilizadas diversas entradas para estudar uma controvérsia, e ela não se reduz a uma visão binária quando está sendo discutida (Fornazin; Silva, 2020; Venturini, 2012).

Do mesmo modo, Venturini (2012) afirma que as controvérsias consecutivamente envolvem uma multiplicidade de perguntas distintas, e destas poucas podem ser respondidas com sim ou não. A disputa de uma controvérsia é complexa e as colocações entre os atores são continuamente formadas por diversos elementos; assim, os cartógrafos não devem abdicar de inquirir como os enunciados estão ligados e entrelaçados nos relatos das entrevistas coletadas. Admitir uma única questão é limitar o comentário de outros atores-rede e posições que poderiam ser tomadas sobre outras questões (Venturini, 2012). A divisão e a subdivisão dos enunciados podem ser representadas de várias maneiras, inclusive hierarquicamente, auxiliando na cognição do fenômeno estudado e no melhor reconhecimento das disputas tecnocientíficas.

Na pesquisa cartográfica o pesquisador vai a campo, analisa os dados, passeia entre a teoria e o campo indo e vindo, tem ideias, ajusta a metodologia e a teoria.

Latour (2017) explica ainda que a pesquisa cartográfica tampouco divide os atores entre humanos e não humanos. Todos os dados são importantes para a interpretação do pesquisador, então ele adverte que: "Os estudos científicos poderiam ser definidos como um projeto cujo objetivo consiste em eliminar por inteiro essa divisão." (Latour, 2017, p. 103)

Para tanto, a validação dos dados se dá pela constante observação e acuidade do cartógrafo: "Em lugar de seguir os vales paralelos, o propósito dos estudos científicos é cavar um túnel entre ambos." (Latour, 2017, p. 103) O mapa de controvérsias é aberto, e as diferentes entradas das análises servem para comparar uma à outra, cotejar e ligar os pontos para descrever a pesquisa. "O texto científico é diferente de todas as outras formas de narrativa. Ele fala de um referente, presente no texto, de um modo diverso de prosa: mapa, diagrama, equação, tabela, esboço. Mobilizando seu próprio referente interno, o texto científico traz em si sua própria verificação." (Latour, 2017, p. 71)

Logo, os dados foram coletados por meio de entrevistas de profundidade – presenciais e virtuais –, tendo início em 28 de agosto de 2019 e término em 16 de novembro de 2020. Além disso, foi realizada uma "colheita de dados" no LinkedIn, periodicamente, durante um ano e meio, na busca por dados relacionados aos porta-vozes das empresas Coca-Cola e AmBev. Ademais, foram coletados os documentos das empresas (relatórios de sustentabilidade e material institucional disponíveis nos sites das empresas ou na internet). Os dados coletados no LinkedIn foram armazenados no Google Classroom segundo a técnica de "diário de bordo", de Latour (2017); nesse caso, um diário de campo (virtual). Para análise dos dados do LinkedIn foram selecionadas as mensagens que continham maior aproximação dos enunciados dos atores entrevistados. Para análise dos demais dados, utilizaram-se dois procedimentos: "Extratos de relatos com o ponto de vista da TAR" e o software Atlas Ti, para ligar os pontos entre a teoria e o campo e para a validação dos dados. O Atlas Ti é um software que ajuda a analisar os dados da pesquisa qualitativa. Entretanto, no caso desta obra, que segue o método da Pesquisa Cartográfica Reflexiva, optou-se por utilizar o software Atlas Ti apenas como auxílio da construção da narrativa do capítulo de discussão, pois nas classificações feitas nas entrevistas e nos documentos analisados foi possível extrair as citações para explicar o estudo. O software Atlas Ti promoveu a ligação entre o dado do campo e a interpretação do pesquisador, e o tráfego de um lado para o outro para, então, descrever a pesquisa. As entrevistas dos atores foram rotuladas por códigos "enunciados" e classificadas por "conceitos teóricos". Dessa forma, o software Atlas Ti possibilitou o "vai e vem da Cartografia de Controvérsias" (Latour, 2017; Latour, 2000), arranjando o diálogo entre a teoria e o campo e vice-versa, facilitando a abstração das ideias para a construção da "Árvore do Desacordo" (Venturini, 2012).

Assim, a seguir, apresenta-se como foi validada a pesquisa que utiliza o método da Pesquisa Cartográfica Reflexiva.

2.8 VALIDAÇÃO DA PESQUISA GUIADA PELO MÉTODO DA CARTOGRAFIA

Na Pesquisa Cartográfica Reflexiva desta obra, a alternância entre os dados do campo e a teoria possibilitou ao pesquisador uma reflexividade crítica para validação dos seus dados. O pesquisador se muniu dos dados – por anotações periódicas em diários de campo (físico e virtual) – para fazer uma reflexão crítica, revelando suas proposições e interpretações sobre o tema de estudo. Os participantes da pesquisa – entrevistados – também colaboraram, uma vez que o pesquisador criou uma relação de respeito e escuta constante durante a entrevista, deixando-os confortáveis e abertos a falar. Os dados foram constantemente revisados entre o pesquisador – orientador – e o co-orientador, proporcionando, também, validade para as análises da pesquisa, mas sem causar controle e interferências no processo do cartógrafo. Segundo Passos e Kastrup (2013, p. 392): "Validar uma pesquisa, muitas vezes, é entendido como avaliá-la e classificá-la segundo uma suposta unidade e hierarquia do campo científico." Ainda Passos; Kastrup (2016, p. 205), a validação da pesquisa guiada pelo método da cartografia leva em consideração que: "Validar, nesse sentido, é fazer avaliação crítica das diretrizes, indagando acerca de sua origem e de seus interesses, assim como fazer avaliação do processo da pesquisa." Para tanto, seguindo o preceito da psicossociologia, nesta obra a validação dos dados se dá em uma atitude reflexiva consecutiva entre a "colheita dos dados" e o processo de análise, visando uma descrição narrativa da história e um plano de intervenção com base na discussão dos fatos. "Trabalho fragmentário e difícil, às vezes espinhoso e doloroso, modesto, mas que auxilia cada um a se definir com relação a si próprio e ao outro [...]" (Nasciutti, 1992, p. 56).

A narrativa inclui os dados da "colheita", a consecutiva análise e as concepções durante o seu processo de escrita, por isso é tida como o plano ideal na pesquisa-intervenção. Assim, considerou- se escrever uma narrativa com a história da trajetória "Verde", da marca Coca-Cola Brasil e do seu concorrente AmBev, com base no caso da "união de forças", entre ambas, e a respeito da criação da plataforma Reciclar pelo Brasil. Com isso, pretendeu-se compreender e validar a questão de como o marketing ambiental das empresas analisadas agencia os enunciados dessa rede do "rizoma verde" e do pós-consumo das marcas, para capturar desejos "ecopsicossociais" e exercer um plano de forças coletivo sobre seus consumidores, stakeholders e shareholders. Ainda conforme Nasciutti (1992, p. 56): "A análise psicossocial institucional se dirige também aos seus aspectos formais, funcionais e organizacionais (papéis, status, relações de poder instituídas, modos de decisão, questões sindicais etc.). [...] permite o acesso a um saber e mesmo à ação (para todos os sujeitos-objetos participantes) e enriquece o debate científico." Portanto, a ida e vinda do campo para a análise dos dados e vice-versa em um processo contínuo criou naturalmente a validação da pesquisa pela narrativa escrita. "Em resumo, a presença do plano rizomático e coletivo de forças atravessa todos os momentos da investigação, indo do desenho do campo problemático à escrita do texto." (Passos; Kastrup, 2016, p. 217)

Além disso, a validação da pesquisa se dá exatamente durante o processo de cartografar a história da trajetória "verde" das marcas e de descrevê-la, pois uma adequada descrição prescinde de uma explicação ou validação (Latour, 2012). Nesse mesmo contexto, Passos e Kastrup (2016, p. 216) endossam que: "Na pesquisa-intervenção e nos estudos dos processos de produção de subjetividade, estamos sempre às voltas com narrativas." No processo desta obra, por exemplo, a validação se deu entre o pesquisador, os atores-rede entrevistados, orientador e co-orientador, rodas de conversa do grupo de pesquisa Rizoma Verde, participações em conferências e congressos acadêmicos, publicações acadêmicas etc.; trabalhos realizados durante o processo e o andamento da pesquisa. Nesse sentido: "Tal validação é realizada pelos pesquisadores e participantes, que acompanham e avaliam o andamento do trabalho, fazendo da validação um processo contínuo, bem como pelos pareceristas *ad hoc*, que trabalham basicamente sobre os textos e relatórios da pesquisa." (Passos; Kastrup, 2016, p. 217)

Em suma, o levantamento de campo e o estudo cartográfico desta obra seguiram a pista da Pesquisa Cartográfica Reflexiva, cujos resultados foram resumidos por uma narrativa, seguida de discussão sobre as marcas Coca-Cola Brasil e AmBev, em interseção com sua rede sociotécnica, pelo olhar psicossocial. O objetivo era desvendar de que forma os agenciamentos de enunciação do marketing ambiental podem ser apropriados na composição de um sistema de "rizoma verde" por intermédio da estratégia de sustentabilidade e CVC em empresas transnacionais no Brasil. Portanto, a pesquisadora pretendeu, após as entrevistas com os executivos das duas empresas, compreender como as estratégias de marketing ambiental criam valor para, então, responder à questão da pesquisa.

Dessa maneira, para compreender as controvérsias do "rizoma verde" das marcas analisadas, a pesquisa utilizou diversas "entradas" durante a "colheita de dados", para, assim, explorar o estudo por diversos "platôs"[27] – "Um rizoma é feito de platôs" (Deleuze; Guattari, 2011, p. 44). Ao mesmo tempo que utilizou diversas abordagens ou dimensões para descrever as análises, a narrativa construída não se restringiu a uma linearidade, podendo ser disposta de forma cronológica ou não linear (uma mistura entre o passado, o presente e o futuro). Isso propiciou a apresentação de pistas da história das empresas analisadas por meio dos relatos dos atores-rede e da análise dos dados da pesquisa. A ideia é perceber os "agenciamentos de enunciação" do "rizoma verde" (Tavares; Irving, 2009) e, em uma sequência, descrevê-los, pois: "Um agenciamento em sua multiplicidade trabalha forçosamente, ao mesmo tempo, sobre fluxos semióticos, fluxos materiais e fluxos sociais (independentemente da retomada que pode ser feita dele num corpus teórico ou científico)." (Deleuze; Guattari, 2011, p. 45)

Em seguida, demonstra-se o caminho tomado para o tratamento dos dados da Pesquisa Cartográfica Reflexiva durante o estudo.

---

27 "Chamamos 'platô' toda multiplicidade conectável com outras hastes subterrâneas superficiais de maneira a formar e estender um rizoma. [...] Cada platô pode ser lido em qualquer posição e posto em relação com qualquer outro." (Deleuze; Guattari, 2011, p. 44)

2. O MARKETING AMBIENTAL PELO OLHAR DA PSICOSSOCIOLOGIA

O caminho do tratamento dos dados

1. Após a "colheita de dados" das entrevistas com os atores-rede da pesquisa, foi utilizado um software para degravação dos áudios coletados das entrevistas: VB-Audio VoiceMeeter;[28]

2. Após a degravação dos áudios, foi utilizado um software[29] para transcrição original das entrevistas;

3. Após as transcrições originais terem sido capturadas pelo software, foram realizadas novas revisões no texto transcrito, originalmente, para melhorar a análise dos resultados;

4. Foram feitas anotações, em abas de comentários do Word, durante a revisão das transcrições, com as impressões e percepções da pesquisadora;

5. Foram destacadas as partes relevantes das entrevistas, sinalizando por cores os conceitos teóricos – deleuze-guattariano-latouriano – em um cruzamento com os enunciados do campo, de acordo com a metodologia da Cartografia de Controvérsias de Latour, e inseridas no Atlas Ti;

6. Os dados foram tratados e analisados por meio do software Atlas Ti e por meio da técnica de "Extratos de relatos com ponto de vista da Teoria Ator-Rede";[30]

7. Foram realizadas anotações no Google Classroom, também, como registro de um mapeamento no LinkedIn, para seguir os atores entrevistados e mapear as postagens diárias, a fim de proceder à discussão técnica dos porta-vozes (altos executivos) das empresas analisadas;

8. Na análise, houve a contribuição dos extratos de relatos das entrevistas, do software do Atlas Ti, dos mapas cognitivos e das linhas temporais;

9. Posteriormente, foram descritos os resultados em cruzamento entre o campo e a teoria (referencial teórico), gerando os diagramas da "Árvore do Desacordo"[31] (Venturini, 2012);

---

28 Disponível em: < https://www.vb-audio.com/Voicemeeter/ >.

29 Disponível em: < https://dictation.io/speech >.

30 "Extratos de relatos com ponto de vista da ANT: Consiste de trechos específicos selecionados do diário do projeto proveniente da observação participante, para os quais se apresenta, além da descrição dos acontecimentos" (Cerreto; Domenico, 2016, p. 128).

31 As árvores hierárquicas se encaixam perfeitamente nessas estruturas ramificadas, revelando como a menor discordância entre os atores costuma estar ligada à mais ampla oposição nas redes (e vice-versa). (Venturini; 2012, p. 15, tradução do autor).

10. Por fim, os resultados foram apresentados e discutidos sobre dois eixos teóricos reflexivos, que estão dispostos no capítulo da discussão.

Contudo, vale ressaltar que as análises foram consecutivamente apresentadas durante os encontros de co-orientação, via Google Meet, em uma sequência de debates, seguindo a técnica de *atelier d'écriture*,[32] de Bruno Latour, para a detecção da controvérsia do estudo em questão. A técnica, realizada em conjunto, possibilitou a abstração e a expressão dos pensamentos complexos, e, pelos achados, foi possível elaborar diagramas e mapas que auxiliaram no processo de análise. Para Latour, a ideia de *atelier d'écriture* é muito forte, uma vez que esses debates em rede – pesquisadores e corpo acadêmico – propiciam descobrir controvérsias, descrevê-las e formar um *corpus* documental.

Observa-se, ainda, que os mapas cognitivos, os diagramas de linha do tempo, assim como as Árvores do Desacordo, apresentados nesta obra, são dispositivos de comunicação e formas de expressão das ideias oriundas do processo de análise para o qual foi desenvolvido, com a co-orientação durante os encontros da oficina de redação (*atelier d'écriture*).

Com base na Pesquisa Cartográfica Reflexiva, chegou-se aos resultados. Como mencionado anteriormente, foram realizados três tipos de "colheita de dados", com os enunciados dos executivos das marcas Coca-Cola e AmBev e os demais atores-rede, que simbolizam as instituições envolvidas e têm agência nas redes periodicamente. Logo, foram utilizadas três entradas diferentes para estudar a controvérsia, ligar os pontos e descrever a pesquisa:

1. entrevistas de profundidade com os executivos das marcas analisadas e dos demais atores-rede envolvidos na controvérsia, que falam diretamente das suas reflexões e opiniões;

2. documentos que passaram por vários atores e têm um posicionamento e um crivo institucional;

3. mensagens públicas extraídas do LinkedIn.

Ao analisar a "colheita de dados" foi possível construir uma narrativa temporal da história da Coca-Cola Brasil, apresentada a seguir.

---

32 *Atelier d'ècriture*, ou oficina de redação, é um método criado por Bruno Latour para resolver problemas tecnocientíficos em encontros periódicos entre os pesquisadores e a rede acadêmica. No caso desta obra, os encontros da oficina de redação foram realizados de forma remota para orientação, via Google Meet, em decorrência da quarentena decorrente da covid-19. In: SEAP. MASTER *D'EXPÉRIMENTATION EN ARTS POLITIQUES. SPEAP, une formation unique pour répondre aux défis de notre temps.* Disponível em: < http://blogs.sciences-po.fr/speap/presentation/pourquoi-speap/. > Acesso em: 1 mar. 2021.

Primeiro, será contada a história da marca Coca-Cola Brasil desde o início; depois, avançando na linha temporal, apresenta-se sua trajetória "verde" e sua evolução em conjunto com a rede sociotécnica.

A marca Coca-Cola é uma das mais conhecidas no mundo. Inicialmente, essa bebida era vendida em farmácias e foi servida pela primeira vez no dia 8 de maio de 1886 na Jacobs' Pharmacy, em Atlanta, no estado da Geórgia, Estados Unidos (Naffin, 2019). As farmácias daquela época eram como armazéns gerais e local de encontro entre amigos para colocar a notícia em dia e conversar; assim, acabavam bebendo um refresco.

Mais tarde, em 1915, a garrafa da Coca-Cola foi projetada e transformada em marca registrada em 1960. Segundo Roberts (2005, p. 27): "Até as histórias sobre o desenho da garrafa eram incríveis, envolvendo muitas conexões misteriosas." O primeiro logo da Coca-Cola – palavra que alguns comentam ser "fazer a sua boca feliz" – ganhou grande destaque por volta do ano de 1919, quando surgiu o sistema de franquias, e um grupo de investidores adquiriu a The Coca-Cola Company. A propaganda criada para o lançamento da bebida dizia: "Uma embalagem para se levar para casa e um perfeito convite, na qual eram vendidas seis garrafas da bebida. Essa foi considerada uma das melhores estratégias de propaganda do setor." (Naffin, 2019) A seguir, na Figura 2.2, uma ilustração da peça de propaganda veiculada antes da década de 1950.

Figura 2.2 - Peça de comunicação da Coca-Cola Refrescos S.A.
Fonte: Naffin, 2019.

Por volta de 1929 o marketing era elementar nas empresas transnacionais, e na Coca-Cola a área começou a se desenvolver e criar não só novas formas de vender a bebida como adotar estratégias de propagandas inovadoras. Com o passar dos anos a marca se fortalece e evolui, revitalizando o logotipo, alterando fontes, fundos e cores, e consolidando a sua identidade. O marketing também passa a criar slogans e outras formas de fixar a imagem da Coca-Cola mundo afora, conforme ilustração da Figura 2.3.

Figura 2.3 - Ilustração dos slogans da marca Coca-Cola mundo afora
Fonte: Naffin, 2019.

A chegada da Coca-Cola ao Brasil aconteceu no ano de 1941, em Recife. Mais tarde, em 1942, a marca chega ao Rio de Janeiro e se estabelece em São Cristóvão, quando é inaugurada a primeira fábrica da Coca-Cola, que produzia apenas as garrafinhas de 185 ml. Na Figura 2.4, vê-se uma ilustração de peça publicitária da entrada da Coca-Cola no Brasil.

Em seguida, no ano de 1943, foi aberta a primeira filial em São Paulo. As vendas rapidamente crescem e a empresa começa a ter pedidos de autorização para fabricar a bebida, mas era preciso seguir o padrão da marca para garantir a qualidade do produto. Ao final da década de 1960 o Brasil já tinha mais de vinte fábricas da Coca-Cola.

Figura 2.4 - Chegada da Coca-Cola no Brasil - garrafinha
Fonte: Naffin, 2019.

Atualmente, no Brasil, a Coca-Cola Femsa é a maior engarrafadora do mundo em volumes de vendas. A empresa produz e distribui bebidas das marcas registradas da The Coca-Cola Company, oferecendo um amplo portfólio de 154 marcas – entre elas bebidas como Coca-Cola, Coca-Cola Zero Açúcar, Fanta, Sprite, Kuat, Powerade, Monster, Sucos Del Valle, Schweppes, Água Cristal, Burn, Coca Cola Café, Kaiser, Sol, Bavaria, Amstel, Heineken, Leão Fuze, Ades, Verde Campo – para mais de 290 milhões de consumidores. A empresa conta com mais de oitenta mil funcionários, comercializa e vende cerca de 3,4 bilhões de caixas unitárias em 2 milhões de pontos de venda por ano. "Operando 48 fábricas e 292 centros de distribuição, a Coca-Cola Femsa está comprometida com a criação de valor econômico, social e ambiental para todos os seus grupos de interesse em toda a cadeia de valor." (Coca-Cola Brasil, 2021) A empresa divulga no próprio site da Femsa que é membro de diversos órgãos de certificação de sustentabilidade, como: Índice de Sustentabilidade de Mercados Emergentes da Dow Jones, Índice de Sustentabilidade MILA Pacific Alliance da Dow Jones, FTSE4Good Emerging Index, índices IPC e de Responsabilidade Social e Sustentabilidade da Bolsa Mexicana de Valores, entre outros índices.

Figura 2.5 - Campanha publicitária da Coca-Cola na revista *O Cruzeiro*, anos 1950
Fonte: Dalmir, 2007.

No Brasil, no início da década de 1950, a Coca-Cola cria o slogan "Isto faz um bem", campanha produzida por desenho animado. Na época, a tática era moderna e ousada para produzir campanhas publicitárias para esse nicho de mercado, e a Coca-Cola, como pioneira, foi uma das primeiras a utilizar esse recurso na publicidade brasileira (Propagandas históricas, 2014), conforme ilustra a Figura 2.5.

O tema da campanha continuou fazendo sucesso nas mídias por 14 anos e a bebida tornou-se a preferida do público brasileiro entre as décadas de 1950 e 1960. Logo, em 1959, em São Paulo, a Coca-Cola Brasil inova fazendo uma ação para implantar o conceito de vasilhame e a venda em domicílio.

Com um grupo de simpáticas moças que percorriam as casas para promover a degustação da bebida, a Coca-Cola introduz o conceito da "Coca-Cola Família". Já os anos 1970 diversificaram e trouxeram outra inovação com as máquinas *post-mix*, que oferecem ao consumidor a Coca-Cola fresquinha, servida na hora em copos. Dessa forma, a bebida era servida em lanchonetes, que misturavam na hora o concentrado e a água com gás. O lançamento aconteceu em uma lanchonete do Leblon, em 1970. Na mesma década, o refrigerante é associado aos bons momentos da vida e a Coca-Cola lança nova campanha "Coca-Cola dá mais vida", mudando o formato de jingle para canção popular e aumentando em 40% a percepção da Coca-Cola entre adolescentes (Ryan, 2013). Assim, a campanha abre caminho para a empresa tornar essa realidade evidente e constrói novos horizontes com o lançamento do refrigerante em lata, que facilita o dia a dia do consumidor pela praticidade da embalagem descartável. Em 1988 diversas novidades chegam, como as embalagens one way e depois a tampa de rosca, que possibilitou aos usuários guardarem as bebidas deitadas na geladeira, ocupando menos espaço. Tal inovação facilitou o lançamento de embalagens maiores para o público-alvo "família". É aí que a empresa lança em 1990 a garrafa plástica Superfamília Retornável de 1,5 L, logo após o lançamento da lata de alumínio 100% reciclável, adentrando os princípios da sustentabilidade, muito em voga na ocasião e que se tornava tema nas mídias e nas pautas socioambientais globais. A seguir apresenta-se uma linha temporal das inovações em embalagens da Coca-Cola Brasil.

◊ 1941: Início das máquinas, bebida servida em copos;

◊ 1942: Início da garrafa de vidro;

◊ 1981: Início da lata;

◊ 1988: Início das embalagens one way e tampas de rosca;

◊ 1990: Início da lata de alumínio 100% reciclável e, em seguida, da garrafa plástica Superfamília Retornável de 1,5 L;

◊ 2001: Relançamento da garrafa contour de 237 ml;

◊ 2010: Início da garrafa PET PlantBottle;

◊ 2011: Garrafa PET Bottle-to-Bottle;

◊ 2011: Nesse mesmo ano a marca diversifica e aposta em marcas como Coca-Cola Clothing e Shoes, tendência da época, com o objetivo de agregar valor à marca-chapéu e aumentar a rede de contatos. "Com o objetivo de aumentar a base de fãs, e não de consumidores, e valorizar a imagem da empresa, a Coca-Cola aposta em produtos que não têm nada a ver com refrigerante." (Arinelli, 2011)

Por esse ponto de vista, Tavares (2003, p. 60) diz que: "O marketing e a marca criam necessidades 'reais' que ajudam a sublimar a inconsciência, prendendo o indivíduo ao objeto do desejo. Coca-Cola é o objeto; é o desejo; é a necessidade. Em marketing, desejo vira necessidade real." Desse modo, a marca Coca-Cola Brasil vira um símbolo repleto de sentido que não tem a ver apenas com a bebida ou com a linguagem da propaganda, mas, sim, com uma totalidade das partes envolvidas do branding. "A Coca-Cola tornou-se, então, uma Gestalt – era algo maior que tudo isso tomado separadamente –; 'um conceito maior do que as suas partes, traduzido pela imagem da marca'." (Tavares, 2003, p. 227; Pinho, 1996, p. 51) A imagem da marca Coca-Cola Brasil nessa década que vai de 1990 até 2000 é constantemente trabalhada na mente dos seus consumidores por diversas estratégias de marketing, que vão desde razões subjetivas a razões meramente de fixação da identidade de marca. Conforme Pinho (1996, p. 51): "A personalidade e o caráter da marca são, ao mesmo tempo, abrangentes e complexos. Sua complexidade advém do fato de incorporar, através dos tempos, todo um conjunto de valores e atributos que emprestam sentido tanto ao produto como ao seu usuário."

Confere-se, simultaneamente, nesta análise, que todos os esforços do marketing da Coca-Cola Brasil com o lançamento da nova garrafa Plant Bottle eram adequar os novos produtos a uma nova onda de sustentabilidade; as peças de comunicação traziam enunciados da mitigação de CO_2 no planeta em função do protocolo de Quioto.[33] No entanto, mais adiante essa produção é descontinuada, dando lugar a outras inovações sustentáveis, como será apresentado mais à frente.

Assim, denota-se que ao mesmo tempo que tratava das questões mais relevantes em razão da sustentabilidade da marca, a Coca-Cola Brasil apostava nas subjetividades, oferecendo produtos que iam de roupas a apetrechos para jovens (Arinelli, 2011). Nesse contexto, Tavares (2003, p. 227) diz que: "A Coca-Cola é uma marca conhecida em todo o mundo. É um signo linguístico – verbal e não verbal –, com uma presença marcante em todos os mercados do planeta."

Nessa década de 2000, o marketing da Coca-Cola Brasil já é tão atuante que: "A estratégia é refletida até no slogan 'Vista a felicidade', inspirado no 'Abra a felicidade' usado pelo Grupo Coca-Cola de 2009 a 2010 e mantido até hoje em mensagens de divulgação." (Arinelli, 2011)

Em continuidade à cartografia deste estudo, apresenta-se a uma linha temporal com a evolução da trajetória "verde" da Coca-Cola Brasil, que adentra os caminhos da sustentabilidade e da responsabilidade socioambiental.

---

33 O Protocolo de Quioto estabeleceu compromissos para os países industrializados de redução de pelo menos 5%, em relação aos níveis de 1990 das emissões antrópicas combinadas de gases de efeito estufa para o período de 2008-2012 sob a Convenção-Quadro das Nações Unidas sobre Mudança do Clima (CGEE, 2010).

Coca-Cola Brasil e a trajetória da responsabilidade socioambiental

◊ 1999: Fundação do ICCB,[34] com foco na educação. "Criação do Programa de Valorização dos Jovens, em parceria com a ONG Centro de Cultura, Informação e Meio Ambiente (Cima) e o setor público, para reduzir a evasão escolar em todas as regiões do país" (Coca-Cola Brasil, 2018);

◊ 2005: ICCB torna-se Oscip[35] e amplia suas atuações com foco no meio ambiente. Nesse mesmo ano, o Instituto incorpora o programa Reciclou, Ganhou, criado pela Coca-Cola Brasil em 1996, com o objetivo de promover a educação ambiental e estimular práticas de reciclagem de embalagens entre seus consumidores, comerciantes, catadores, cooperativas e sociedade em geral;

◊ 2006: Com o intuito de ampliar a sustentabilidade da marca, a Coca-Cola Brasil inicia a criação do Conselho Diretor do Instituto, formado por conselheiros externos e representantes do Sistema Coca-Cola. Lançamento da primeira campanha de arrecadação, "Cada Gota Vale a Pena", em que parte da venda dos produtos Coca-Cola é revertida para programas do ICCB;

◊ 2007: Início do Projeto Educação Campeã, em parceria com o Instituto Ayrton Senna e a Secretaria de Educação do Estado do Maranhão, para melhorar a educação de crianças e jovens no estado do Maranhão;

◊ 2010: O Sistema Coca-Cola faz mudança estratégica, promovendo a aproximação da cadeia de valor com o objetivo de alavancar o impacto social. A plataforma Coletivo gerida pelo ICCB se torna a principal plataforma de impacto social pelo programa Coletivo Varejo, criado pelo Sistema Coca-Cola em 2009 com o objetivo de empoderar e gerar renda para jovens de comunidades carentes entre 15 e 25 anos – desenvolvimento da Tecnologia Social do ICCB;

---

34 A força do trabalho em rede: Instituto Coca-Cola Brasil (ICCB).

35 Oscip diz respeito a uma qualificação outorgada pelo Ministério da Justiça (MJ) às entidades que atendam aos requisitos previstos na Lei Federal 9.790/99 e no Decreto Federal 3.100/99. Dessa forma, para obter o título, a entidade necessita primeiro ser constituída sob a forma de associação ou fundação, e realizar o requerimento a ser avaliado pelo MJ.

◊ 2011: Início do Coletivo Artes, que capacita grupos produtivos de artesãs de comunidade de baixa renda e os inclui na economia formal, gerando renda e valorização da autoestima;

◊ 2012: Criação do Coletivo Reciclagem com base em uma revisão profunda do programa Reciclou, Ganhou e sua adequação à nova Tecnologia Social. O programa foi esquematizado em 2012 com base no aprendizado obtido após 12 anos de trabalho com reciclagem do ICCB, juntamente com um programa – metodologia própria – de informações e processo de mapeamento e avaliação de cooperativas de catadores por todo país. "O Coletivo Reciclagem tem como objetivo empoderar e profissionalizar cooperativas de reciclagem e fortalecer sua inserção na cadeia formal, gerando mais eficiência, trabalho em rede, renda justa e ambiente digno aos catadores" (Coca-Cola Brasil, 2018);

◊ 2013: Criação do Coletivo Floresta, que ajuda na conservação da biodiversidade da Amazônia, gerando renda e empoderamento comunitário. Foi firmada parceria com a ONU Mulheres para inclusão transversalmente em todos os programas do ICCB, promovendo capacitações sobre igualdade de gênero e direitos humanos;

◊ 2014: Coletivo Reciclagem ganha prêmios das revistas *Exame Sustentabilidade* e *Época Empresa Verde*;

◊ 2015: O programa Coletivo Reciclagem tem sua tecnologia social certificada pela Fundação Banco do Brasil. Além disso, no mesmo ano, faz-se o desenvolvimento do Coletivo Jovem, resultado da revisão do Coletivo Varejo em um processo de cocriação com as comunidades;

◊ 2016: Início da estratégia de compartilhamento da Tecnologia Social do Coletivo Artes com outras instituições. Cocriação da visão 2025 do ICCB em conjunto com a sociedade;

◊ 2017: Coca-Cola atinge a marca de quase 200 mil impactados positivamente por meio de outros programas, como o Água+Acesso, iniciativa criada para ampliar o acesso à água segura e limpa de forma sustentável em comunidades rurais vulneráveis e de baixa renda no Brasil;

◊ 2018: Início do programa Kolabora, voluntariado corporativo do Sistema Coca-Cola Brasil que atua em três frentes: mentoria, hackathon[36] e missões;

---

36 Programas de empreendedorismo.

◊ 2019: O ICCB completou vinte anos e, para a comemoração, foi criada a nova cor "Flicts"[37] –inserida na logomarca do ICCB;
◊ 2020: Criação do Fundo "Estamos Nessa Juntos", com o intuito de apoiar comunidades em meio à pandemia da covid-19.

A fim de sintetizar visualmente os principais fatos e acontecimentos ocorridos durante a evolução da trajetória "verde" da Coca-Cola Brasil, apresenta-se na Figura 2.6 uma ilustração cronológica resumida.

Figura 2.6 - Linha temporal: história da Coca-Cola Brasil[38] e sua trajetória verde
Fonte: elaborado pela autora (2021).

Para ligar os pontos da trajetória "verde" da Coca-Cola à reciclagem, foi elaborada outra linha do tempo na Figura 2.7, dessa vez contando a história da

---

37 "*Flicts* é uma cor que não consegue ser aceita em lugar nenhum: não se encaixa no arco-íris, nos estandartes, nas bandeiras, no céu, no mar... não há lugar no mundo para *Flicts*." Essa cor (um tom de marrom mais amarelado), inventada por Ziraldo, que dá nome ao seu primeiro livro infantil, é peça essencial do logotipo que celebra os vinte anos do Instituto Coca-Cola Brasil (2019).
38 Disponível em: https://www.cocacolabrasil.com.br/imprensa/linha-do-tempo-conheca-a-historia-da-coca-cola-brasil Acesso em: 2 mar. 2021.

evolução da embalagem da Coca-Cola Brasil até o lançamento da lata de alumínio 100% reciclável.

1941

Em 1941, a Coca-Cola fabricou em Recife o seu primeiro refrigerante em solo brasileiro. A capital era parada obrigatória das embarcações e dos demais meios de transportes militares que rumavam para a Europa em guerra. Foram instaladas minifábricas para produção de refrigerantes em Recife e Natal.

1942

Em 18 de abril de 1942, foram produzidas as primeiras unidades — garrafinhas de 185 ml, as únicas disponíveis. O concentrado e o gás vinham dos EUA.

1981

Os anos 1980 representaram um período de mudanças para o mercado de refrigerantes. Em 1981, a Coca-Cola lançou o refrigerante em lata. Na sequência, em 1988, vieram as embalagens one-way e, logo depois, a tampa de rosca. Campanha publicitária dos anos 1980: "Coca-Cola é isso aí".

1990

Em junho de 1990 foi lançada a lata de alumínio 100% reciclável para toda a linha de produtos. Pouco depois, chegou ao mercado brasileiro a garrafa plástica Superfamília Retornável de 1,5 L. Além de a embalagem ser prática para consumo familiar, atendia às exigências da legislação internacional de proteção ambiental. Em 1996, o Programa Reciclou, Ganhou marcou o pioneirismo da empresa em reciclagem no Brasil. Em 2001, deu-se o relançamento da garrafa Contour; em 2005, foi a Contour alumínio; em 2010, a PET Plant Botle; em 2011, a PET Bottle-to-Boltle; em 2018, a garrafa universal RefPET 25 vezes reutilizável antes de reciclar.

2018

Coca-Cola Brasil unifica formato de embalagens retornáveis RefPET, apostando em ecoeficiência e sustentabilidade. "Empresa unifica garrafas de todos os seus refrigerantes e garante ganhos para o meio ambiente e para o bolso."

Figura 2.7 - História da evolução da embalagem da Coca-Cola Brasil[39]

Fonte: elaborado pela autora, 2021.

Em prosseguimento à análise da pesquisa, vale ressaltar que o método da Cartografia de Controvérsias/TAR é o meio ideal de estudo do objeto desta obra.

---

39 Disponível em: https://www.cocacolabrasil.com.br/imprensa/linha-do-tempo-conheca-a-historia-da-coca-cola-brasil Acesso em: 2 mar. 2021.

Para tal finalidade e visando chegar à concepção da história da marca Coca-Cola Brasil, a trajetória da marca foi reduzida a uma narrativa com três atos, que será apresentada a seguir.

Relatos da Coca-Cola Brasil: trajetória "verde" da marca

Segundo Venturini; Munk; Jacomy (2018), em uma estrutura social, uma rede sociotécnica pode ser representada por nós (atores) e arestas (conexões sociais). Esta seção mapeia a rede sociotécnica de atores envolvidos na investigação do objeto desta obra, apresentando os resultados analisados em uma narrativa de três atos – falas dos atores-rede da pesquisa; documentos analisados; e mapeamento do LinkedIn. Na seção seguinte dá-se início a uma discussão com a interpretação desses resultados, fundamentados nos conceitos de ecosofia, rizoma e agenciamento de enunciação. Para alimentar os debates durante as "oficinas de redação" – encontros do *atelier d'écriture* –, foram utilizados os seguintes instrumentos de análise: "Extratos de relatos da Teoria Ator-Rede", mapas cognitivos e linhas do tempo da história da marca Coca-Cola Brasil. Todos os dados foram inseridos no software do Atlas Ti para análise dos nós entre os atores e associações das conexões entre os enunciados.

Portanto, os dados achados que emergem da rede sociotécnica investigada são constituídos por nós (atores) e arestas (conexões sociais) – enunciados e menções – dos relatos dos atores. Quanto mais transações e conexões sociais entre atores de um mesmo grupo, mais possibilidades de configurar um *cluster* (conglomerado) com os mesmos interesses. "Os nós aos quais elas estão atadas e as redes que as contêm são de pouca importância: a essência das associações é definida por suas conexões – tire as conexões e as associações irão desaparecer." (Venturini; Munk; Jacomy, 2018, p. 21)

Apesar disso, vale ressaltar que os resultados analisados foram comparados aos conceitos do Marketing 3.0, de Kotler; Kartajaya; Setiawan (2010), e de CVC, de Porter & Kramer (2011), para discutir, no próximo capítulo, a evolução do marketing mainstream até o marketing ambiental pelo olhar psicossocial.

Para tanto, dá-se início à narrativa da trajetória "verde" da marca Coca-Cola, descrevendo os três atos com base nos principais fatos e acontecimentos ocorridos de 1980 até os dias atuais.

No primeiro ato, que vai de 1980 a 1999, surge uma rede de interações entre a Coca-Cola Brasil e os seus consumidores, com o lançamento da lata single service, em 1981, e o resultado da campanha publicitária "Coca-Cola é isso aí"[40] em 1983. Essas interações permanecem até os anos 2000 sem significativas mudanças.

No segundo ato, que começa na década de 2000, surge outra rede diferenciada, com novos nichos de mercado e com apelos sustentáveis.

No terceiro ato, que vai de 2010 até os dias atuais, surge uma rede mais ampla e complexa, pautada em propósito e com foco nos valores socioambientais.

O primeiro ato da narrativa parte do ano de 1980, tal como no trecho extraído do site: "Os anos 1980 representaram um período de mudanças fundamentais no mercado brasileiro de refrigerantes. Em 1981, a Coca-Cola lançou o refrigerante em lata, a primeira de uma série de iniciativas pioneiras no Brasil. Em 1988, vieram as embalagens one way e, logo depois, a tampa de rosca, que permitia guardar as bebidas deitadas na geladeira." (Coca-Cola Brasil, 2016a)

Dessa forma, observa-se que nesse período a Coca-Cola Brasil estabelece um novo nicho de mercado com foco nos consumidores jovens – lata single service –, com modo de vida individual e de fatores culturais de novas convergências. Mas, ao mesmo tempo, lança novas embalagens para o seu segmento família – mercado de massa –, no qual a marca se consolidou. As grandes empresas como a Coca-Cola costumam empreender uma estratégia de cobertura total de mercado por ações de marketing diferenciado. Entretanto, a Coca-Cola aposta em uma estratégia de marketing a fim de diferenciar seus produtos para um grupo diverso de consumidores. De acordo com Kotler & Keller (2012, p. 248): "Diferentes grupos de consumidores com diferentes necessidades e desejos possibilitam aos profissionais de marketing definir segmentos múltiplos." Percebe-se uma evolução natural do marketing da Coca-Cola Brasil, alinhado com os conceitos de Kotler; Kartajaya; Setiawan (2010, p. 29), que explicam: "Na verdade, os conceitos de marketing evoluíram do foco na gestão do produto nas décadas de 1950 e 1960 para o foco na gestão do cliente nas décadas de 1970 e 1980." Todavia, percebe-se que, de 1970 a 1980, o foco do marketing da Coca-Cola Brasil ainda era produzir e vender o produto, sem essencial precaução com o meio ambiente ou projetos sociais; o mesmo se deu com a indústria manufatureira do pós-guerra da década de 1950 a 1960. Com base nessa reflexão, Kotler; Kartajaya; Ketiawan (2010, p. 30) alertam que: "A função principal do marketing era gerar demanda de produtos. Os 4Ps de McCarthy explicavam, de maneira concisa, as práticas genéricas da gestão do produto vigentes na época."

---

40 Jingle da campanha "Coca-Cola é isso aí". Disponível em: https://www.youtube.com/watch?v=Fq6Zu-5JIHro Acesso em: 18 mar. 2021.

Com isso, percebeu-se que as embalagens da Coca-Cola não eram recicláveis de 1940 até o início da década de 1990; toda a preocupação era com o produto e a satisfação do consumidor. Não havia ainda uma preocupação com o meio ambiente, embora a Coca-Cola tivesse iniciado suas ações de projetos sociais em 1983. "Em 1983, a campanha publicitária que marcou a empresa: 'Coca-Cola é isso aí'. No fim dos anos 1980, já eram 36 franqueados. A Coca-Cola Brasil já atuava em projetos sociais, culturais, ambientais e esportivos." (Coca-Cola Brasil, 2016a) É a partir da década de 1990 que os projetos sociais e ambientais surgem de forma mais consciente no marketing da marca corporativa no Brasil, embora o marketing social já estivesse sendo aplicado nas empresas dos Estados Unidos, onde, também, se localiza a sede da marca global desde a década de 1980. "Na década de 1980, o Banco Mundial, a Organização Mundial da Saúde e os Centros de Controle e Prevenção de Doenças dos Estados Unidos começaram a usar e divulgar o termo marketing social." (Kotler; Keller, 2012, p. 694) Logo, a marca Coca-Cola global inicia suas ações de marketing social e de sustentabilidade em meados dos anos 1980, adentrando a estratégia de marca na Coca-Cola Brasil, na década de 1990, com o lançamento da primeira lata de alumínio 100% reciclável. Em seguida, em 1991, lança também a garrafa plástica Superfamília Retornável de 1,5 L.

Tais ações de sustentabilidade da marca Coca-Cola Brasil estão relacionadas às exigências da legislação internacional de proteção ambiental vigentes na época. Tais normatizações coincidem com o início da implementação da Política Nacional do Meio Ambiente, Lei 6.938, de 31 de agosto de 1981 (Brasil, 1981), em virtude do acordo da Convenção-Quadro das Nações Unidas sobre Mudança do Clima. Nesta, o Brasil se comprometeu a participar da convenção da Eco-92; posteriormente, com o acordo do Protocolo de Quioto em 1997 (Brasil, 1990) – na responsabilidade compartilhada das partes –, comprometeu-se também a mitigar os GEE.[41] Nesse encontro, chamado de Cúpula da Terra e realizado na cidade do Rio de Janeiro, foi assinada a Carta da Terra, inicialmente idealizada, em 1987, pela Comissão Mundial sobre o Meio Ambiente e Desenvolvimento das Nações Unidas. O órgão, criado pela Organização das Nações Unidas (ONU), foi presidido pela então ministra da Noruega Gro Brundtland, a qual cunhou o termo "desenvolvimento sustentável" com base no

---

41 Como dispõe o Artigo 3(1) do Decreto 5.445, de 12 de maio de 2005, que promulgou o Protocolo de Quioto à Convenção-Quadro das Nações Unidas sobre Mudança do Clima: "1. As Partes incluídas no Anexo I devem, individual ou conjuntamente, assegurar que suas emissões antrópicas agregadas, expressas em dióxido de carbono equivalente, dos gases de efeito estufa listados no Anexo A não excedam suas quantidades atribuídas, calculadas em conformidade com seus compromissos quantificados de limitação e redução de emissões descritos no Anexo B e de acordo com as disposições deste Artigo, com vistas a reduzir suas emissões totais desses gases em pelo menos 5 por cento abaixo dos níveis de 1990 no período de compromisso de 2008 a 2012." (Brasil, 2004)

2. O MARKETING AMBIENTAL PELO OLHAR DA PSICOSSOCIOLOGIA

relatório Nosso Futuro Comum e popularizou a expressão: "Desenvolvimento sustentável significa suprir as necessidades do presente sem afetar a habilidade das gerações futuras de suprirem as próprias necessidades." (Brundtland; Khalid; Agnelli, 1987)

Na década de 1990, surgia de forma mais consistente, no Brasil, o início do pensamento da sustentabilidade, demonstrando um avanço das empresas nas melhores práticas. Ottman (2012, p. 29), ao falar no seu livro sobre a tendência do "marketing verde", nessa década que vai de 1990 em diante, diz que: "Nos anos 1960, tentar levar um estilo de vida consciente do meio ambiente, e principalmente integrar o verde nas compras, era um fenômeno muito raro. Mas agora é tendência e tem mudado as regras do jogo do marketing de modo muito acentuado." Assim, concebe-se que a consciência ambiental das empresas brasileiras, sobretudo as de grande porte como a Coca-Cola Brasil, começou a crescer após a adoção da Convenção-Quadro da Eco-92, marco a partir do qual foram geradas pautas globais sobre conservação ambiental – ainda não existia lei de resíduos, mas surgiam as primeiras cooperativas de catadores na cidade de São Paulo. Nascia também, em 1992, o Compromisso Empresarial para Reciclagem (Cempre), com a missão de: promover educação ambiental para reciclagem; fomentar o entendimento do conceito de gestão compartilhada de resíduos sólidos; promover a reciclagem pós-consumo, visando reduzir os desperdícios; fazer o aproveitamento dos resíduos como matéria-prima de valor econômico, incentivando práticas de economia circular; fomentar a estruturação da cadeia de reciclagem em diferentes regiões do país, e fomentar o debate e a articulação político e institucional nos diversos setores da economia, do poder público e de toda a cadeia de valor da reciclagem, incluindo a sociedade e a comunidade científica.

O Cempre é a força transformadora da reciclagem e completou 25 anos no ano de 2017. "Continuaremos a aperfeiçoar a reciclagem baseada no apoio às cooperativas de catadores, expandindo nossas ações como protagonistas do movimento da 'economia circular', com o crescente retorno de embalagens pós-consumo como matéria-prima industrial." (Cempre; Neto; Cempre, 2017)

Conforme mencionado, na década de 1990 surgiram as primeiras cooperativas de reciclagem na cidade de São Paulo, que ajudavam a gerar renda para pessoas em situações difíceis, e daí surgiu o protagonismo do "catador".[42]

---

42 A coleta seletiva foi implantada no Brasil em 1985, inicialmente no bairro de São Francisco, Niterói. Foi uma iniciativa do Centro Comunitário de São Francisco (associação de moradores) e da Universidade Federal Fluminense. Em 1988, Curitiba se torna a primeira cidade a implantar o sistema. Hoje, mais de duzentas cidades têm a coleta seletiva implantada. Essa forma de coleta pressupõe a separação na fonte

Segundo os catadores de recicláveis da primeira cooperativa que nasceu em São Paulo e se chamava Coopamare, entretanto, "a sociedade não dá valor ao nosso trabalho, somos invisíveis e excluídos da sociedade" (BDF, 2019). Mas é a partir da década de 1990 que o coletivo de reciclagem se fortalece, aumentando a classe de catadores de material reciclável. Um estudo realizado pelo Cempre/Sebrae em 2005 cria um "mapa da reciclagem", no qual reconhece 364 organizações de catadores de material reciclável, "atuando no Brasil, responsáveis por 13% do material reciclável encaminhado às indústrias recicladoras" (Besen, 2006 apud Brasil, 2013, p. 11).

O Cempre iniciou entre as décadas de 1990 e 2000 em Bonsucesso. A Coca-Cola doou um caminhão e uma prensa e apoiou a Riocop para dar início às atividades da cooperativa (não existe mais, o dono faleceu em 1994).

Evidencia-se, assim, uma parceria entre a Coca-Cola Brasil e o Cempre, dando início à gestão dos resíduos da empresa justamente a partir da década de 1980, quando as pautas se voltam para o tema preservação ambiental. "Essa era a problemática que estava no centro dos debates promovidos por diversos segmentos sociais, por sua vez, refletidos na cobertura jornalística da época." (Oliveira, 2016)

Contudo, com as análises realizadas nesse estudo, percebeu-se que, ao mesmo tempo que a consciência ambiental se ampliava a partir da década de 1990, nascia, em 1996, o programa de reciclagem Reciclou, Ganhou. Esse foi o primeiro programa de reciclagem da marca corporativa Coca-Cola Brasil.

Em 1996, já utilizando os enunciados da reciclagem, a Coca-Cola Brasil veicula no Jornal do Brasil uma peça de comunicação da sua mais nova evolução, "A revolução da espécie", na qual apresentou sua embalagem plástica descartável "Perfeita. Só podia ser Coca-Cola".

Ao buscar nas análises evidências da mudança de pensamento da Coca-Cola Brasil do Marketing 1.0 – foco no produto – para o Marketing 2.0 – foco no consumidor –, percebe-se que o marketing da Coca-Cola utiliza enunciados da sustentabilidade para delimitar novos grupos de consumidores, com perfis e interesses em comum sobre questões ambientais. O marketing definia um público-alvo e mirava na estratégia da sustentabilidade, despertando o consumidor por meio de enunciados "verdes". Mas, muitas vezes, a mensagem era dúbia e ludibriosa.

---

dos materiais que se deseja tratar. Entre nós, porém, essa prática tem enfatizado mais a separação prévia de materiais destinados à reciclagem industrial (na tradição dos catadores), e menos a compostagem da fração orgânica do lixo (Eigenheer, 2009, p. 103).

2. O MARKETING AMBIENTAL PELO OLHAR DA PSICOSSOCIOLOGIA

Ao prosseguir com as análises, surge uma controvérsia, especialmente no início da incursão da empresa no tema sustentabilidade e reciclagem na década de 1990. Naquela época, os projetos eram concebidos segundo a fórmula tradicional de marketing, ainda com ênfase na comunicação do produto e não nas questões socioambientais. O marketing centrava-se em destacar os atributos de valor da sustentabilidade para ressaltar a garrafa e a logomarca. Conforme os dados analisados, o projeto apresentava garrafinhas, logomarca, tudo na cor vermelha, refletindo uma cultura marqueteira. A influência dessa cultura de marketing dentro da empresa Coca-Cola é notavelmente forte.

No entanto, mais adiante, o programa de reciclagem da Coca-Cola Brasil cresce e obtém maior conscientização entre os stakeholders internos e externos, sendo incorporado pelo ICCB em 2005, quando este se torna uma Oscip[43] (Brasil, 1999). Dessa iniciativa, diversas oportunidades de visibilidade da marca surgem e a Coca-Cola passa a investir em projetos coletivos e em ações socioambientais, avançando no campo da sustentabilidade e da responsabilidade social.

Com relação à narrativa do primeiro ato da história da Coca-Cola Brasil, entre o período de 1980 e 1999, apresenta-se na Figura 2.8 um diagrama da rede sociotécnica identificada nas análises e representada por nós (atores) e arestas (conexões sociais).

Ainda assim, constata-se que o foco do marketing da Coca-Cola Brasil, nessa década que vai de 1980 a 1999, é dedicado à gestão do cliente – marketing para satisfazer o cliente – em uma transação tipo um-para-um, atendendo às necessidades e moldando o comportamento do cliente pela satisfação dos seus desejos (Kotler; Keller, 2012; Kotler; Kartajaya; Setiawan, 2010). E nessa mesma década já se notam novos consumidores com princípios de consciência ecológica (Ottman, 1992). Tal constatação surge durante a análise dos dados pesquisados, confirmando que foi no final dos anos 1980 e início dos anos 1990 que a garrafa PET foi lançada. Nesse período, houve também o lançamento da lata, e foi durante esses anos que a Coca-Cola iniciou a transição para embalagens descartáveis. Essa mudança era impulsionada pela prioridade da Coca-Cola Brasil em

---

43 Conforme dispõe a Lei 9.790, de 23 de março de 1999: Capítulo I – da qualificação como organização da sociedade civil de interesse público. Art. 10 Podem qualificar-se como Organizações da Sociedade Civil de Interesse Público as pessoas jurídicas de direito privado sem fins lucrativos que tenham sido constituídas e se encontrem em funcionamento regular há, no mínimo, 3 (três) anos, desde que os respectivos objetivos sociais e normas estatutárias atendam aos requisitos instituídos por esta Lei. § 10 Para os efeitos desta Lei, considera-se sem fins lucrativos a pessoa jurídica de direito privado que não distribui, entre os seus sócios ou associados, conselheiros, diretores, empregados ou doadores, eventuais excedentes operacionais, brutos ou líquidos, dividendos, bonificações, participações ou parcelas do seu patrimônio, auferidos mediante o exercício de suas atividades, e que os aplica integralmente na consecução do respectivo objeto social. § 20 A outorga da qualificação prevista neste artigo é ato vinculado ao cumprimento dos requisitos instituídos por esta Lei.

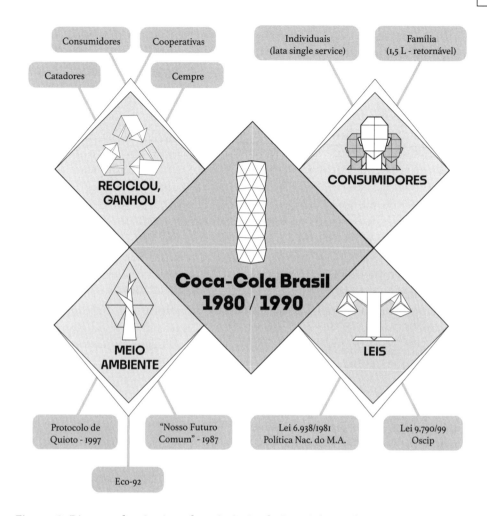

Figura 2.8 - Diagrama da primeira rede sociotécnica da Coca-Cola Brasil entre os anos 1980 e 1999
Fonte: elaborado pela autora (2021).

atender a uma nova tendência de mercado, centrada na conveniência, que emergiu a partir dos anos 1980.

Pelos resultados obtidos, presume-se que a empresa Coca-Cola Brasil aprende a lidar com a sustentabilidade de forma básica entre os anos 1980 e 1999 e amplia suas atuações socioambientais na década seguinte. Para tanto, apresenta-se a partir da década de 2000 o segundo ato da narrativa da trajetória "verde" da Coca-Cola Brasil.

2.9 ANOS 2000/2009 – COCA-COLA BRASIL E AS QUESTÕES SOCIOAMBIENTAIS – MARKETING 2.0

Na década de 2000 a Coca-Cola Brasil inicia uma nova era, começa a diversificar suas linhas de produtos, adquire a empresa Sucos Mais em 2005 e aposta na sustentabilidade. Evolui na temática da sustentabilidade, ampliando a noção de responsabilidade socioambiental, e começa a ter maior preocupação com a proteção do ecossistema. Por sua vez, os consumidores da marca começam a exercitar sua inteligência de coração e mente, de acordo com o Marketing 2.0 (Kotler; Kartajaya; Setiawan, 2010). Em 2005, a Sucos Mais foi adquirida pela Coca-Cola Brasil, que passa a competir no mercado adulto de sucos prontos para beber, posto que no mercado infantil ela já detinha a marca Kapo. A principal razão pela qual a Coca-Cola Brasil optou por adquirir a marca Sucos Mais foi o acesso imediato a uma linha completa de sucos e néctares de excelente qualidade, amplamente aceitos pelos consumidores. Essa aquisição proporcionou uma expansão significativa no portfólio de produtos da empresa de bebidas. Graças a essa operação, na ocasião a Coca-Cola Brasil ingressou de imediato na competição pelo mercado brasileiro de sucos prontos, assumindo uma posição de destaque (Lopes, 2010).

Verifica-se, no entanto, que o marketing da Coca-Cola a partir dos anos 2000 continua utilizando as técnicas de diferenciação para atrair os seus clientes; dessa maneira, a Coca-Cola Brasil aposta nas bebidas sustentáveis e em embalagens recicláveis, consolidando seu posicionamento "verde" no mercado. Em seguida, em 2009, a Coca-Cola Brasil percebe que as ações de sustentabilidade da marca surtem efeito e amplia a sua rede sociotécnica, criando o ICCB e reforçando sua comunicação de marca com comunicados/enunciados "verdes". Nesse sentido, Ottman (2012, p. 153) dá como exemplo: "De fato, comunicar as iniciativas ambientais e sociais com autenticidade e impacto pode ajudar a estabelecer uma marca na vanguarda dessa importante tendência." (Ottman, 2012, p. 153)

Pela narrativa da trajetória "verde" da Coca-Cola Brasil, é a partir de 2009 que a marca aposta em diversos projetos sociais, que vão desde a "Mudança de estratégia: aproximação da cadeia de valor do Sistema Coca-Cola com o objetivo de alavancar o impacto social" até projetos coletivos (Coca-Cola Brasil, 2018). É daí que a Coca-Cola Brasil investe na responsabilidade social, por intermédio da principal plataforma de impacto social do ICCB chamada de Coletivo Varejo, criada em 2009 com o objetivo de fornecer instrumentos e treinamento para os pequenos varejistas, ajudando-os a melhorar suas vendas e aumentar o lucro dos negócios. A plataforma oferecia recursos como cursos online gratuitos, treinamentos presenciais, consultorias e material de apoio aos principais varejistas do mercado. Além disso, a Coca-Cola Brasil começa a disponibilizar máquinas de refrigeração aos estabelecimentos comerciais que aderissem ao programa Coletivo Varejo para aumentar as vendas de refrigerantes da marca. "A rede escala para todos" é o que dizia o programa social; na realidade, escala para a acumulação do capital, visto que o Coletivo Varejo visava fortalecer o relacionamento da Coca-Cola Brasil com os pequenos varejistas e, com isso, contribuía para o crescimento desse *cluster*, aumentando ao mesmo tempo a presença e as vendas da marca em todo o país. O programa também ajudava a empoderar e gerar renda para jovens em áreas de vulnerabilidade entre 15 e 25 anos, inserindo-os no mercado de trabalho. Desse modo, o ICCB alia-se à estratégia empresarial da Coca-Cola Brasil e começa a apoiar outros projetos, como o Coletivo Artes e o Coletivo Reciclagem, com base em uma revisão do programa Reciclou, Ganhou, nascido na marca corporativa da Coca-Cola Brasil em 1996.

Ao avançar na narrativa em consonância com as análises e ao mapear os dados provenientes das entrevistas com os executivos, emerge a informação de que a Coca-Cola achou oportuno investir na reciclagem e estabelecer o ICCB em colaboração com o Cempre. Essa decisão foi motivada pelo reconhecimento de que as ações socioambientais impactam diretamente a visibilidade da marca.

Esse programa de reciclagem nasceu muito antes até de o ICCB existir, e nasceu em uma ação de marketing dentro da própria empresa, que era uma ação de incentivo às escolas para juntar tampinhas de garrafas, para trocar por produto, uma série de coisas. A Coca-Cola, que utiliza diversas embalagens, criou por volta de 2009 o Coletivo Reciclagem para fazer a reciclagem desses resíduos. O projeto foi crescendo, passou para o ICCB e recebeu o nome de Reciclou, Ganhou. O projeto teve início na Coca-Cola Brasil com os setores de meio ambiente e assuntos regulatórios, depois passou para o ICCB em 2009.

No documento analisado da *Revista 20 anos do ICCB*, publicado em 2019, a diretora-executiva do ICCB relata que o Instituto partiu do zero, visitando comunidades, trabalhando com catadores de resíduos sólidos, com crianças de escolas públicas para a difusão da educação ambiental e da importância de se praticar a reciclagem. O programa Reciclou, Ganhou nasceu como ação de marketing da marca corporativa da Coca-Cola Brasil, mas com o sucesso da campanha de reciclagem realizada nas escolas de ensinos – fundamental e médio – , o projeto passou a ser de responsabilidade do ICCB em 2005.

Na coleta de dados, surgem indícios de que o programa de reciclagem teve origem muito antes da existência do ICCB, sendo a princípio uma iniciativa de marketing interna. Essa ação incentivava escolas a coletarem tampinhas de garrafas em troca de produtos, entre outras recompensas.

O programa de reciclagem, inicialmente concebido como ação de marketing da marca corporativa da Coca-Cola Brasil, evoluiu para tornar-se responsabilidade do ICCB em 2005, em particular após o sucesso da campanha de reciclagem nas escolas de ensino fundamental e médio.

Um dos motivos evidentes para essa transição foi a percepção da Coca-Cola de que, como empresa com grande quantidade de embalagens, a reciclagem desses resíduos era necessária para evitar a acumulação no meio ambiente. Além disso, naquela época, a Coca-Cola reconheceu a relevância do tema de reciclagem, amplamente abordado na mídia global.

O projeto evoluiu ao longo do tempo, transferindo-se para o ICCB e adotando o nome de Reciclou, Ganhou. Inicialmente implementado nos setores de meio ambiente e assuntos regulatórios da Coca-Cola Brasil, o projeto foi incorporado pelo ICCB em 2009.

> *Um dos marcos da primeira década do Instituto Coca-Cola Brasil foi a incorporação do programa Reciclou, Ganhou – originalmente concebido como uma ação de marketing criada pela Coca-Cola Brasil, em 1996, para estimular a reciclagem de embalagens entre crianças e adolescentes em escolas. A adesão à campanha foi maior do que a esperada e, por isso, o projeto passou a ser responsabilidade do ICCB em 2005. Nesse mesmo ano, o Instituto se tornou uma Organização da Sociedade Civil de Interesse Público (Oscip). A campanha Reciclou, Ganhou funcionava assim: as crianças eram estimuladas a juntar material reciclado, levar para a escola e trocar por brindes. (ICCB, 2019).*

Após o ICCB se tornar uma Oscip em 2005, a Coca-Cola Brasil aposta em projetos de Responsabilidade Social Corporativa (RSC). Logo em seguida, integrando negócio e sociedade, Porter e Kramer (2006) ampliam o conceito de responsabilidade social e introduzem o conceito de CVC nas organizações globais como sendo a criação de valor poupado que traz resultados tanto para a empresa quanto para a sociedade. "Corporações bem-sucedidas precisam de uma sociedade saudável. Educação, cuidados de saúde e oportunidades iguais são essenciais para uma força de trabalho produtiva." (Porter; Kramer, 2006, p. 5) A ideia principal é que os projetos sociais investidos pelas organizações gerem benefícios em toda a cadeia de valor e escalem a rede – tragam os stakeholders para a jogada – para implementar as ações sociais, levando em conta a comunidade local e contrariando a visão econômica do marketing tradicional. Ampliando essa reflexão, vale ressaltar que na década de 2000 surgem diversas organizações não governamentais (ONGs) como apoiadoras dos projetos sociais da iniciativa privada. Em se tratando da reciclagem, nasce a Associação Nacional de Catadores e Catadoras de Materiais Recicláveis (Ancat), fundada no dia 4 de janeiro de 2000. O foco da Ancat é apoiar o Movimento Nacional dos Catadores de Materiais Recicláveis (MNCR), surgido em meados de 1998 por ocasião do primeiro Encontro Nacional de Catadores de Papel, mas oficialmente fundado em junho de 2001 no primeiro congresso do MNCR em Brasília, juntamente a uma nova vertente sociopolítica no Brasil, que priorizou diversas ações de cunho social. A prioridade da Ancat é dar apoio aos projetos voltados à qualificação produtiva e ao fortalecimento econômico da categoria de catadores de materiais recicláveis no Brasil. "A Ancat é formada exclusivamente, por determinação estatutária, por Catadores de Materiais Recicláveis e atua diretamente com os trabalhadores organizados em cooperativas e associações, além de contribuir para a organização daqueles que ainda atuam nas ruas e em lixões de todo território nacional." (Ancat, 2000)

O MNCR teve sua origem entre catadores que dependiam dos lixões para subsistência antes da sanção da Lei 12.305/2010. Tal lei formalizou e encerrou as atividades informais de catação, transformando os lixões em aterros sanitários. Esses indivíduos desempenham papel crucial na gestão de resíduos e necessitam de respaldo da legislação ambiental para serem reconhecidos como agentes essenciais na cadeia da reciclagem. Desde sua formação em 1998, o movimento reuniu catadores tanto de lixões como de ruas, notadamente em estados como São Paulo e Minas Gerais. A mobilização foi liderada por um representante político em Minas Gerais, que iniciou a organização desses catadores. Isso resultou em reuniões e convocações de catadores de diversos estados.

Em resumo, na década de 2000 a 2010, a Coca-Cola ainda não adotava a proposta de valor compartilhado conforme o CVC de Porter e Kramer. A área de sustentabilidade da Coca-Cola foi inicialmente estabelecida como área de valor compartilhado e posteriormente renomeada como sustentabilidade em 2017.

O conceito de CVC na prática da reciclagem vista apenas como projeto social não gerava valor para a marca. Por outro lado, percebe-se que a marca aposta na sustentabilidade e começa a investir em projetos de ações sociais com o projeto Coletivo Coca-Cola Brasil, por intermédio do ICCB, fomentando apoio aos catadores de recicláveis para além do projeto do Coletivo Varejo.

Contudo, as análises demonstram que a marca Coca-Cola Brasil passa a adotar, a partir da década de 2000, a estratégia de posicionamento de "diferenciação" de mercado – Marketing 2.0 (Kotler; Kartajaya; Setiawan, 2010) –, com apostas de aquisição de novas marcas sustentáveis, visando alcançar novos nichos de mercado. Nessa década, que vai de 2000 a 2010, o marketing da Coca-Cola já identifica e atende aos desejos e necessidades dos consumidores, moldando produtos para novos nichos de mercado, além de já atender a uma grande massa, seu nicho de mercado original. Ao mesmo tempo, nessa década, os consumidores já estão mais conscientes e exigentes quanto às questões socioambientais. Assim, a Coca-Cola repensa as suas estratégias de comunicação de massa e começa a diversificar o seu portfólio de marcas, segmentando o mercado e se posicionando como uma empresa de bebidas. Ela começa a delimitar novos grupos de consumidores com perfis e desejos em comum, e a definir novos produtos para um novo público-alvo, formando uma nova rede sociotécnica conforme o diagrama ilustrado na Figura 2.9.

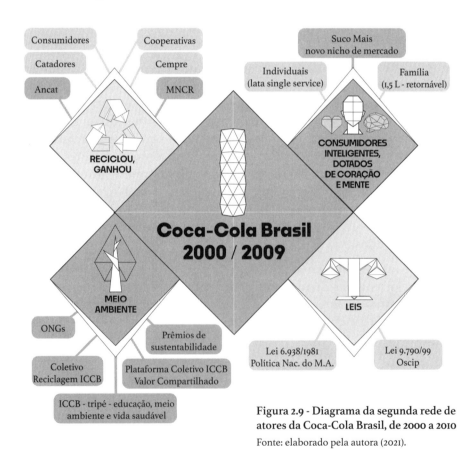

Figura 2.9 - Diagrama da segunda rede de atores da Coca-Cola Brasil, de 2000 a 2010

Fonte: elaborado pela autora (2021).

No diagrama exposto, percebe-se um aumento da rede sociotécnica "sustentável" da Coca-Cola Brasil. Todavia, é a partir da década de 2010 que a Coca-Cola inicia uma verdadeira mudança do pensamento socioambiental, preocupando-se tanto com o tema sustentabilidade quanto com as "externalidades"[44] dos produtos. Trata-se de mudança mais profunda do que apenas atingir novos nichos de mercado "verde". É a era do novo cenário das redes sociais, de um mundo totalmente conectado, não só com os consumidores mas com toda uma rede sociotécnica "verde" de valores compartilhados, que exige uma mudança radical do mindset da Coca-Cola global e da marca corporativa no Brasil.

Com base nessa nova perspectiva da Coca-Cola Brasil, a área de marketing e comunicação social da empresa descobre um horizonte ainda maior para trabalhar a abordagem mainstream do marketing. Para isso, aposta nos projetos sociais em parceria com diversos atores que estão envolvidos na cadeia de valor da empresa, ampliando assim a sua responsabilidade social e a sustentabilidade empresarial. "A sustentabilidade não acontece da noite para o dia. É o resultado de uma série de mudanças incrementais e esforços passo a passo que se somam em um grande resultado cumulativo." (Kotler et al., 2008, p. 24)

Evidencia-se, com a cartografia dos dados, que a Coca-Cola começou a ser pressionada por uma rede "actante" (Teixeira, 2001) socioambiental, sentindo-se responsável pela forma ética de comunicar a sustentabilidade dos seus produtos. De acordo com Almeida; Tavares; Ferreira (2019), até mesmo empresas responsáveis e preocupadas com a sustentabilidade socioambiental já tiveram problemas com ONGs e grupos de consumidores, em função do mau planejamento e do incorreto uso de mensagens de marketing ou de "agenciamentos de enunciação" nas mídias em geral.

É nesse novo cenário de responsabilidade social que a Coca-Cola Brasil aumenta a sua trajetória de sustentabilidade, apostando no valor compartilhado e criando uma plataforma de reciclagem em parceria com a sua concorrente AmBev.

Em prosseguimento à narrativa da trajetória "verde" da marca Coca-Cola Brasil, apresenta-se nesta seção o terceiro ato, que se inicia em 2010. Vale enfatizar que nessa década a Coca-Cola Brasil adota compromissos para além do conceito de sustentabilidade empresarial: ecoeficiência e RSC (Almeida, 2002) para alavan-

---

44 Os economistas inventaram a noção de externalidade para denotar todas as conexões, relações e efeitos que os agentes não levam em conta em seus cálculos ao entrar em uma transação de mercado. Se, por exemplo, uma fábrica de produtos químicos polui o rio no qual bombeia seus produtos tóxicos, ela produz uma externalidade negativa. Os interesses dos pescadores, banhistas e outros utilizadores são prejudicados e, para o exercício da sua atividade, terão de fazer investimentos pelos quais não receberam qualquer compensação. A fábrica calcula suas decisões sem levar em conta os efeitos nas atividades dos pescadores. As externalidades não são necessariamente negativas, podem ser positivas (Callon, 1999, p. 185).

car o conceito de CVC de Porter & Kramer (2011); isso se dá por interações de troca e da implementação dos seus projetos socioambientais.

Após a cartografia dos dados e continuando com as análises, evidenciou-se que a partir da década de 2010 a marca está cada vez mais engajada nos compromissos assumidos pelo Brasil na primeira Conferência das Partes (COP) – órgão supremo da CMNUCC. Tal tratado, que estabeleceu bases para as obrigações básicas dos 196 Estados (ou partes) e da União Europeia para combater as mudanças climáticas, foi assinado na Cúpula da Terra em 1992 e entrou em vigor em 1994 (Brasil, 2018). Desde então é realizado um encontro das partes, intitulado COP, para que haja uma revisão do estado de sua implementação, sendo novas propostas e avaliações aprovadas por instrumentos que apoiam seu estabelecimento. As partes ou COPs são os Estados-membros da CMNUCC e da União Europeia – composto, atualmente, de aproximadamente 200 países-membros –, que participam das conferências pelos seus chefes de Estado ou do Governo ou por um representante, além de ministros. Podem participar como observadores, desde que aprovados pela cúpula, representantes de empresas, organizações internacionais, shareholders, stakeholders, entidades sociais ou associações. Desde 1995 já foram realizadas mais de 26 COPs, a 27ª Conferência das Partes das Nações Unidas sobre Mudanças Climáticas (COP 27) ocorreu em novembro de 2022 no Egito. Com o lema "Juntos para a implementação", o evento reuniu diversos líderes mundiais para debater medidas que buscassem conter as mudanças climáticas, mas o diferencial desse encontro foi passar da fase das negociações e planejamento para a fase de implementação das ações. Por exemplo, o Senado Federal do Brasil discutiu em sessão temática os acordos firmados em 2021 na COP 26 e as propostas do Brasil para a COP 27. Diversas controvérsias públicas na mídia cogitam que o país não está assumindo os compromissos com a emergência climática (Brasil, 2022).

Em razão das controvérsias na mídia, na maioria das vezes intrínsecas ao objetivo principal das empresas nacionais e transnacionais de cumprir o Acordo de Paris (COP 21),[45] a urgência desse debate se tornou premente e, para tanto, o

---

45 A Conferência do Clima de Paris é oficialmente conhecida como a 21ª Conferência das Partes (COP) da UNFCCC, órgão das Nações Unidas responsável pelo clima e cuja sede fica em Bonn (Alemanha). Na conferência também se realizou a 11ª Reunião das Partes do Protocolo de Quioto (MOP-11). Essa convenção-quadro é uma convenção universal de princípios, que reconhece a existência de mudanças climáticas antropogênicas – ou seja, de origem humana – e dá aos países industrializados a maior parte da responsabilidade para combatê-la. A COP, constituída por todos os Estados partes, é o órgão decisório da convenção. Reúne-se todos os anos em uma sessão global na qual as decisões são tomadas para cumprir as metas de combate às mudanças climáticas. As decisões só podem ser validadas por unanimidade pelos Estados partes ou por consenso. A COP realizada em Paris foi a vigésima primeira, portanto COP 21. A MOP-11, por sua vez, supervisiona a implementação do Protocolo de Quioto e as decisões tomadas para aumentar a sua eficiência (CNM – Confederação Nacional de Municípios, 2018).

artigo sexto do Acordo de Paris criou dois instrumentos de mercado para que os países cooperem entre si, assegurando que os objetivos de desenvolvimento sustentável sejam alcançados. "O Artigo 6 pode oferecer uma oportunidade para que a vantagem comparativa do Brasil com atividades de baixo carbono se transforme em investimentos e desenvolvimento tecnológico." (Motta, 2021, p. 4) Todos os esforços se voltam para envolver a sociedade civil e as empresas, principalmente de grande porte, nos compromissos de mitigação da emissão dos GEE, para minimização dos impactos no clima global.

Em vista disso, os resultados evidenciam que, seguindo as tendências das pautas de sustentabilidade global, a Coca-Cola traça uma trajetória "verde" rumo aos compromissos da Convenção-Quadro. É responsabilidade da empresa contribuir para a mitigação do aquecimento global e a subsequente diminuição dos impactos socioambientais. Além disso, desde a realização da COP 8, realizada no ano de 2002 em Nova Delhi, na Índia, cujo destaque foi a mudança do clima, a marca Coca-Cola global se comprometeu com os créditos de emissões de carbono. No mesmo ano e local ocorreu a Cúpula Mundial sobre Desenvolvimento Sustentável (Rio+10), dando início à discussão sobre o uso de fontes renováveis na matriz energética das partes. O encontro teve como marco a adesão da iniciativa privada e de organizações não governamentais ao Protocolo de Kyoto e exibe projetos para a criação de mercados de créditos de carbono. O marco do acordo foi a definição dos mecanismos de flexibilização, a decisão de limitar o uso de carbono (CO_2) e metano (CH_4) na atmosfera. É necessário um regime global para a regulação e a emissão progressiva das emissões de GEE para níveis seguros. Como vivemos em uma única atmosfera, as emissões impactam todos os países, os que emitem menos e os que emitem mais. "Além de regular e reduzir as emissões, um regime global é necessário para apoiar os países em desenvolvimento a se adaptar aos impactos da mudança climática. Esses impactos já são inevitáveis devido à histórica acumulação de GEE na atmosfera desde o impulso de industrialização do século XIX." (UN CC:Learn, 2018, p. 5)

Desse jeito, ao cartografar as análises da Coca-Cola, em 2010 percebeu-se que a marca glogal, seguindo as diretrizes da Convenção-Quadro, começa a investir em novas tecnologias e a desenvolver novas embalagens como maneira de mitigar os impactos das emissões de carbono na atmosfera. Assim, a Coca-Cola lança a garrafa PlantBottle. "A Coca-Cola Brasil lança a PlantBottle na América Latina. A novidade é uma garrafa PET 30% à base de vegetal. [...] Além de reduzir a utilização de recursos não renováveis, a iniciativa diminuirá em até 25% as emissões de CO_2." (Sá, 2010)

Não obstante, percebe-se uma evolução das tecnologias e das inovações nas últimas embalagens da Coca-Cola, cujas medidas adotadas foram necessárias para

2. O MARKETING AMBIENTAL PELO OLHAR DA PSICOSSOCIOLOGIA

cumprir a agenda da Convenção-Quadro e atender ao Protocolo de Quioto, mitigando as emissões de carbono e, em consequência, diminuindo a intensificação do efeito estufa.[46]

Por essa pista, nota-se a evolução da Coca-Cola Brasil para embalagens recicladas pós-consumo, e, assim, a consequente ampliação de sua trajetória verde rumo aos compromissos da agenda sustentável Rio+20 – evento que segue as pautas de desenvolvimento sustentável,[47] o qual foi realizado em junho de 2012 na cidade do Rio de Janeiro. A Rio+20 ficou assim conhecida porque marcou os vinte anos de realização da Conferência das Nações Unidas sobre o Meio Ambiente e Desenvolvimento (Rio-92) ou (Eco-92), e contribuiu com as décadas seguintes para a definição de uma agenda de desenvolvimento sustentável das empresas, dos governos e sociedade.

Dessa forma, houve um comprometimento das empresas, principalmente dos países mais desenvolvidos, com o desenvolvimento sustentável, por meio da avaliação do progresso e das lacunas existentes na implementação das decisões adotadas com relação aos temas novos e emergentes.

Contudo, a Coca-Cola – como indústria gigante de bebidas, que extrai recursos da natureza (como a água) e polui com suas embalagens – entrevê, na ocasião, um horizonte de possibilidades para investir em tecnologias "verdes" e desenvolver o ciclo de vida dos seus produtos. Essas pautas estavam presentes de modo recorrente nas mídias, causando tensão para as empresas, conforme exemplo da reação dos participantes da Cúpula dos Povos.[48]

---

46 A temperatura da Terra resulta de um equilíbrio entre a energia que vem do Sol para a Terra (radiação solar) e a energia que deixa a Terra na direção do espaço sideral. Cerca de metade da radiação solar que atinge a Terra e sua atmosfera é absorvida na superfície. A outra metade é absorvida pela atmosfera ou refletida de volta para o espaço por nuvens, pequenas partículas na atmosfera, neve, gelo e desertos localizados na superfície terrestre. Na atmosfera, nem toda radiação térmica emitida pela Terra atinge o espaço exterior. Parte dela é absorvida e refletida de volta para a superfície terrestre pelas moléculas dos GEE e nuvens, o que resulta no chamado efeito estufa, com uma temperatura média global de cerca de 14 °C, bem acima dos -19 °C que seriam sentidos sem o efeito estufa natural. As concentrações de alguns GEE, como dióxido de carbono (CO_2), são significativamente influenciadas por seres humanos; 11 outros, como vapor d'água, não são. Mas as ações derivadas das atividades humanas, tais quais a geração de energia, a produção agrícola e industrial e a urbanização, têm acentuado a concentração dos gases da atmosfera, causando um aumento na absorção do calor (IPCC, 1995, tradução do autor).

47 O termo "desenvolvimento sustentável" foi apresentado no relatório Nosso Futuro Comum, de 1987, tendo como diretriz a ideia de um desenvolvimento "que atenda às necessidades das gerações presentes sem comprometer a habilidade das gerações futuras de suprirem suas próprias necessidades". O desenvolvimento sustentável é concebido na interação entre três pilares: o pilar social, o pilar econômico e o pilar ambiental (Brasil, 2012b).

48 A Cúpula dos Povos foi um evento paralelo à Rio+20, organizado por entidades da sociedade civil e composto de movimentos sociais de diversos países. Aconteceu concomitantemente ao evento da Rio+20 em junho de 2012 (Brasil, 2012b).

Com isso, há uma preocupação latente da Coca-Cola Brasil no início da década de 2010 a respeito de sua responsabilidade sobre o comprometimento do clima e dos impactos da indústria da bebida na intensificação dos GEE. Isso ocorre não apenas pela produção, que consome a água, mas pelo acúmulo das embalagens produzidas, que poluem os rios e mares – acidificando[49] os oceanos[50] – e causam alterações climáticas,[51] fazendo com que a empresa invista em programas sociais e comece a empoderar a reciclagem por meio de coletivos. Outra razão preponderante para tal investimento social se deve à promulgação da Lei 12.305/2010, que exige da indústria a responsabilidade compartilhada dos resíduos. "A responsabilidade compartilhada, já conceituada pela Lei, assume papel de primordial importância para a consecução de seus objetivos e para a efetivação da sistemática nela prevista, consolidando-se como um dos pilares da PNRS." (Silva Filho; Soler, 2012, p. 69)

Logo, infere-se que a criação do Coletivo Reciclagem, que passou por uma revisão do programa Reciclou, Ganhou no ano de 2012, conforme já detalhado anteriormente, deve-se ao fato de a Coca-Cola Brasil perceber que não podia mais adiar o seu compromisso com a responsabilidade compartilhada dos resíduos por causa da grande quantidade de embalagens produzidas por ela.

Desse modo, as análises da pesquisa indicam que a Coca-Cola Brasil compreende a problemática desde 2010, com a existência da Lei 12.305/2010; e em 2012 ela tenta reverter o problema do acúmulo das suas embalagens produzidas, apoiando o coletivo de reciclagem e criando campanhas publicitárias com o tema. A abordagem da campanha deriva do Projeto Coletivo, nascido em 2009 e idealizado pela Coca-Cola Brasil em parceria com os seus fabricantes, em uma aposta que chamam de "inovadora tecnologia social". O coletivo esteve presente em 69 comunidades em diversos estados do Brasil, entre eles: Alagoas, Bahia, Ceará, Minas Gerais, Rio de Janeiro e São Paulo. Mais de 5 mil jovens das comunidades das classes C e D em

---

49 A conservação e uso sustentável dos oceanos e recursos marinhos, por exemplo é um dos 17 Objetivos de Desenvolvimento do Milênio da Organização das Nações Unidas (ODS 1410), que prevê uma série de ações incluindo reduzir e prevenir a poluição dos ecossistemas marinhos, minimizar e mitigar a acidificação dos oceanos, regulamentar de modo efetivo a pesca, promover a conservação dos serviços ecossistêmicos dos oceanos, entre outros. "Os países teriam de combater problemas herdados, como poluição do ar, da água, esgotamento dos lençóis subterrâneos, [...], além de enfrentar a erosão, acidificação e novos tipos de rejeitos, relacionados às práticas agrícolas, industriais, energéticas e florestais" (MEC, 1998).

50 Cerca de 30% das emissões antrópicas de CO_2 foram absorvidas pelos oceanos, o que leva à acidificação dos oceanos. De acordo com o IPCC, o pH das águas superficiais do oceano diminuiu em 0,1 desde o início da era industrial, o que resulta no aumento do nível dos oceanos e nas decorrentes mudanças climáticas (IPCC, 2013)

51 Os principais problemas envolvendo mudanças climáticas e cidades são o aumento de temperatura, aumento no nível do mar, ilhas de calor, inundações, escassez de água e alimentos, acidificação dos oceanos e eventos extremos. A maioria das cidades brasileiras já têm problemas ambientais associados a padrões de desenvolvimento e transformação de áreas geográficas. Mudanças exacerbadas no ciclo hidrológico pelo aquecimento global tendem a acentuar os riscos existentes, tais como inundações, deslizamentos de terra, ondas de calor e limitações de fornecimento de água potável (PBMC, 2016, p. 11).

2. O MARKETING AMBIENTAL PELO OLHAR DA PSICOSSOCIOLOGIA

todo o Brasil foram capacitados e inseridos no mercado de trabalho nessa ocasião; destes, cerca de 30% foram empregados em grandes redes de varejo. A iniciativa estava associada ao grande evento da Copa do Mundo de 2014 e estabelecia metas ambiciosas, porém realistas. Os objetivos incluíam a instalação de mais de 100 unidades do Coletivo até o final de 2011 e a presença em comunidades-chave em todo o país até a Copa do Mundo de 2014 (Promoview, 2011). O coletivo contava com apoio de ONGs e outros parceiros em unidades de negócios que foram criadas nas comunidades vulneráveis, visando ao desenvolvimento socioeconômico e promovendo o empreendedorismo de jovens e mulheres a fim de facilitar o microcrédito às comunidades, via parcerias com agentes do setor financeiro, e encaminhá-los para o mercado de trabalho. Daí, nasceu a ideia da campanha "Cada garrafa tem uma história", veiculada em 2011 – ano em que a marca completou 125 anos – nos principais meios de comunicação de massa (offline e online), além de ter sido publicada em editorias pela assessoria de comunicação da marca. Uma das maiores repercussões da campanha "Cada garrafa tem uma história", na ocasião, e que mais se destaca com relação ao tema reciclagem é a do Tião Santos, cuja história é narrada com o garoto-catador,[52] que viveu no lixão de Gramacho até o aterro sanitário ser fechado.

Em prosseguimento à Pesquisa Cartográfica Reflexiva, ao correlacionar os dados obtidos nas redes sociais com o relato do líder do MNCR durante a pesquisa, evidencia-se que o marketing da Coca-Cola Brasil aproveitou a imagem do garoto-catador Tião Santos, já reconhecido na mídia. Nessa mesma ocasião, o projeto de Vik Muniz estava em Gramacho, e Tião atraiu a atenção da Coca-Cola para a criação do comercial "Cada garrafa tem uma história – Coca-Cola: Tião", ainda disponível no YouTube: https://rb.gy/1xydbm. Concomitantemente, ocorria o encerramento do aterro (lixão) de Gramacho.

O comercial publicitário, que apoiava o programa Coletivo Reciclagem da Coca-Cola Brasil, aumentava as emoções dos seus consumidores na mídia, com a imagem do garoto-catador Tião Santos. A campanha publicitária tomou uma proporção tão grande nas redes que o garoto-catador Tião Santos foi parar no programa do Jô Soares, da TV Globo, e um dos seus principais enunciados durante a entrevista do Jô foi: "A gente não é catador de lixo, é catador de material reciclável; lixo é aquilo que não tem reaproveitamento, material reciclável sim!" (Santos, 2012) Outro enunciado importante do Tião durante a entrevista do Jô foi sobre o início das atividades dos catadores, que ocorreu sem nenhum apoio das políticas públicas. Tião relatou na entrevista que os catadores faziam a separação dos resíduos no aterro controlado, naquela época, separando-os por

---

52 "Os catadores de lixo são de grande interesse para discussão sobre a limpeza urbana, não apenas no Brasil. Presentes há séculos nas cidades, buscam o reaproveitamento daquilo que é jogado fora e ainda pode ter valor." (Eigenheer, 2009, p. 114)

cor, qualidade e densidade, enfardando-os após a separação e enviando-os para as fábricas da Coca-Cola Brasil para virar matéria-prima ou um novo produto. Segundo Tião, a "latinha" (lata de alumínio) era o mais valioso dos resíduos e é até hoje (Ancat, 2020). Para compreender tal prática dos aterros controlados, deve-se levar em conta a visão do empreendedorismo local desses catadores e as exterioridades que impulsionam essa ação empreendedora, como o abrandamento dos problemas sociais e da geração de renda para uma classe extraordinariamente vulnerável.

No processo cartográfico das análises, ficou evidente por que a Coca-Cola lançou a campanha "Cada garrafa tem uma história" com o garoto-propaganda--catador Tião Santos. Conjectura-se que a empresa obteve notoriedade pelo projeto Coletivo Reciclagem ou Reciclou, Ganhou com o apoio ao catador Tião Santos, que já tinha "visibilidade de mídia" desde a intermediação da abertura da Associação dos Catadores do Aterro Metropolitano de Jardim Gramacho (ACAMJG)[53] no ano de 2005.

Tudo indica que o projeto Coletivo Reciclagem impulsionou a presença midiática da Coca-Cola Brasil desse ponto em diante. Ao cartografar os dados analisados na pesquisa, surge a controvérsia de que a Coca-Cola começou a moldar sua imagem corporativa; para isso, envolveram atores-rede da sustentabilidade, como garotos--propaganda, para atrair os consumidores "ecopsicossociais". Antes desse período, a estratégia de marketing da empresa se concentrava na promoção da marca Coca-Cola e de suas linhas de produtos, como Sprite, Fanta e Del Valle.

As análises revelaram mudança na estratégia de comunicação da Coca-Cola, que passou a focar na geração de valor e reputação de marca. Nesse contexto, foi desenvolvida uma campanha com a nova logomarca da Coca-Cola Brasil, utilizando como garoto-propaganda o catador Tião Santos, que na ocasião liderava o MNCR.

No entanto, ao analisar o conteúdo dessa "colheita de dados", observou-se que o marketing da Coca-Cola Brasil, durante a campanha "Cada garrafa tem uma história", estava começando a incorporar os princípios do marketing social (Kotler et al., 2008). Isso ocorreu à medida que a sustentabilidade e a responsabilidade social tornaram-se temas recorrentes entre as organizações. Rapidamente, as empresas passaram a reconhecer a necessidade de preservar os recursos naturais para lidar com suas externalidades, cumprir a legislação

---

53 De acordo com lideranças dos catadores, a participação de um grupo de catadores associados à Cooper-Gramacho em eventos da categoria desencadeou um processo de reflexão sobre a profissão e as condições de vida dos catadores, que culminou com a ideia de fortalecer a categoria criando em 2004 uma comissão Pró-Associação de Catadores. Sentindo a necessidade de uma representação oficial dos catadores e preocupados com o fato do encerramento das atividades do aterro, essa comissão fundou no final desse mesmo ano a ACAMJG. Disponível em: http://acamjg.blogspot.com/p/home.html Acesso em: 29 mar. 2021.

brasileira, reduzir desperdícios, diminuir custos e atrair clientes ecologicamente conscientes.

Outrossim, como se observou, a assinatura da marca Coca-Cola "Brasil" foi criada para fortalecer e estreitar ainda mais os laços com os seus consumidores. A campanha "Cada garrafa tem uma história" é assinada pela rubrica do Brasil e apoiada pelos projetos sociais, o que torna o comercial envolvente e assertivo ao mesmo tempo. Observou-se, também, que a campanha comercial é estrelada por atores que interagem com os projetos sociais da marca.

Sem roteiro predefinido, o cineasta Breno Silveira foi convidado para vivenciar as iniciativas da empresa; durante o processo criativo, ele descobriu pessoas incríveis, importantes nas suas comunidades e parte dos projetos sociais da empresa. Assim, esses atores foram convidados e se tornaram personagens das histórias, contando como os programas apoiados pela Coca-Cola Brasil podem transformar vidas positivamente (Penteado, 2011). Com a campanha "Cada garrafa tem uma história", a Coca-Cola Brasil reafirmou os laços afetivos da marca com a população brasileira, demonstrando que ela se preocupa com as questões socioambientais local e ganhando popularidade entre o seu público de massa.

Por outro lado, percebeu-se que essa rede sociotécnica da reciclagem nasceu com o programa Reciclou, Ganhou, em 1996, no ICCB, e se fortaleceu com o projeto Coletivo Reciclagem. Isso ocorreu em consequência da perspectiva do término do lixão no Jardim Gramacho, no município de Caxias, onde passa a funcionar o aterro controlado em conjunto com a Companhia Municipal de Limpeza Urbana do Rio de Janeiro (Comlurb). Assim, evidencia-se que essa rede escala e cresce no Brasil. Depois disso, em 2001 é fundado o MNCR, em Brasília; em 2005 é fundada a ACAMJG, no Jardim Gramacho, Duque de Caxias; e, logo em seguida, em 2011 surge o CTR Seropédica no mesmo local e ano em que a Coca-Cola lança a campanha "Cada garrafa tem uma história", patrocinando o garoto propaganda "Tião do Lixão".

A campanha apresenta diversas peças de comunicação e ações promocionais, conforme informa a matéria do site EmbalagemMarca (2011), tendo sido estampado o rosto do garoto-propaganda Tião Santos nas latas de alumínio da Coca-Cola Brasil.

Em 2011, essa campanha repercutiu em notas e colunas sociais como mídia espontânea, e foi, também, trabalhada pela assessoria de imprensa da Coca-Cola Brasil. Além disso, houve extensões de ações de marketing promocional e branding em eventos de grande porte, por exemplo: *A vaca*, escultura do Cow Parade Rio, evento itinerário que rodou diversos países mundo afora como forma de democratização da arte, por meio da inclusão social. Tião Santos utilizou material reciclável de Jardim Gramacho para criar a *A vaca*. Tião, um dos líderes do

MNCR, quis mostrar como tudo pode ser transformado por meio do reaproveitamento dos resíduos, criando e apresentando a vaca *99 não é 100* na abertura da Cow Parade Rio 2011, no Rio de Janeiro. A escultura ainda ficou exposta no Metrô da Cardeal Arcoverde em seguida ao evento. Segundo Tião Santos, garoto-propaganda-catador da Coca-Cola Brasil, em explicação para o então prefeito da cidade do Rio de Janeiro sobre a escultura feita para o evento, ele disse: "Além de ter sido feita de material reciclável, a vaca *99 não é 100* quer passar uma ideia de que cada ação, cada uma latinha que você recicla, cada uma garrafa PET faz a diferença, daí o nome *99 não é 100*." (Fator Brasil, 2011) E completou, dizendo que o objetivo da ação era que os visitantes usassem uma abertura na vaca para deixar mensagens de como deveria ser um mundo sustentável após vinte anos.

Dessa maneira, a Coca-Cola aproveitou e sorveu todas as oportunidades de explorar a imagem do garoto-propaganda-catador Tião por diversos meios e mensagens – agenciamentos de enunciação. Tião – ou Sebastião Carlos dos Santos, natural de Duque de Caxias, na Baixada Fluminense – tem uma comovente história vivida desde os 8 anos no aterro de Jardim Gramacho, onde trabalhou como catador de lixo até o seu fechamento, em 2012 (Santos, 2014). Tião Santos ficou mundialmente conhecido pelo acompanhamento do trabalho do artista plástico Vik Muniz no documentário *Lixo extraordinário*[54] – indicado ao Oscar de melhor documentário em 2011 –, lançado em 2010 e produzido no Aterro Controlado de Gramacho, onde trabalhavam cerca de 2 mil pessoas.

Com o prosseguimento da pista cartográfica e em continuidade às ações de marketing, a Coca-Cola aposta no Brasil e lança a campanha da Copa 2014 como patrocinadora oficial da Copa do Mundo. "O comercial, todo em animação, terá a participação do apresentador Luciano Huck, ao lado da jogadora Marta e do catador Tião Santos, estrela do documentário *Lixo extraordinário*, de Vik Muniz." (Repórter MT, 2012) A campanha foi desdobrada em diversas ações de marketing por meio de comerciais em TV, jornais, spots de rádio, ações promocionais com embalagens temáticas para eventos etc. Com base nesses dados, vê-se que a Coca-Cola Brasil adentra o Marketing 3.0 de Kotler na década de 2010. Desse jeito, a Coca-Cola Brasil começa essa fase apostan-

---

54 O documentário *Lixo extraordinário* acompanha durante dois anos o desdobramento do trabalho do artista plástico Vik Muniz no maior aterro sanitário do mundo, no Jardim Gramacho, município de Duque de Caxias, Rio de Janeiro. A proposta inicial do artista era produzir retratos dos catadores que trabalham no aterro, mas o documentário acaba ganhando outra dimensão em razão da maneira profunda e sensível com que o artista se relaciona com seus retratados. *Lixo extraordinário* é um filme que mostra o estatuto da arte e a questão do **lixo** na sociedade contemporânea, o árduo trabalho realizado pelos catadores e a possibilidade de transformação que a mudança da percepção artística pode proporcionar. O documentário conseguiu a proeza de ser indicado ao Oscar de melhor documentário em 2011. Infelizmente, perdeu para o documentário *Trabalho interno*, de Charles Ferguson e Audrey Marrs, que retrata os bastidores da crise econômica que explodiu no fim de 2008 nos Estados Unidos (Machado, 2011).

do em uma boa história, engendrando as ações sociais e culturais, uma vez que por trás de uma boa história/ação a marca pode transformar a vida dos seus atores envolvidos e conquistar seus consumidores. "Uma marca tem ótimos personagens quando se torna o símbolo de um movimento que aborda os problemas da sociedade e transforma a vida das pessoas." (Kotler; Kartajaya; Setiawan, 2010, p. 67)

As pistas indicam que é a partir da década de 2010 que a Coca-Cola Brasil prossegue na evolução "verde" da marca, consolidando-se e sendo consolidada por essa nova era da sustentabilidade socioambiental.

Além disso, surgem as tendências digitais na época e a Coca-Cola inova nas redes sociais com a plataforma Real Marketing – gerando sucesso em experiências nas redes – em 2014. Contudo, na pista da evolução "verde" da Coca-Cola Brasil, infere-se que os esforços do marketing da Coca-Cola nessa década visavam a uma comunicação ética, estabelecendo a credibilidade da marca e evitando o *greenwashing* (Ottman, 2012; Tavares; Ferreira, 2012).

Por esse ponto de vista, Dias (2014, p. 172) lembra que: "A propaganda enganosa em algumas áreas (como a política) está tão difundida que tem levado ao descrédito o marketing, que passa a ser rejeitado por muitos como uma forma de ludibriar o público."

Além disso, o trajeto cartográfico das análises revelou que, no âmbito da sustentabilidade da Coca-Cola durante a pesquisa, a disciplina de "marketing ambiental" não era reconhecida nem devidamente considerada, dado que estava associada à prática do *greenwashing*.

Pela trajetória reflexiva delineada pela pesquisa, evidencia-se que, embora o marketing ambiental possa parecer viável na teoria, sua aplicação incorreta pode resultar em campanhas que soam como *greenwashing*, uma tentativa de maquiar a realidade e associar produtos a atributos de sustentabilidade de maneira enganosa.

Uma estrutura corporativa eficaz na área de sustentabilidade parte da análise dos impactos reais da empresa, ainda mais os relacionados aos aspectos socioambientais, notadamente as externalidades geradas pelos produtos. No caso da Coca-Cola, as principais externalidades são associadas às embalagens, ao uso de água e à questão do açúcar, especialmente no que se refere ao impacto na saúde das pessoas. Essas externalidades na produção reverberam por toda a cadeia produtiva no meio ambiente e, por fim, no consumidor.

Como consequência, a Coca-Cola reconhece a importância de investir não apenas em marketing mas também em inovações nas embalagens e nos produtos, desenvolvendo novas tecnologias para preservar recursos e mitigar os impactos socioambientais. Essa perspectiva surge do entendimento de que as externalidades são uma decorrência inevitável da venda da bebida, destacando a importância da responsabilidade socioambiental.

Diante desse cenário, a Coca-Cola Brasil estabelece uma área de comunicação dedicada a abordar questões éticas e iniciativas de marketing ambiental na empresa. Esse comprometimento vai além do mero cumprimento das regulamentações ambientais, representando uma integração essencial entre a área de sustentabilidade e a linha de produtos, reforçando o compromisso da empresa com práticas sustentáveis e éticas.

Observou-se daí que tanto a Coca-Cola Brasil quanto os seus atores-rede (stakeholders) estão falando de um novo comprometimento das empresas, que é para além do Marketing 1.0 e 2.0 de Kotler. Portanto, pode-se afirmar efetivamente que a marca, desde a década de 2010, entrou na era do marketing chamado 3.0 ou marketing voltado para os valores. O objetivo deste é fazer do mundo um lugar melhor, com novas tecnologias aplicadas ao negócio, a missão, visão e valores da empresa, em uma perspectiva – funcional, emocional e espiritual – de colaboração de um-para-muitos, uma vez que o consumidor dessa nova era é um ser humano pleno, com coração, mente e espírito (Kotler; Kartajaya; Setiawan, 2010). Evidencia-se, também, que é uma nova era na qual o marketing digital da Coca-Cola entra forte em cena, tornando as fronteiras desterritorializadas e a rede sociotécnica completamente conectada. Os consumidores ganham força e poder nas redes e passam a se manifestar por diversos meios digitais, tais quais páginas de redes sociais, sites e blogs, e interagem diretamente com as marcas – sem fronteiras –, invertendo a ordem das relações de consumo. "O comportamento e os valores de uma empresa estão hoje cada vez mais abertos ao escrutínio público. [...] As empresas terão de se reinventar e realizar o mais rápido possível a transição dos limites antes seguros do Marketing 1.0 e 2.0 para o novo mundo do Marketing 3.0." (Kotler; Kartajaya; Setiawan, 2010, p. 205)

Coincidentemente, a Coca-Cola acompanha o movimento das pautas globais – pela COP 21 ou pelo Acordo de Paris (UNFCCC, 2015) – e passa a trabalhar nos 17 ODS ou objetivos da Agenda 2030.[55] Sua finalidade é minimizar os impactos

---

55 Em setembro de 2015, representantes dos 193 Estados-membros da ONU se reuniram em Nova York e reconheceram que a erradicação da pobreza em todas as suas formas e dimensões, incluindo a pobreza extrema, é o maior desafio global e requisito indispensável para o desenvolvimento sustentável. Ao adotarem o documento "Transformando o Nosso Mundo: A Agenda 2030 para o Desenvolvimento Sustentável" (A/70/L.1), os países comprometeram-se a tomar medidas ousadas e transformadoras para promover o desenvolvimento sustentável nos 15 anos seguintes, sem deixar ninguém para trás. A Agenda 2030 é um plano de ação para as pessoas, o planeta e a prosperidade, que busca fortalecer a paz universal. O plano indica 17 ODS e 169 metas para erradicar a pobreza e promover vida digna para todos, dentro dos limites do planeta. São objetivos e metas claras, para que todos os países adotem de acordo com suas prioridades e atuem no espírito de uma parceria global que orienta as escolhas necessárias para melhorar a vida das pessoas, agora e no futuro (ONUBR, 2015).

socioambientais pelos Mecanismos de Desenvolvimento Limpo (MDL),[56] pois, como empresa multinacional, ela recebe bônus e não ônus pelas suas emissões.

Nesse diapasão, a Coca-Cola é incumbida de dar conta da Agenda 2030, incrementando suas ações e os projetos socioambientais, e enfatizando as questões emergentes. As questões socioambientais passam a ser tratadas pela visão de valor compartilhado (Porter; Kramer, 2011a), que vão desde "Bem- estar pessoal (Me); Bem-estar social (We); Bem-estar ambiental (World)" (Coca-Cola Brasil, 2014), conforme o percurso cartográfico, fazendo o cruzamento das análises e recorrendo ao relatório de sustentabilidade da marca do ano 2014-2015.

Concebe-se, desse jeito, mais uma vez, que a visão da Coca-Cola vai ao encontro do Marketing 3.0 de Kotler, que descreve em seu livro como uma empresa pode apresentar sua missão, visão e seus valores, agindo em conjunto com os seus principais stakeholders e shareholders. Para o autor, a empresa começa a distribuir lucro para os seus acionistas, além de criar valor para os seus clientes e parceiros (Kotler; Kotler, 2013).

Ao trilhar as pistas, evidencia-se que a Coca-Cola aposta na sustentabilidade empresarial após receber prêmios das revistas *Exame Sustentabilidade* e *Época Empresa Verde*, em 2014. Além disso, em 2015 o Coletivo Reciclagem foi vencedor na categoria Tecnologias Sociais para o Meio Urbano, na 8ª edição do Prêmio Fundação Banco do Brasil de Tecnologia Social, trazendo maior reconhecimento para o programa e novas parcerias (Coca-Cola Brasil, 2014). Assim, a Coca-Cola Brasil prossegue com o programa de reciclagem da empresa, criando mais parcerias para a divulgação da marca em grandes eventos, como o Rock In Rio 2015. Todavia, analisando os documentos sobre a participação da Coca-Cola no Rock In Rio 2015, cartografando e buscando por mais dados, é possível localizar na internet um processo contra a marca Coca-Cola Brasil, que apresenta um entrelaçamento de agentes (actantes) nessa rede sociotécnica da reciclagem. Um caso é relacionado ao Instituto Doe Seu Lixo (IDSL): "Doe Seu Lixo é uma organização da sociedade civil sem fins lucrativos (ONG) com atuação na área socioambiental, fundada em 03/08/2003. Informa sobre a entidade, histórico, objetivos, fundamentação, parceiros e reciclagem." (Brasil, 2005) O órgão foi estabelecido em paralelo com a rede sociotécnica de reciclagem, que surgiu na década de 1990 e ficou conhecida como o projeto mais antigo do ICCB, denominado Reciclou, Ganhou, com início em 1992. Seu propósito é o crescimento

---

56 MDL: possibilitam que um país com compromisso de redução de emissões ou limitação de emissões implemente um projeto de redução de emissões nos países em desenvolvimento. Esses projetos podem gerar créditos de redução certificada de emissão (RCE – ou Certified Emission Reductions – CER), vendáveis, sendo cada RCE equivalente a uma tonelada de CO_2, que pode ser contada para cumprir as metas de Quioto (CGEE, 2010).

da eficiência de cooperativas de reciclagem e o aumento da renda de seus cooperados, transformando-as assim, ao longo do tempo, em locais salubres, com plenas condições de trabalho e importante fonte de renda. **A ONG Doe Seu Lixo, que realiza a operação do projeto Reciclou, Ganhou** se traduz em um acompanhamento presencial semanal de supervisores capacitados, desenvolvimento de diagnóstico, suporte em gestão e aporte de equipamentos. O Instituto Coca-Cola Brasil criou uma metodologia que categoriza as cooperativas de acordo com seu nível de profissionalização e eficiência e apoia as principais necessidades das cooperativas (Fator Brasil, 2012, destaque nosso).

Nesse ponto da cartografia o mapa se expande e verificam-se diversas conexões e associações formuladas em 2010 pela Coca-Cola Brasil, fortalecendo a rede sociotécnica da reciclagem. É evidente, portanto, que a rede cresceu nos anos seguintes. Nesse cenário, com o fechamento do lixão, a Nova Gramacho iniciou em 2011 a construção do gasoduto de 6 km, que passou a escoar a produção de biogás do aterro até a refinaria da Reduc (Petróleo Hoje, 2010).

A controvérsia "esquenta", no mapa, e fica indubitável que nessa mesma ocasião ocorreu o fechamento do "lixão" de Gramacho, o que gerou uma expectativa de vida e novos horizontes de geração de renda para aproximadamente 1.700 pessoas que viviam do lixo. "Gramacho se encerra, mas a gente não encerra junto. Agora é pensar no bairro, na saúde, na educação e na capacitação desses catadores", avisou Tião Santos (Carvalho, 2012).

Desse modo, faz-se necessário delimitar alguns dados importantes sobre o fechamento do lixão de Gramacho e a abertura dos aterros sanitários. A Lei 12.305/2010, que organizou o fechamento dos lixões, trouxe obrigações para empresas, governo e sociedade com relação à geração e destinação adequada dos seus resíduos sólidos. Tal lei instituiu a PNRS, a qual foi regulamentada pelo Decreto 7.404/2010 e estabeleceu o princípio da responsabilidade compartilhada pelo ciclo de vida dos produtos por parte dos fabricantes, importadores, distribuidores, comerciantes, consumidores e titulares dos serviços públicos de limpeza urbana e de manejo de resíduos na gestão integrada dos resíduos, sólidos urbanos (Brasil, 2010a). A iniciativa dessa lei levou a outra medida, que é o Acordo Setorial para implantação do Sistema da Logística Reversa de Embalagens em Geral, assinado em 2015 e cujo objetivo era garantir a destinação final ambientalmente adequada das embalagens. Assim, os fabricantes, importadores, distribuidores e comerciantes se tornaram obrigados a estruturar e implementar sistemas de logística reversa, mediante retorno de produtos caracterizados como embalagens após o uso pelo consumidor. **As embalagens, objeto do acordo setorial, podem ser compostas de papel e papelão, plástico, alumínio, aço, vidro, ou ainda pela combinação desses materiais, de embalagens cartonadas longa vida** (Brasil, 2015b, destaque nosso). Logo, para manter o compromisso do Acordo Setorial de Embalagens, o

2. O MARKETING AMBIENTAL PELO OLHAR DA PSICOSSOCIOLOGIA

setor empresarial formou uma coalizão com o mesmo nome. Portanto, a Coalizão de Embalagens, o grupo que assinou o Acordo Setorial, é formado por associações representantes dos diversos setores empresariais ligados a embalagens. São cerca de 13 entidades que reúnem centenas de empresas, entre elas: fabricantes de matérias-primas para embalagens; fabricantes de embalagens; fabricantes de produtos usuários de embalagens; importadores; distribuidores e comerciantes de produtos comercializados em embalagens. No documento assinado pela Coalização de Embalagens, em 2015, os representantes das empresas asseguraram que as embalagens produzidas que chegam ao mercado sejam corretamente descartadas e recicladas. A meta dada na ocasião foi de que até 2017 houvesse um aumento de 22% da reciclagem de embalagens pós-consumo. A iniciativa trouxe algumas ações previstas para as empresas, tais como campanhas de conscientização para separação, coleta e destinação correta dos resíduos sólidos; aumento da coleta seletiva oferecida pelos municípios; geração de trabalho e renda por meio de apoio às formalizações e capacitação das cooperativas, para triplicar a capacidade produtiva das cooperativas em 12 capitais; e instalação e disseminação de Pontos de Entrega Voluntária (PEV) por parte da população. O principal objetivo do Acordo Setorial é o reaproveitamento de todo recurso, de todas as formas, a menos que ele seja rejeito.[57] Em suma, a Lei 12.305/2010 proporcionou o término dos lixões e a retirada de centenas de pessoas que viviam dessa atividade ilegal, criou a expansão da coleta seletiva nos bairros e a responsabilidade compartilhada, pela ampliação da logística reversa, por parte das empresas e sociedade em geral. Outra vantagem dessa lei é viabilizar a coleta dos resíduos e sua restituição ao setor empresarial, diminuindo assim a extração dos recursos naturais, pelo aproveitamento do seu ciclo de vida dos produtos, e promover a destinação final ambientalmente adequada.

Logo, de posse dessa questão, as pistas trilhadas até aqui indicam que a Coca-Cola Brasil inicia em 2017 uma parceria com a AmBev e as empresas passam a fazer uma gestão compartilhada das suas embalagens, pois se viram obrigadas a tomar atitudes a respeito do compromisso da responsabilidade compartilhada pelos seus resíduos pós-consumo, princípio previsto na Lei 12.305/2010, que criou instrumentos para o manejo adequado dos resíduos sólidos no Brasil. Percebeu-se que ambas as empresas começam a se envolver com maior profundidade na questão dos seus resíduos de embalagens a partir dos anos de 2011 e 2012, e ampliam suas associações e conexões para a criação de uma rede sociotécnica de economia circular em favor da reciclagem, chamada de plataforma Reciclar pelo Brasil.

---

57 Conforme a alínea XV da Lei 12.305/2010, rejeitos são resíduos sólidos que, depois de esgotadas todas as possibilidades de tratamento e recuperação por processos tecnológicos disponíveis e economicamente viáveis, não apresentem outra possibilidade que não a disposição final ambientalmente adequada (Brasil, 2010).

Ao cartografar alguns dados sobre a reciclagem da AmBev,[58] localizou-se no site da empresa um documento – release para imprensa –, no qual se informa que o Programa AmBev Recicla – "plataforma que reúne as iniciativas da companhia voltadas para o descarte correto e a reciclagem de embalagens pós-consumo" – foi criado em 2011 e reestruturou as ações de reciclagem que a empresa realizava desde 1985. O projeto de reciclagem da empresa, que ampliou nos anos seguintes à Coalizão das Embalagens, se dividiu em cinco eixos de atuação: (1) educação ambiental, (2) apoio às cooperativas, (3) PEVs de resíduos, (4) fomento ao movimento reciclagem e (5) embalagens sustentáveis. O release foi publicado pela assessoria de comunicação da AmBev em 2016 e informava que a empresa foi reconhecida por sua gestão inovadora, contribuindo para o aumento da reciclagem no país ao capacitar e profissionalizar cooperativas e catadores do Brasil. Além disso, informava que o projeto premiava em 100 mil reais as cooperativas que tiveram melhor desempenho no projeto Excelência AR, realizado em parceria com o MNCR. Para tanto, observou-se que ambas as empresas – Coca-Cola e AmBev – começaram a fortalecer suas redes da reciclagem após a Coalizão das Embalagens em 2015 e a formar outra rede após 2017.

Assim, apreendeu-se nas análises da pesquisa que é a partir da década de 2017 que a Coca-Cola Brasil forma, em conjunto com os seus parceiros, fornecedores e terceiros, uma rede sociotécnica de valor compartilhado e "verde". O marketing da empresa busca encontrar parceiros que se alinhem ao propósito da marca e em busca de um mundo melhor para todos. Nesse caminho é que o CEO da Coca-Cola global, James Quincey, faz uma declaração pública em um dos encontros das partes da Convenção-Quadro de 2017, mesmo ano em que assume o cargo na empresa, e afirma que: "O progresso é atingido com parceria, e não com isolamento." Nessa declaração, o CEO da Coca-Cola Global defende que negócios globais e organizações do terceiro setor devem trabalhar em parceria para enfrentar os desafios do mundo e para auxiliar a sociedade, principalmente os vulneráveis. E, para completar, anunciou que: "Para alcançar mudanças reais, companhias como a The Coca-Cola Company têm que entender claramente as necessidades dos consumidores. [...] Precisam ainda de uma estrutura e de uma cultura corporativa que permita ação rápida e efetiva." Encontram-se outras declarações de James Quincey em fóruns e encontros da COP 23,[59] cujo

---

58 A ênfase desta narrativa é dada à marca Coca-Cola Brasil por esta ser mais icônica e porque, supostamente, o Sistema Coca-Cola Brasil é o maior produtor de bebidas não alcoólicas do país. Contudo, serão apresentados, também, alguns dados sobre a marca AmBev, como forma de comparativo das análises apuradas entre as marcas.

59 A COP 23 foi realizada em Bonn, Alemanha, na sede da UNFCCC, no período de 6 a 18 de novembro de 2017, a segunda Conferência das Partes da ONU desde que o Acordo de Paris foi criado, em 2015, trazendo obrigações para as empresas, governos e sociedade e tendo como um dos temas principais as mudanças climáticas (UNFCCC, 2017).

tema principal era sobre "mudanças climáticas" e o comprometimento com a eliminação do carvão das atividades industriais ou ação "carbono zero", campanha que passa a fazer parte da política de diversas empresas multinacionais, visando neutralizar a emissão de GEE.

A respeito disso, os documentos analisados das COPs informam que as empresas do porte da Coca-Cola recebem créditos ou compensações pelo desequilíbrio das emissões de carbono das suas atividades industriais quando praticam essa sistemática. Por mais que haja comprometimento do CEO da empresa em mitigar os efeitos da produção da Coca-Cola e de minimizar a intensificação dos GEE, é quase impossível afirmar uma contabilidade que zere essas emissões não só pela questão das embalagens – que é o tema Cartografia de Controvérsias desta obra – mas por outras razões. Entre tais razões, encontram-se maquinários utilizados para a produção, caminhões utilizados para a logística, extração de recursos naturais para a elaboração da bebida e a própria composição da fórmula, que contém dióxido de carbono – também conhecido como gás carbônico ou CO_2 –, composto químico que provoca graves desequilíbrios no efeito estufa do planeta terra. O efeito estufa é um fenômeno natural, mas vem sendo intensificado em virtude das ações antrópicas do homem no planeta. O gás carbônico (CO_2) pode permanecer cerca de 150 anos no ar após emissão atmosférica. Segundo especialistas, se essas emissões não diminuírem, os níveis desses gases presentes na atmosfera podem triplicar até 2100, resultando em uma temperatura muito acima do que o ser humano conseguiria suportar (Ibri, 2009).

De posse dessa acepção, a Coca-Cola – império de cerca de US$ 33 bilhões –, considerada uma das marcas mais valiosas globalmente e até hoje uma das favoritas dos consumidores em todo o mundo (Brand Finance, 2021), precisa ter essa preocupação com as questões socioambientais, já que sabidamente impacta sua produção industrial. Logo, James Quincey, após assumir a administração global da empresa em 2017 (Meio & Mensagem, 2016), divide sua preocupação com os conselhos das partes dos COPs, assumindo mea-culpa e trazendo para dentro da empresa uma voz de mudança entre os seus colaboradores. As mudanças enunciadas por ele vão desde a diminuição do açúcar nas bebidas ao desenvolvimento de novas embalagens mais sustentáveis.

A cultura da empresa atualmente reflete uma notável sinergia entre os valores globais da Coca-Cola e os propósitos individuais de cada pessoa, seja ela um colaborador, seja um consumidor. A abordagem adotada para enfrentar os desafios socioambientais alterou a perspectiva sistêmica da empresa, levando o departamento de marketing a adotar uma postura não apenas centrada no lucro, mas também voltada para questões humanas, sociais, tecnológicas e ambientais. Essa abordagem assemelha-se ao conceito de Marketing 3.0 de Kotler e a um novo paradigma denominado neste trabalho "marketing ecosófico", fundamentado no conceito das três ecologias de Guattari, conforme será discutido no próximo capítulo.

Essa seção da Pesquisa Cartográfica Reflexiva conclui que a mudança não se deu apenas por meio de um propósito, mas também em virtude da visão de negócios do CEO. Isso se deve ao fato de ele estar sujeito a constantes pressões socioambientais, seja em escala global, seja em escala de mercado. O CEO de uma empresa multinacional desempenha o papel de embaixador da marca e precisa alinhar seu discurso aos temas que estão em destaque mundialmente, ainda mais no que diz respeito à responsabilidade socioambiental, indo além do foco puramente econômico e dos resultados financeiros.

Nesse ponto de reflexão, é possível inferir nos enunciados analisados do CEO global que, caso não houvesse uma mudança na narrativa, a marca correria o risco de perder mercado para um novo perfil de consumidor mais consciente, preocupado tanto com a saúde pessoal quanto com o planeta. Diante disso, o CEO da Coca-Cola global reconhece a necessidade de uma mudança estratégica. Do contrário, a empresa veria um declínio nas vendas, perda de participação de mercado, diminuição da presença privilegiada nas prateleiras dos supermercados, redução das ofertas em bares e restaurantes, e uma diminuição nas demandas individuais e familiares dos lares.

Contudo, é importante destacar que nenhuma mudança significativa ocorre sem o respaldo do departamento de marketing. Para sustentar essa consideração, apresentam-se a seguir parte dos dados mapeados na internet, que incluem enunciados do presidente da Coca-Cola Brasil, indicando uma mudança de mindset no marketing a partir de 2017, alinhando-se aos novos consumidores "verdes".

A Coca-Cola aumentará os investimentos no Brasil este ano como parte de uma estratégia de expansão na distribuição e uma mudança no marketing para os refrigerantes sem açúcar ou reduzidos em açúcar. A empresa planeja investir cerca de R$ 3 bilhões em 2017, um valor 10% superior à média dos últimos cinco anos. Os investimentos abrangem desde infraestrutura até equipamentos, incluindo marketing. O grupo tem como meta para o país ampliar a distribuição das versões com menos ou sem açúcar da Coca-Cola. A expectativa é aumentar em 50% a distribuição do refrigerante Zero Açúcar e Com Stevia este ano. A empresa também está lançando novas campanhas de marketing após a alteração de suas embalagens (Sousa, 2017).

Como já contextualizado, as questões socioambientais da Coca-Cola Brasil vão além da diminuição do açúcar na bebida. Em conformidade com as pautas ambientais e com o compromisso das partes das COPs, a empresa precisa diminuir seu impacto de GEE na atmosfera e uma das questões que trazem preocupação é o dióxido de carbono ou gás carbônico (CO_2) que é produzido no processo da bebida (Estadão, 2017; Coca-Cola Brasil, 2017). Durante a pesquisa, as pistas apontaram que a Coca-Cola está impulsionando essa nova era. Assim, o departamento de marketing elabora novos enunciados, emitindo declarações que vão além da simples sustentabilidade empresarial, para mitigar o impacto negativo da imagem dos produtos nas questões socioambientais. Nesse sentido, as mensagens são frequentemente direcionadas ao amplo público nas redes sociais, incluindo plataformas como o LinkedIn. Essas comunicações são realizadas pelos representantes da empresa, como CEOs, diretores e gerentes de diversas áreas da marca corporativa e do braço social (ICBB). Isso ocorre de maneira proeminente por meio dos CEOs da diretoria de Sustentabilidade e das gerências de marketing.

Além disso, são criados outros conteúdos para gerar uma variedade de enunciados que caracterizam essa nova era. Um exemplo é a divulgação de relatórios de sustentabilidade global no site da empresa, bem como relatórios integrados de suas filiais em cada país (The Coca-Cola Company, 2023).

Nessa pista, Fischer (1997, p. 63) diz que: "A mídia não apenas veicula, mas, sobretudo, constrói discursos e produz significados e sujeitos." De posse dessa afirmação, entende-se que o comunicado em mídia mundial – "agenciamentos de enunciação" –, feito pelo CEO da Coca-Cola Global, leva aos seus consumidores promessas de boas novas, com o propósito de promover uma campanha "ecopsicossocial", ante uma nova temporada da "Coca-Cola sustentável". Quanto a essa postura integral do CEO James Quincey nas redes sociotécnicas, pode ser comparada ao que já anunciava McLuhan (1964, p. 33), quando descreveu: "O 'conteúdo' de um meio é como a 'bola' de carne que o assaltante leva consigo para distrair o cão de guarda da mente. O efeito de um meio se torna mais forte e intenso justamente porque o seu 'conteúdo' é um outro meio." Presume-se, portanto, que o consumidor ecológico, contemporâneo, seja ávido por produtos que comuniquem com ética o que ele pretende consumir. Contudo, os enunciados que esse mesmo CEO emite nas redes sociotécnicas apontam controvérsias em relação às verdades, como veremos no próximo capítulo da discussão. Nesse entendimento, para melhor abrangência dos enunciados emitidos pela fala do CEO da Coca-Cola na mídia global, faz-se outra menção a McLuhan (1964, p. 33): "O conteúdo da escrita ou da imprensa é a fala, mas o leitor permanece quase que inteiramente inconsciente, seja em relação à palavra impressa, seja em relação à palavra falada."

Ao cartografar o estudo e insistir nas análises, estima-se que a marca tem se mantido na mente do consumidor ao longo dos seus mais de 130 anos e faz de tudo para ainda se manter (Brand Finance, 2021; Coca-Cola Brasil, 2016b). "A Coca-Cola fará tudo para ser a número um na mente de todos. Essa é a sua estratégia", afirma Tavares (2003, p. 124). Com essa assertividade, o CEO James Quincey vem se esmerando para manter a marca na mente dos consumidores, utilizando, constantemente, enunciados "verdes" nos seus discursos midiáticos, demonstrando de forma habilidosa que a marca é ética e tem se atualizado. Dessa maneira, a Coca-Cola global também se mantém em conformidade[60] com as exigências da legislação, como com a prestação de contas do Sistema Nacional de Informações sobre a Gestão dos Resíduos Sólidos (Sinir).[61] Essa dedicação às questões socioambientais da marca Coca-Cola traz resultados demonstrados no LinkedIn pelo CEO James Quincey,[62] cujos enunciados indicam o Return On Investment (ROI)[63] da ação de marketing da Coca-Cola em 2020.

Além do mais, durante a pandemia da covid-19, a marca continuou a ser eleita pelos consumidores cariocas.[64] Para corroborar com a cartografia dos dados, fez-se uma pesquisa nos sites de ranking de melhores marcas no Brasil e localizaram-se dois resultados: primeiro no site da Merco (Corporate Reputation Business Monitor), que é o monitor corporativo de referência na América Latina, responsável por avaliar a reputação de empresas desde 2000. No ranking da Merco sobre responsabilidade e governança corporativa do ano de 2019, a Coca-Cola está em décimo quinto lugar e a AmBev, sua concorrente, em quarto lugar (Merco, 2019). Já em 2020, a marca Coca-Cola Brasil sobe para nono lugar na posição do ranking,[65] confirmando as conjecturas sobre a postagem da área de Relações Públicas, Comunicação e Sustentabilidade da marca Coca-Cola Brasil no LinkedIn. Em nova busca no site de O Globo, localizou-se outro resultado no ranking das Marcas dos Cariocas – uma parceria de O Globo com a TroianoBranding, desde 2010 – e observou-se que a Coca-Cola aparece como uma das "marcas mais admiradas por seu trabalho social durante a pandemia de covid-19". No mesmo ranking das Marcas dos Cariocas de O Globo, Coca-Cola e AmBev aparecem entre as primeiras colocadas em outras categorias, tais quais: A cara do Rio; Respeito

---

60 "Conformidade não são apenas leis, regulamentos internos ou externos. São padrões éticos, tratados como investimentos para os negócios." (Tonon, Daniel; Rangel, 2020)

61 O Sinir é instrumento da PNRS previsto na Lei 12.305, de 2010, coordenado pelo Ministério do Meio Ambiente, pelo qual os estados, municípios e Distrito Federal devem declarar anualmente todas as informações necessárias sobre os resíduos sob sua esfera de competência. O Sinir possibilita o monitoramento dos avanços na gestão dos resíduos em diferentes recortes geográficos, desde o municipal ou conjunto de municípios, consórcios, até os níveis estadual, regional e nacional. A disponibilização de informações atualizadas no Sinir é condição necessária para os estados, municípios e Distrito Federal terem acesso a recursos do Ministério do Meio Ambiente, ou por ele controlados, destinados a empreendimentos, equipamentos e serviços relacionados à gestão de resíduos sólidos, obrigação instituída pela Portaria 219, de 29 de abril de 2020 (Brasil, 2010c).

62 Coca-Cola Sem Açúcar é nossa grande aposta de crescimento para 2021. Fonte: <https://www.LinkedIn.com/in/henrique-braun/> (2020).

63 ROI é um termo em inglês que indica o retorno obtido com um determinado investimento. É uma métrica que utiliza uma fórmula matemática para identificar a relação entre o que se aplicou em uma campanha de marketing e o que se converteu em resultados (Powell, 2002, tradução nossa).

64 Coca-Cola é a marca de refrigerante mais admirada pelos cariocas. Fonte: <https://www.linkedin.com/in/mari-rocha/detail/recent-activity/> (2020). Coca-Cola, uma das cinco marcas mais associadas à diversidade em 2020.

65 Fonte: <https://www.linkedin.com/in/silmaraolivio/>. (2020)

ao consumidor; Respeito ao meio ambiente. Em outros resultados, apurou-se que a Coca-Cola Brasil desde o início dos anos 2010 vem evoluindo em tecnologia e apostando na interação de uma nova rede sociotécnica, na diretriz da The Coca-Cola Company, que criou uma estratégia global e unificou a marca em uma única campanha criativa desde 2016. Dessa forma, a estratégia visou seguir uma única comunicação global alinhada aos preceitos socioambientais, adotando o compliance além da comunicação de marketing, para trazer mais transparência às suas vias de comunicação – empresa-consumidores-sociedade. Para esse dado, Nunes; Villarinho; Patrocínio (2020) alertam que: "[...] as empresas não vivem somente de regras, protocolos e processos. Compliance trouxe variáveis novas não só para que se cumpra adequadamente as leis dentro das empresas, mas chega para ensinar a compartilhar interesses das empresas com a sociedade, em favor do público-alvo daquele serviço, ação ou atitude".

Segundo esse pensamento, os 3Is de Kotler; Kartajaya; Setiawan (2010), vistos pelo olhar do marketing, apresentam a ideia de que a marca tem a ver com seu posicionamento na mente dos consumidores. Os autores asseguram: "Para que sua marca seja ouvida e notada em um mercado tumultuado, precisa ter um posicionamento singular. Precisa também ser relevante para as necessidades e os desejos racionais dos consumidores." (Kotler; Kartajaya; Setiawan, 2010, p. 41) Outro aspecto importante do posicionamento da marca na mente dos consumidores atualmente é demonstrar clareza nas ações e na comunicação da empresa. Para tanto, as empresas têm procurado trabalhar de modo colaborativo por meio de plataformas de marketplace, buscando a transparência das operações e a clareza das informações aos consumidores. Além disso, as plataformas digitais de vendas propiciam um encontro em rede para escalar uma cadeia produtiva de valor e reforçar as parcerias mesmo entre empresas concorrentes. Como parte da iniciativa "Nós", em maio de 2020 a Coca-Cola Brasil estabeleceu parceria com oito empresas do setor de alimentos e bebidas, incluindo AmBev, Heineken e Nestlé. Um dos projetos mais recentes da Coca-Cola, concebido da ideia de rede, o projeto "Nós" visa apoiar a recuperação dos pequenos negócios afetados pela crise econômica resultante da pandemia da covid-19. O projeto sustenta a seguinte premissa: aproveitar o conceito de rede e identificar as oportunidades, além de identificar as plataformas em comum que podem ser exploradas (Pacete, 2020).

Pelo que se viu até aqui, a proposta é, futuramente, unificar as formas de comunicação entre os consumidores e os stakeholders das marcas. Para tanto, surgem novas plataformas de experiência com o cliente da Coca-Cola e da AmBev; a AmBev, por exemplo, lançou a plataforma Hoppy[66] para fãs de cerveja. Nota-se que

---

66 Aprenda tudo o que você queria saber sobre cerveja e cultura da cerveja. Fonte: <https://hoppy.ab-inbev.com/> (2020).

a experiência na plataforma propicia educação por meio de um espaço de troca interativo – gamificação[67] –, até mesmo para conscientizar e educar. Assim, surgem outras plataformas adaptadas para smartphones, que estimulam a troca das embalagens da AmBev e Coca-Cola Brasil, como o Vale Garrafas Retornáveis.[68]

É nesse mesmo contexto que a Coca-Cola Brasil e a AmBev iniciaram em 2017 uma parceria pela plataforma Reciclar pelo Brasil. Por esse conceito de colaboração em rede elas buscam dividir os problemas da produção industrial das empresas gigantes em prol de um mundo com menos resíduos. Todos os esforços das marcas Coca-Cola e AmBev desde o período citado têm sido para engajar os seus consumidores no compromisso da responsabilidade compartilhada; muitos projetos são descontinuados pela não aceitação do público ou por falta de processos logísticos que funcionem ou, ainda, por falta de disseminação e comunicação por parte da empresa. Por exemplo, em 2017 a AmBev investiu 1,5 milhão no desenvolvimento de uma máquina própria de coleta de garrafas retornáveis para facilitar a troca dos vasilhames para os consumidores. "A economia com essas embalagens pode chegar até 30%, já que, após a primeira compra, o cliente não paga por um novo vasilhame." (EmbalagemMarca, 2017) Presume-se que o projeto das máquinas não decolou, e com isso a AmBev partiu para outra estratégia mais moderna e de tendência de marketplace, envolvendo o consumidor pelo aplicativo virtual. Entretanto, outras escolhas continuam sendo aplicadas para que o objetivo da plataforma Reciclar pelo Brasil seja alcançado – reunir todos as embalagens e operar a logística reversa dos produtos –, diminuindo assim plásticos e garrafas desperdiçados e espalhados nos mares, rios, oceanos e ruas (os resíduos acumulados pelas chuvas em ralos e galerias pluviais trazem problemas urbanos). Uma dessas alternativas, apoiada pelas empresas Coca-Cola e AmBev, é a parceria com startups de reciclagem que tentam coletar os resíduos e dar uma destinação adequada.

Para embasar a reflexão anterior, apresentam-se dois exemplos retirados de uma postagem no LinkedIn durante o mapeamento da "colheita de dados" dos atores-rede da pesquisa. O primeiro exemplo apresenta a ideia da Green Mining,[69] uma startup de iniciativa de logística reversa inteligente, acelerada pela AmBev. O projeto nasceu em São Paulo e foi ampliado para pontos de reaproveitamento de embalagens com coletas na Zona Sul do Rio de Janeiro e em Brasília. O segundo

---

67 Gamificação, do inglês *gamification*, é a prática de aplicar mecânicas de jogos em diversas áreas, como negócios, saúde e vida social. O principal objetivo é aumentar o engajamento e despertar a curiosidade dos usuários, mas, além dos desafios propostos nos jogos, na *gamification* as recompensas também são itens cruciais para o sucesso. Embora não seja necessário criar um jogo em si, a prática tem ganhado muito espaço na sociedade, e vem sendo inserida até em aplicativos e livros.

68 Libere espaço em casa. Suas garrafas retornáveis em seu bolso.

69 Startup Green Mining – empoderamento AmBev. Fonte: <https://www.linkedin.com/company/green-mining/> (2020).

2. O MARKETING AMBIENTAL PELO OLHAR DA PSICOSSOCIOLOGIA

projeto destacado é a startup de reciclagem Pimp My Carroça,[70] organização beneficente com sede no Brasil, fundada em 2007 por um grafiteiro de São Paulo. A ideia inicial do projeto foi melhorar com a arte as condições de trabalho e a visibilidade das carroças dos catadores na beira da estrada, incentivando que a sociedade olhe para esses trabalhadores invisíveis. De acordo com o estudo de caso de Sherlock (2021): "Os catadores trabalham longas horas com uma espécie de carreta com rodas chamada carroça, recolhendo e transportando o lixo da rua para os centros de reciclagem apropriados. Sem eles o país quase não reciclaria, sendo os catadores responsáveis por 90% de toda a reciclagem do Brasil." Ainda segundo o estudo de caso, o projeto Pimp My Carroça não tem um porta-voz específico e, como trabalho pro bono, a Sherlock Communications resolveu ajudar na divulgação do projeto. O projeto tomou enorme visibilidade na mídia, mais de 53 mil usuários baixaram o aplicativo Cataki, criado para ajudar os catadores, e foi daí que a Coca-Cola resolveu apoiar o projeto no início de 2020.

Nota-se, então, que as empresas Coca-Cola e AmBev vêm aumentando as promessas de solução dos problemas à medida que aumentam o volume dos resíduos gerados. Isso ocorre porque a Agenda 2030[71] exige metas a serem alcançadas até o ano de 2025, em particular com relação à conservação e ao uso sustentável dos oceanos e mares, como indica o item 14.1 da Agenda 2030: "Até 2025, prevenir e reduzir significativamente a poluição marinha de todos os tipos, especialmente a advinda de atividades terrestres, incluindo detritos marinhos e a poluição por nutrientes." Os últimos cinco anos da Agenda são de acompanhamento e revisão das metas traçadas pelos COPs (Brasil, 2015a). Percebe-se, com isso, que muitos enunciados são proferidos pelas empresas Coca-Cola e AmBev nas redes, em busca de um comprometimento em comum com os atores envolvidos e em busca de garantir aos seus consumidores a evidência de tal compromisso. Por outro lado, pressupõe-se que essas empresas estão trabalhando com firmeza nesse espectro a fim de encontrar soluções para os recursos finitos do planeta e, assim, garantir por intermédio da comunicação "ética" que essa questão seja equacionada. Para fundamentar essa premissa, foram obtidos relatos dos entrevistados – com a colaboração da assessoria de imprensa –, que confirmam e elucidam o estudo. Os jornalistas terceirizados da Coca-Cola Brasil estão envolvidos no projeto Colabora, uma plataforma de comunicação com foco em sustentabilidade, que funciona como um site de notícias. Esse site foi inicialmente desenvolvido por jornalistas profissionais independentes.

---

70 Coca-Cola vai investir em aplicativo de reciclagem de garrafas PET. Fonte: <https://veja.abril.com.br/blog/radar/coca-cola-investe-1-milhao-em-aplicativo-de-reciclagem-de-garrafas-pet/> (2019).

71 A Agenda 2030 consiste em uma declaração, em um quadro de resultados – os 17 ODS e suas 169 metas–, em uma seção sobre meios de implementação e de parcerias globais, bem como de um roteiro para acompanhamento e revisão. Os ODS são o núcleo da Agenda e deverão ser alcançados até 2030.

A agência Colabora é um braço da matriz da empresa no Brasil, responsável pela produção de conteúdo de marca, também conhecida como #ColaboraMarcas. Ela começou a atender a Coca-Cola Brasil em julho de 2016, principalmente para criar reportagens para o site institucional da empresa, chamado Journey, que é o nome global para o site da Coca-Cola. Journey está relacionado à ideia de jornada, uma narrativa que a The Coca-Cola Company também utiliza no Journey Brasil.

A Colabora, contando com diversos colaboradores, como videomakers, designers e repórteres especializados, é contratada para produzir reportagens para o site da Coca-Cola Brasil. Em razão de sua agilidade como produtora de conteúdo, a agência também gerencia as redes sociais – incluindo o Facebook – e os materiais institucionais, quando solicitado pela Coca-Cola Brasil.

Além do site Journey, a assessoria de imprensa terceirizada pela Colabora concentra-se fortemente no trabalho na rede LinkedIn. A área de comunicação corporativa da Coca-Cola Brasil considera o LinkedIn uma ferramenta crucial para a reputação da empresa. No Journey, nem sempre o conteúdo é textual; por vezes, são vídeos e materiais mais aprofundados, geralmente alinhados com a estratégia da Coca-Cola Brasil no período a ser veiculado. Se a estratégia prioritária for, por exemplo, água, resíduo ou portfólio, a assessoria de imprensa produzirá matérias alinhadas com esses pilares. Reuniões regulares são realizadas com a empresa para estabelecer um calendário anual de comunicação, com base no qual a assessoria de imprensa da Colabora desenvolve o conteúdo. A aprovação para divulgação é obtida pela área de comunicação corporativa da Coca-Cola Brasil antes da publicação. Não é a agência que define as estratégias, mas ela segue as demandas. Ao mesmo tempo, embora siga uma diretriz global, a Coca-Cola Brasil adapta os conteúdos da comunicação de acordo com o portfólio brasileiro. Por exemplo, se o briefing do trimestre de 2017 for sobre sustentabilidade – de acesso a água, resíduos e de variedade de portfólio e inovação –, a agência produz os conteúdos conforme esses pilares. Para o site Journey são criadas matérias, vídeos e infográficos – muito utilizados atualmente –; já para o LinkedIn o funcionamento é diferente, pois o conteúdo é adaptado para uma rede social e atualmente demanda mais tempo da agência. Segundo a (E11): "[...] no site Journey a nossa quantidade de matérias hoje é um pouco menor, já foi bem maior, mas hoje em dia nós produzimos, mais ou menos, de uma a duas matérias por mês. Já no LinkedIn a gente adapta a estratégia da comunicação a uma rede social e demanda mais tempo" (E11).

Assim, as análises apontaram que desde o ano de 2017 o LinkedIn é o canal de maior fluxo de comunicação entre os porta-vozes da marca Coca-Cola Brasil e os seus stakeholders. "[...] é um trabalho conjunto em que a gente fala na página do LinkedIn, [...] inclusive não há um perfil da Coca-Cola Brasil, e sim da The

Coca-Cola Company e a postagem é feita com geolocalização e seleção de idioma para direcionar ao público brasileiro". Saiba mais em Coca-Cola Journey.[72]

Em continuação à Pesquisa Cartográfica Reflexiva e no que diz respeito aos agenciamentos de enunciação do marketing relacionados às questões socioambientais, torna-se evidente que os conteúdos gerados por cinco porta-vozes da Coca-Cola Brasil – que, na ocasião da pesquisa, ocupavam cargos estratégicos de planejamento – são trabalhados em narrativas sustentáveis para alcançar seus stakeholders e shareholders. A análise dos enunciados revela que esse processo é altamente colaborativo, sendo cada porta-voz um executivo estratégico em uma área específica.

A agência de comunicação Colabora oferece suporte de conteúdo para que esses executivos transmitam suas mensagens como porta-vozes da Coca-Cola Brasil, uma vez que são os autores de seus perfis nas redes sociais da empresa. Assim, o plano de comunicação no LinkedIn é totalmente integrado entre a página da companhia, The Coca-Cola Company no Brasil, que representa a voz da empresa, e as vozes desses porta-vozes da Coca-Cola Brasil; um conteúdo complementa o outro. Nessa pista, o relato analisado da entrevista indica que os porta-vozes da Coca-Cola Brasil têm liberdade para compartilhar suas narrativas no LinkedIn.

A pista da análise, no entanto, indica que há um arranjo da comunicação para operacionalizar uma rede sociotécnica do "rizoma verde", criando agenciamentos de enunciação que seguem uma pauta global e local ao mesmo tempo. Por exemplo, percebeu-se esse alinhamento no mapeamento da controvérsia do caso da plataforma Reciclar pelo Brasil, quando surgiu nas redes o seguinte enunciado: "União de forças: AmBev e Coca-Cola Brasil lançam programa de reciclagem para potencializar investimento em cooperativas de catadores." (Coca-Cola Brasil, 2017b)

Outra descoberta nos resultados da pesquisa, após ligar os pontos da rede sociotécnica da reciclagem que se formou a partir de 2017, é que a agência de comunicação Colabora organizou em 2019 um evento memorável no Museu do Amanhã,[73] no Rio de Janeiro. O tema "Intraempreendedorismo e cultura pré-

---

72 Estamos sempre aprimorando nosso portfólio, que vai desde a redução do açúcar em nossas bebidas até o lançamento de produtos inovadores no mercado. Também estamos trabalhando para reduzir nosso impacto ambiental, por meio do reabastecimento de recursos hídricos e da promoção da reciclagem. Com nossos parceiros de engarrafamento, empregamos mais de 700 mil pessoas e ajudamos a trazer oportunidades econômicas às comunidades locais em todo o mundo. Saiba mais em Coca-Cola Journey, em www.coca-colacompany.com e siga-nos no Twitter (@CocaColaCo), Instagram (@thecocacolaco), Facebook (@thecocacolaco) e LinkedIn. Local na internet http://www.coca-colacompany.com Fonte: <https://www.linkedin.com/company/the-coca-cola-company/> (2021).

73 O Museu do Amanhã, localizado no Centro do Rio de Janeiro, é um museu de ciências diferente. Um ambiente de ideias, explorações e perguntas sobre a época de grandes mudanças em que vivemos e os diferentes caminhos que se abrem para o futuro. O Amanhã não é uma data no calendário, não é um lugar aonde vamos chegar. É uma construção da qual participamos todos, como pessoas, cidadãos, membros da espécie humana. Disponível em: <https://museudoamanha.org.br/>. Acesso em: 9 abr. 2021.

-competitiva | Coca & Cervejaria AmBev" foi incluído na pauta do evento, no qual executivos das áreas de Sustentabilidade e Relações Governamentais da Coca-Cola e AmBev proferiram palestras. Na ocasião da pesquisa, ambos representavam as respectivas empresas e apresentaram o case do projeto "Reciclar pelo Brasil". Esse projeto obteve aprovação dos executivos do alto escalão das empresas para ser implementado. Segue o enunciado do site do evento ColaborAmerica, organizado por colaboradores da agência de comunicação Colabora: "Eles vão compartilhar os desafios de criar esta colaboração entre as duas maiores fabricantes de bebidas do Brasil." (ColaborAmerica, 2019)

Essa pista da análise levou à reflexão de que, provavelmente, a Coca-Cola Brasil adota a estratégia de marketing 360 graus, em uma visão integrada por diversos meios de comunicação.

Conforme esse entendimento, Kotler & Keller (2012, p. 530) afirmam que:

> *A ampla gama de ferramentas de comunicação, mensagens e públicos torna obrigatório que as empresas se encaminhem para uma comunicação integrada de marketing. É preciso adotar uma "visão de 360 graus" do consumidor para compreender plenamente todas as diferentes formas pelas quais a comunicação pode influenciar seu comportamento cotidiano.*

Como na pesquisa cartográfica a ideia é seguir os atores-rede, após o mapeamento do evento ColaborAmerica[74] nas redes, a encarregada dessa pesquisa se inscreveu no evento, gravou as falas dos palestrantes – executivos da Coca-Cola Brasil e AmBev – durante o evento ColaborAmerica e fez a "colheita dos dados". Ao término das palestras, a pesquisadora abordou os executivos que criaram a plataforma Reciclar pelo Brasil para fazer entrevistas pessoais, objetivando compreender o porquê da "união de forças" entre as gigantes de bebidas.

Os resultados dessa parte da investigação apontaram que a plataforma Reciclar pelo Brasil surgiu do interesse desses executivos da Coca-Cola e da AmBev, que já trabalhavam separadamente (de forma linear) a gestão de resíduos de cada empresa. Nas falas dos executivos surgiram enunciados, como pacto, união, propósito, diversos atores, plataforma inclusiva, ação social. Constatou-se nos relatos que, no início da "união de forças", os executivos não

---

74 Disponível em: <https://museudoamanha.org.br/pt-br/quarta-edicao-do-colaboramerica-no-museu-do--amanha>. Acesso em: 30 abr. 2020.

sabiam ainda se seria um programa, um projeto ou uma plataforma. Ficou claro nos relatos, porém, que o programa nasceu para ser maior, ser inclusivo e ter mais empresas participantes. Outro ponto de observação é que, quando os executivos da Coca e da AmBev iniciaram a discussão sobre a plataforma de reciclagem, as reuniões eram marcadas no escritório da Coca-Cola Brasil ou na AmBev, e havia aquele receio de compartilhar informações. Eles mencionaram que, mesmo sendo uma pauta pré-competitiva sem dados de negócios estratégicos, era complicado uma empresa de cor "azul" entrar na empresa de cor "vermelha" para juntas traçarem objetivos sustentáveis em comum. Mas o olhar dos executivos estava acima da mera questão competitiva do negócio das empresas; o propósito era viabilizar uma plataforma social inclusiva para catadores e cooperativas. Nesse momento decidiram incluir a gestão da Ancat no negócio, que, segundo os executivos, foi uma decisão crucial para a plataforma crescer e se transformar hoje no programa de reciclagem inclusivo que é. E o pontapé inicial foi juntar o know-how de ambas as empresas na gestão dos resíduos para fazerem, então, uma gestão circular. Relataram que muitas cooperativas que começaram a fazer parte da plataforma não tinham CNPJ e foram apoiadas pelo programa para se regularizarem, se organizarem e participarem. E a meta dos executivos era que a plataforma crescesse em parceria com outras empresas e viabilizasse a participação de mais cooperativas e catadores no programa. Em 2019, na ocasião do evento, após quase três anos de execução da plataforma Reciclar pelo Brasil, já eram cerca de duzentas cooperativas, 5 mil catadores entre 21 estados brasileiros; e a ideia era crescer não só organicamente mas de forma inteligente para, com a Ancat e o MNCR, trazer mais inclusão social e renda para catadores e cooperativas. Para além disso, a moderadora do evento salientou que gestão de resíduos é um tema importante que nasce de uma agenda político-setorial no Brasil, que estava estagnada até 2017. Então, qual seria o real propósito da criação do programa?

Até 2019, o Brasil contava com mil cooperativas, que são organizações com grande vulnerabilidade social e, ao mesmo tempo, bom potencial de crescimento, nesse caso ocasionado pelos resíduos sólidos gerados pela indústria. Em virtude do acordo setorial, cabe à indústria investir em infraestrutura e capacitação da mão de obra voltada para a reciclagem, promovendo assim a efetivação da economia circular. Por fim, há diversas abordagens para realizar essa gestão. Anterior à "união de forças" os programas eram proprietários, cada empresa tinha sua comunicação sobre o tema, sua logo, suas cores, um programa era vermelho, o outro era azul e se chamavam Coletivo Reciclagem e AmBev Recicla. Na prática, os investimentos se sobrepunham; muitas vezes uma cooperativa recebia um investimento para comprar máquinas ou contratar um técnico e recebia apoio de ambas as empresas e outras cooperativas ficavam sem apoio. Daí em diante, a rede cresceu e continua se desenvolvendo, com a participação de outras empresas e mais cooperativas e catadores; a meta é chegar até 2025 com 100% dos resíduos reciclados.

Além disso, tal iniciativa contagiou outros executivos das empresas, que querem trabalhar na empresa onde é possível mudar o mundo! O propósito atual da AmBev é unir as pessoas em busca de um mundo melhor. No entanto, os resultados destacaram que a rede sociotécnica da reciclagem se expandiu significativamente com as iniciativas da Coca-Cola Brasil e AmBev. Ao atrair outras empresas para participar, a cadeia se fortaleceu, formando todo o *cluster* do "rizoma verde". Vale ressaltar que, após o lançamento da plataforma Reciclar pelo Brasil em 2017, outras empresas aderiram à iniciativa. A mídia divulgou que a Coca-Cola e a AmBev estavam unindo esforços e convidando mais empresas a integrarem a plataforma, abandonando seus projetos individuais de gestão de resíduos e passando a atuar na economia circular. Em 2018, mais quatro empresas aderiram, e atualmente, a plataforma de reciclagem conta com mais de 16 empresas, incluindo Danone, Dr. Oetker, Nestlé, Pepsico, Tetra Pak, Vigor, BRF, Arcor, Ajinomoto, além de órgãos públicos como Ancat e ONGs.

Em 2021 a plataforma já somava 14 empresas, e a Ancat é a responsável pela gestão de governança da plataforma, prestando contas nos relatórios anuais de reciclagem pela participação das empresas. Hoje, em 2023, já são 18 empresas que participam da plataforma, escalando a cada dia mais empresas, cooperativas e catadores.

Ao percorrer e ligar os pontos da análise foram encontradas conexões e associações entre as relações dos executivos da Coca-Cola e da plataforma da Ancat. Para compreender esse cenário, é crucial destacar que o projeto saiu do ICCB, e agora a Coca-Cola Brasil conta com um representante da governança, responsável pela interlocução entre todas as empresas. Hoje, a plataforma Reciclar pelo Brasil envolve mais de 220 cooperativas. Com o aumento do número de parceiros, a diluição dos custos entre as empresas é menor, o que resulta em pagamentos proporcionais reduzidos pela gestão das cooperativas e dos equipamentos. Por exemplo, na ocasião da pesquisa, descobriu-se que a Coca-Cola Brasil, visando reduzir os custos da operação de reciclagem, inaugurou um centro de coleta de embalagens de bebidas recicláveis em São Paulo. Essa medida busca possibilitar o pagamento de valores diferenciados aos cooperados (catadores) e estabelecer uma relação que valorize os pequenos empreendedores.

Ao ouvir os relatos dos catadores entrevistados na obra, porém, nota-se que a plataforma foi criada para privilegiar uma parte das cooperativas e dos catadores. Os demais catadores que não participam dessa plataforma ficam descobertos de direitos e sem apoio das empresas.

Entretanto, ao prosseguir com a Pesquisa Cartográfica Reflexiva, chega-se ao entendimento de que as atividades da plataforma Reciclar pelo Brasil tiveram início com ideias de dois executivos das empresas Coca-Cola e AmBev, que decidiram aprimorar a gestão da reciclagem. Ambas as empresas já dispunham de projetos individuais e programas relacionados à reciclagem de suas embalagens de bebidas, e operavam de maneira linear. Não havia preocupação com os direitos das cooperativas de catadores, no âmbito da política nacional de resíduos sólidos, nem com a economia circular.

Uma das razões pelas quais as empresas decidiram transitar da gestão linear para a circular foi a eficiência na gestão da coleta seletiva, mas elas também passaram a adotar uma perspectiva psicossocial em relação à rede de catadores e cooperativas de reciclagem. Em 2017, as empresas Coca-Cola e AmBev uniram forças com a Ancat e conceberam o que hoje é a plataforma Reciclar pelo Brasil, marcando o início de sua primeira fase. Aproveitaram a experiência desses três atores no tema, integrando o trabalho que a Coca-Cola já realizava com as cooperativas de catadores, o trabalho da AmBev e a experiência da Ancat, um interlocutor natural. Foi assim que surgiu a primeira fase da plataforma, que se desenvolveu de setembro de 2017 a abril de 2018.

Na segunda fase, outras três empresas aderiram à filosofia da plataforma: Nestlé, Dr. Oetker e Vigor. A partir de maio de 2018, surge uma segunda fase de gestão entre essas empresas, alinhada ao pensamento do ESG, enfocando em específico as questões de conformidade. As empresas precisavam organizar e formalizar tudo o que já estava sendo tacitamente feito na governança de ambas, incluindo responsabilidades e ações relacionadas à reciclagem e aos atores da rede do negócio.

A criação da plataforma Reciclar pelo Brasil vai além do valor compartilhado e dos benefícios para cooperativas e catadores. Há uma necessidade de a empresa cumprir com a legislação ambiental e as metas das COPs, como também um compromisso mais amplo com a ecoeficiência, considerando que seus insumos são finitos. Além disso, o catador autônomo de resíduos precisa ser reconhecido como prestador de serviços, algo frequentemente subvalorizado; muitos não conseguem se organizar e carecem de apoio. Por esse motivo, a plataforma Reciclar pelo Brasil inova, adotando uma perspectiva psicossocial e alinhando-se aos princípios da Agenda 2030 da ONU e do ESG.

Um exemplo desse novo olhar psicossocial na plataforma é a implementação de exigências específicas nos editais de contratação para permitir a participação de catadores nas licitações. Dessa forma, a Coca-Cola Brasil passa a investir diretamente nas cooperativas e nos catadores, proporcionando capacitação e linhas de crédito para adquirirem equipamentos (prensas etc.), em vez de apenas investir na gestão de resíduos.

MARKETING ECOSÓFICO: um novo olhar sobre o marketing empresarial

Durante a pandemia, em 2020, por exemplo, a Coca-Cola Brasil desenvolveu um plano de marketing para criar um comercial, destacando o apoio da empresa aos catadores. Transferiu fundos para o aplicativo Cataki, projeto do Pimp My Carroça, para doação aos catadores prejudicados pela pandemia da covid-19, destinando cerca de 300 reais para cada catador. São inúmeras as questões que envolvem a nova responsabilidade socioambiental das empresas Coca-Cola Brasil e AmBev nessa nova gestão da Plataforma Reciclar pelo Brasil, abrangendo diversos atores da rede da reciclagem.

De posse dessa acepção, compreende-se que o gestor da plataforma precisa ter conexões e associações diretas com as empresas Coca-Cola e AmBev, como também ser alguém de responsabilidade e confiança para gerir a plataforma Reciclar pelo Brasil, defendendo os interesses legais e cumprindo o papel da governança corporativa[75] (tratados bilaterais sobre tributação, cooperação transfronteiriça na aplicação de leis) e da ecoeficiência. Não se trata de um projeto de filantropia ou de visão de responsabilidade social; as conexões também se referem aos consumidores que estão cada dia mais exigentes quanto às práticas socioambientais das empresas.

Ainda no que diz respeito aos resultados, não se pode afirmar se há ou não valor compartilhado tanto nas ações da Coca-Cola quanto da AmBev. Entretanto, ambas as empresas se mostram preocupadas com as questões socioambientais que vêm defendendo. Nota-se que atualmente há mais do que retórica com relação às temáticas socioambientais no marketing ambiental das empresas estudadas. Percebe-se um ponto positivo para o olhar coletivo, inovação pela implantação de metodologias e plataformas de colaboração – nas quais todos cooperam e buscam saídas ou "linhas de fuga". Com isso, o marketing das empresas analisadas cria um *cluster* de valor em prol de um mundo melhor. Dito de outra forma, por Kotler; Kartajaya; Setiawan (2010, p. 12): "O marketing colaborativo é o primeiro elemento básico do Marketing 3.0. As empresas que praticam o Marketing 3.0 querem mudar o mundo."

Com a evolução na "colheita de dados" e avançando nas análises das entrevistas, adentrou-se na discussão sobre o marketing ambiental para compreender se os executivos de Sustentabilidade da AmBev reconhecem a incorporação dessa abordagem nas ações de sustentabilidade e responsabilidade social da empresa.

---

75 Governança corporativa é o sistema pelo qual as empresas e demais organizações são dirigidas, monitoradas e incentivadas, envolvendo os relacionamentos entre sócios, conselho de administração, diretoria, órgãos de fiscalização e controle e demais partes interessadas. As boas práticas de governança corporativa convertem princípios básicos em recomendações objetivas, alinhando interesses com a finalidade de preservar e otimizar o valor econômico de longo prazo da organização, facilitando seu acesso a recursos e contribuindo para a qualidade da gestão da organização, sua longevidade e o bem comum (Álvares, 2008).

2. O MARKETING AMBIENTAL PELO OLHAR DA PSICOSSOCIOLOGIA

As evidências colhidas indicam que existem controvérsias em relação ao entendimento sobre o marketing ambiental. A percepção é que, à medida que as demandas dos consumidores evoluíram ao longo do tempo, alterando a própria natureza da ciência do marketing, o componente ambiental emergiu como novo elemento.

A AmBev, desde o início, tem mantido uma estratégia de negócios alinhada à inovação e a um marketing sensível aos cenários internos e externos à empresa. Nesse posicionamento, Kotler et al. (2008, tradução nossa) destacam que, para impulsionar o ciclo de uma empresa, é necessário introduzir três mudanças estratégicas: política, técnica e cultural. Em outras palavras, uma empresa, nos dias de hoje, precisa nascer e permanecer inovadora no mercado, agindo não apenas de maneira estética mas ética, em sintonia com as transformações geopolíticas. Além disso, é crucial manter uma cultura flexível e operar com valores compartilhados.

Em suma, é nessa onda de mudar o mundo e "fazer do mundo um lugar melhor" que a Coca-Cola e a AmBev vêm projetando desde 2017 suas ideias e prospectando-as por meio de plataformas coletivas e unificadas em uma rede sociotécnica. Nessa evolução, entre o olhar mais cuidadoso da marca e o dos atores envolvidos é que surgem novas perspectivas para os negócios e novas tecnologias mais avançadas, que auxiliam em todos os aspectos desejados coletivamente entre marca, cliente, fornecedores, terceiro setor, governo, entidades públicas e ambientais.

Ao avançar com o mapeamento do tema de estudo aplicando a TAR, localizou- se a seguinte controvérsia no pós-consumo das marcas Coca-Cola Brasil e AmBev: A "união de forças" firmada entre as marcas concorrentes no ano de 2017, supostamente, opera na captura de modos de ser "ecologicamente correto" ou "ecopsicossocial" (Almeida; Tavares; Ferreira, 2019; Almeida; Tavares; Rodriguez, 2020).

Em continuação ao mapeamento de controvérsias, localizou-se um novo fato a partir de 2017 para além da "união de forças" da plataforma Reciclar pelo Brasil, que é a unificação da estratégia das três versões da bebida: "O novo posicionamento global integra Coca-Cola sabor original, Coca-Cola zero açúcar e Coca--Cola com stevia e 50% menos açúcares sob a órbita da marca icônica Coca-Cola." (Cohen, 2017) A fim de alcançar a estratégia adotada pela marca, verificou-se que: "A comunicação deixa de ser feita com marcas independentes e passa a ter apenas uma grande marca, a Coca-Cola, com diferentes variantes." (Cohen, 2017) Observou-se que a marca adota a estratégia de diversificar o seu portfólio e ampliar a gama de ofertas tanto de produtos convencionais quanto de produtos "verdes". "Independentemente das variantes que o consumidor escolher, ele terá a mesma experiência de marca e a sensação de prazer ao beber uma Coca--Cola." (Cohen, 2017) Evidencia-se que é uma tacada assertiva do marketing da

Coca-Cola no alvo "verde" além da garantia do consumo da Coca-Cola original, pois a marca prossegue na construção do branding sustentável, ampliando a rede do "rizoma verde" – da colaboração de um-para-muitos – sem desmerecer os consumidores que preferem a bebida convencional. Assim, a marca Coca-Cola Brasil unifica a estratégia de comunicação para as três versões da bebida.[76] No site da marca, intitulado Coca-Cola Journey, a nova estratégia é narrada no contorno da história do artista plástico Andy Warhol, que certa vez disse: "A Coca-Cola é uma Coca-Cola, e nenhuma quantidade de dinheiro pode lhe dar uma Coca--Cola melhor do que a que um morador de rua está bebendo. Todas as Coca-Colas são iguais e todas as Coca-Colas são boas."

Percebe-se daí que o marketing da Coca-Cola procura definir um foco sortido, e direcionado ao mesmo tempo, para ter chances de ser alcançado com singularidade (Tavares, 2003). Relacionado a essa questão, constata-se também que a Coca-Cola, visando alcançar todos os desejos do mundo, tem se esmerado ao longo dos tempos em criar campanhas publicitárias brilhantes por intermédio de slogans mirabolantes. A seguir, destacam-se alguns mais salientes na linha temporal dos três atos apresentados nesta subseção: "Coca-Cola é isso aí" (1982); "Emoção pra valer" (1988); "Sempre Coca-Cola" (1993); "Curta Coca-Cola" (2000); "Gostoso é viver" (2001), "Coca-Cola é real" (2003); "Make it Real" (2005); "Abra a felicidade" (2009); "Sinta o sabor" (2016).

Esse último slogan citado, que no original em inglês foi intitulado "Taste the feeling", deu origem à campanha global de marketing da Coca-Cola de forma desbravadora, criativa, eficiente, e reuniu todos os produtos da marca em um só comercial: Coca-Cola; Coca-Cola Light e Coca-Cola Zero (Coca-Cola Brasil, 2016c).

Ainda na análise dessa "colheita de dados", evidencia-se no enunciado anterior que a Coca-Cola está no mundo para atender a todos os desejos, basta você querer! Existe uma Coca-Cola para todos os brasileiros e todos os povos. A Coca--Cola não discrimina, ela quer "todes"! Basta ter uma moeda na mão e você tem uma Coca-Cola! E se você quer uma Coca-Cola "saudável", pague um pouco mais e compre uma Coca-Cola "Zero Açúcar"!

O orgulho coletivo sempre foi o objetivo da marca Coca-Cola, que penetrou no mercado com "agenciamentos de enunciação" elaborados assim: "Bem-vindos à Terra, o lar da Coca-Cola." Dessa maneira, Tavares (2003, p. 123) revela: "O planeta se curva a ela."

---

76 Coca-Cola Brasil unifica estratégia para as três versões de Coca-Cola. Fonte: <https://abir.org.br/coca-cola--brasil-anuncia-nova-estrategia-que-unifica-as-tres-versoes-de-coca-cola/coca-cola-brasil-anuncia-nova--estrategia-que-unifica-as-tres-versoes-de-coca-cola/>. Acesso em: abr. 2019.

Sobre a campanha "Sinta o sabor", os executivos do marketing global da Coca-Cola, bem como o presidente da Coca-Cola Brasil, justificam que a estratégia de "marca única" busca promover escolhas ao consumidor; antes as campanhas ofereciam marcas alternativas para os consumidores que desejavam bebidas com menos açúcar como se fosse outra marca, e não um produto da marca universal. Os executivos da Coca-Cola comentam que do jeito que os produtos eram oferecidos pelas campanhas, separadamente, na realidade elas induzem os consumidores a renunciar ao prazer da Coca-Cola convencional. É como se a empresa estivesse dizendo: "Você tem que abrir mão da marca Coca-Cola e partir para outra marca, como Zero ou Stevia." (Cohen, 2017) Na verdade, os executivos alegam que não necessariamente os consumidores querem deixar de beber a Coca-Cola convencional, eles apenas podem fazer escolhas instantâneas e mudar. Por fim, justificam que em qualquer lugar do mundo a Coca-Cola é uma só! E o vice-presidente de marketing da The Coca-Cola Company comenta: "Então, em vez de três marcas com personalidades distintas, agora haverá uma única marca, a icônica Coca-Cola, com diferentes variações." (Cohen, 2017)

É por essa visão que a Coca-Cola amplia o seu portfólio de bebidas e aporta os investimentos em uma distribuição mais ampla no Brasil, o que leva à sua evolução. Essa estratégia alavancou os negócios e a marca escalou ainda mais seus ganhos. Com isso, o CEO global James Quincey teve o ensejo de pedir uma mudança rápida das áreas da empresa no Brasil, movendo executivos de uma área para outra (Marketing para Sustentabilidade, por exemplo), arejando a cultura da empresa e envolvendo todos os colaboradores na meta da Agenda 2030. Era a hora de colocar todas as Coca-Colas na mídia e aproveitar que a Coca-Cola Light ou Zero ou "verde" é a bola da vez! Ao analisar os dados de uma das executivas entrevistadas da Coca-Cola Brasil, evidencia-se que essa mudança teve impacto interno não apenas nos cargos e funções dos executivos mas também na abordagem da comunicação da marca. Antes da transição para um marketing mais consciente, a área de comunicação da Coca-Cola Brasil focava principalmente no produto. Essa abordagem evoluiu para considerar temas de sustentabilidade e ecoeficiência, direcionando-se amplamente para as externalidades dos produtos, conforme já mencionado neste estudo. Nesse contexto, a área de sustentabilidade da empresa assume o compromisso com a Agenda 2030, com o objetivo principal de alcançar um "mundo sem resíduos".

No entanto, uma das controvérsias surge ao abordar a estratégia de retornabilidade, que representa uma campanha significativa para a área de comunicação dialogar com a equipe de operações. Além disso, existem desafios comuns ao marketing, como aumentar a variedade dos produtos sem impactar negativamente o meio ambiente. Por fim, surge a questão de como influenciar o sistema e comunicar efetivamente essa estratégia ao consumidor. Na campanha específica das embalagens "retornáveis", a Coca-Cola trabalha em estreita colaboração com suas marcas parceiras.

Essa abordagem é uma inovação para a Coca-Cola Brasil, que tradicionalmente se concentrava em campanhas institucionais relacionadas a felicidade, refrescância e eventos sazonais. A empresa nunca havia abordado temas de sustentabilidade até a primeira campanha surgir em meados de 2016, após o advento da Agenda 2030 em 2015. Outra controvérsia que emerge é o receio da área de comunicação em falar sobre os impactos socioambientais da produção da Coca-Cola, que exige cuidado na escolha da narrativa para evitar qualquer associação com práticas de marketing enganosas, como *greenwashing* ou *ESGwashing*.

Diante desses desafios, a Coca-Cola Brasil adota uma estratégia de marketing ambiental sob a perspectiva da psicossociologia, focando em quatro frentes sustentáveis da Agenda 2030 ou dos 17 Objetivos de Desenvolvimento Sustentável (ODS): água (6º ODS); resíduos (12º ODS); pessoas (10º ODS) e portfólio (9º ODS), conforme evidenciado em um dos relatos coletados na pesquisa. Essa abordagem orienta a comunicação da empresa a destacar os quesitos de água, resíduos, pessoas e portfólio. A diversidade é incorporada aos aspectos relacionados às pessoas, enquanto o portfólio engloba a agenda de redução de açúcar. A Coca-Cola entende que, como parte da indústria de alimentos, deve oferecer opções mais saudáveis, adaptando-se às preferências dos consumidores e ampliando seu portfólio para incluir uma variedade de bebidas que atendam a diversos gostos e restrições alimentares.

De acordo com a estratégia de unificação dos produtos, a Coca-Cola Brasil passou a se apresentar como uma empresa total de bebidas; logo, passou a ter também muito mais externalidades (poluição da fábrica, impacto da maior quantidade de embalagens, poluição do ar com a distribuição dos produtos etc.).

Os resultados verificados indicaram um aumento significativo na produção das embalagens, conforme se discutirá no capítulo mais adiante. Como o objeto controverso desse estudo é a "união de forças" entre as marcas Coca-Cola e AmBev, que resultou na implementação da plataforma Reciclar pelo Brasil, toma-se como recorte de estudo o item "resíduos", o qual está correlacionado aos seguintes ODS da Agenda 2030: Indústria, Inovação e Infraestrutura (9º ODS); Consumo e Produção Responsáveis (12º ODS); Ação Contra a Mudança Global do Clima (13º ODS); Vida Terrestre (15º ODS); Parcerias e Meios de Implementação (17º ODS).

Assim, desse ponto em diante, detalha-se a análise cartográfica no recorte dos resíduos. O capítulo da discussão abordará o tema, relacionando-o à Agenda 2030, ao compromisso da Coalizão de Embalagens e ao pacto do acordo setorial da indústria de bebidas. O objetivo é explorar a rede sociotécnica que se estende pela colaboração entre as marcas Coca-Cola e AmBev e o cenário pós-consumo destas.

2. O MARKETING AMBIENTAL PELO OLHAR DA PSICOSSOCIOLOGIA

Antes de prosseguirmos com a narrativa dos três atos da história, vale recordar que o estudo visa identificar a rede sociotécnica, apresentar os atores-rede e discutir as associações e conexões dessa rede; para isso, liga os pontos dos dados analisados.

Prossegue-se com a narrativa do terceiro ato, o que nos faz retornar à história da marca Coca-Cola Brasil a partir de 2017. Nesse ano a marca Coca-Cola, dando continuidade à estratégia global, unificou os seus produtos e recebeu um aporte de investimento para o marketing dar continuidade às melhores práticas socioambientais, conforme já discorrido anteriormente.

A partir de 2017, a Coca-Cola Brasil empreende ações decisivas em relação ao tema resíduos. Uma postagem no LinkedIn, canal estratégico de comunicação com acionistas e stakeholders, valida essa transição. O conteúdo destaca a complexidade crescente, a volatilidade e a incerteza do mundo atual, apelando tanto para o compromisso com os resultados econômicos quanto para a construção de um futuro sustentável nas décadas que se seguirão.

A mensagem sublinha a importância da união de todos os setores (empresa, sociedade, governo etc.) em torno de objetivos comuns e da fixação de metas ambiciosas. Segundo um porta-voz de alto escalão da Coca-Cola, essas metas não se referem apenas aos resultados financeiros da empresa mas à construção de um futuro sustentável para todos. Assim, em 2017, a The Coca-Cola Company e a Coca-Cola Brasil assumiram o compromisso de, até 2030, coletar, reaproveitar ou reciclar 100% das embalagens de produtos em todo o planeta. Nesse contexto, a Coca-Cola Brasil uniu forças com seu principal concorrente, a AmBev, para criar a plataforma Reciclar pelo Brasil, que hoje é o maior programa de reciclagem inclusiva do Brasil e envolve grandes empresas, como AmBev, Vigor e Nestlé. Mais de três mil catadores foram impactados em 160 cooperativas em todo o país.

A gestão está acelerando em direção às metas de 2030. Atualmente, as embalagens retornáveis já representam 20% das vendas da Coca-Cola, com a meta de atingir 30% após 2020. A estratégia, impulsionada por um investimento significativo de R$ 1,2 bilhão em 2017, possibilita que uma garrafa retorne em média 12 vezes antes de scr reciclada. Isso não só torna o produto mais acessível aos consumidores, mantendo a qualidade, como reduz a pegada ambiental.

Em 2020, durante a pandemia de coronavírus, a Coca-Cola Brasil lançou a campanha "Viva mais retornável". Iniciada em meados de 2019, a campanha incluiu um vídeo veiculado em maio na TV aberta e nas plataformas digitais, apresentando o processo de fabricação e o ciclo de vida das garrafas retornáveis. A mensagem convidava os consumidores a aderirem à transformação e resgatarem o hábito de devolver o "casco". Um executivo da área de sustentabilidade da Coca-Cola Brasil destaca a importância de crescer de maneira consciente, fazendo negócios da maneira certa. Ele enfatiza que o passado não pode ser alterado, mas o futuro é uma criação ativa, e o futuro desejado é um futuro sem desperdícios (Coca-Cola, 2017).

Como já dito, mas agora em explicação mais detalhada, a plataforma Reciclar pelo Brasil foi criada em outubro de 2017 e partiu da iniciativa de dois executivos do nível gerencial das empresas, um da Coca-Cola e outro da AmBev, que apresentaremos mais adiante. A plataforma, criada por uma aliança entre as concorrentes Coca-Cola Brasil e a cervejaria AmBev, após mais ou menos meio ano de funcionamento, recebeu novos integrantes, entre eles as marcas Nestlé, Vigor, Tetra Pak, Ajinomoto, Pepsico, Dr. Oetker, BRF, Embaré, que hoje totalizam cerca de quinze parceiros, sendo doze empresas e mais três associações. As empresas se unem na plataforma, visando ampliar o programa e potencializar investimentos direcionados às cooperativas de catadores do país, em parceria com a Ancat. As empresas participantes têm o mesmo objetivo em face da Agenda 2030 e das COPs. "A plataforma apoia, atualmente, cerca de 233 associações e cooperativas em 21 estados, impactando diretamente mais de três mil catadores[...] tornando o Reciclar pelo Brasil o maior programa de reciclagem inclusiva do país." (Ancat, 2000)

A plataforma Reciclar pelo Brasil faz parte da estratégia do setor empresarial e está alinhado ao cumprimento da Lei 12.305/2010 e da PNRS. A plataforma confirma o compromisso das empresas com o meio ambiente e a sustentabilidade de suas embalagens, temas inerentes e comuns às agendas de investimento de cada parceiro e da Convenção-Quadro da ONU.

Além dos parceiros apresentados, outros actantes compõem essa rede; seguem os três principais como exemplo: Associação de Logística Reversa de Embalagens (Aslore); MNCR; e Cempre. Há diversas outras entidades do setor de alimentos e bebidas, tais quais: Associação Brasileira da Indústria de Higiene Pessoal, Perfumaria e Cosméticos (Abihpec); Associação Brasileira das Indústrias de Biscoitos, Massas Alimentícias e Pães & Bolos Industrializados (Abimapi); Fundação Avina; Associação Brasileira das Indústrias de Produtos de Higiene, Limpeza e Saneantes de Uso Doméstico e de Uso Profissional (Abipla); Associação Brasileira de Produtores de Latas de Alumínio (Abralatas); Associação Brasileira de Distribuidores e Processadores de Vidros Planos (Abravidro); União Nacional das Organizações Cooperativistas Solidárias (Unicopas). Entre essas parcerias destaca-se a importância de dois entes na criação da plataforma Reciclar pelo Brasil, cujos gestores foram entrevistados na pesquisa de campo deste estudo. Primeiro, destaca-se a Ancat tanto como órgão responsável pela criação e operacionalização da plataforma Reciclar pelo Brasil quanto como instituição técnica dos catadores, formada e dirigida por estes. Tal instituição atua em parceria com o MNCR, implementando ações de capacitação, captação de investimentos e cuidando da organização econômica de suas cooperativas e

2. O MARKETING AMBIENTAL PELO OLHAR DA PSICOSSOCIOLOGIA

associações. Além disso, sua atuação é institucional, em conjunto com a Pragma Soluções Sustentáveis, empresa constituída por CNPJ e sócios. Nesta, consta na descrição das atividades de negócios, entres outras, que ela presta serviços de organização de eventos, tais como feiras, congressos, exposições, conferências, convenções e festas (exceto os culturais e esportivos). O site da empresa exibe a informação de que a Pragma Soluções Sustentáveis "atua como um elo entre segmentos que buscam soluções inovadoras para superar desafios e alavancar seus negócios" e que a empresa conecta diferentes setores (empresas, cooperativas, governos), como também produz as mais diversas soluções sustentáveis para o Brasil (Pragma, 2018). Identificou-se nas análises que os parceiros da Pragma são os mesmos da Ancat, conforme fonte extraída do site[77] da empresa.

Para elucidar o caso, perseguiu-se a análise e desvendou-se que uma das funções da empresa Pragma Soluções Sustentáveis é produzir com a Ancat o Anuário de Reciclagem e divulgar nas redes as edições que são publicadas desde o ano de 2017, data de início das atividades da plataforma Reciclar pelo Brasil. Em 2020, a segunda edição do Anuário de Reciclagem foi lançada em live pelo Zoom. Esse anuário foi desenvolvido pela Pragma e Ancat em parceria com a LCA Consultores, empresa especializada em macroeconomia, inteligência de mercados, economia do direito e investimentos e finanças corporativas. Segundo os gestores das empresas, o Anuário de Reciclagem surge como ferramenta capaz de analisar e consolidar dados e informações sobre a cadeia de reciclagem no Brasil e, especialmente, para dar importância ao trabalho dos catadores de materiais recicláveis na viabilização desse segmento econômico. No site também é informado que a consultoria Pragma desenvolve tecnologias sociais inovadoras para transformação socioeconômica de comunidades locais. Na primeira edição do Anuário de Reciclagem, a Ancat e as consultorias LCA e Pragma Soluções Sustentáveis se encarregaram da produção e elaboração, e observou-se que os parceiros são os primeiros atores formados pela rede sociotécnica da reciclagem identificada nessa pesquisa. São eles: Coca-Cola Brasil; AmBev; Cempre e o MNCR, conforme fonte extraída do Anuário da Reciclagem.

Já na segunda edição do Anuário de Reciclagem, a rede sociotécnica aumenta a participação dos parceiros e cresce. Além dos já citados na primeira edição do anuário, surgem novos atores, entre eles: Klabin, Associação Brasileira de Papelão Ondulado (ABPO); Danone; Coalizão Embalagens, Abralatas, Abividro, Unicatadores e Unicopas.

---

77 Rede sociotécnica da reciclagem – mais de 10 empresas e 270 cooperativas. Fonte: <https://www.pragma. eco.br/#Parceiros> (2021).

Outra entidade "actante" (Latour, 2012) da plataforma Reciclar pelo Brasil é a Aslore,[78] instituição sem fins lucrativos, fundada em 2015 – data da coalizão das embalagens – por industriais e representantes de sindicatos patronais. Segundo a Aslore (2020), a entidade "tem o objetivo de representar as empresas fabricantes de produtos usuários de embalagens no **Acordo Setorial** para implantação de sistema de logística reversa de embalagens em geral, conforme a Lei Federal 12.305 de 2010".

Após análise da rede sociotécnica (agentes/actantes) apontada, percebeu-se um *cluster* de empresas e órgãos de terceiros setores que escala a rede da reciclagem, ampliando a cadeia de valor e a ecoeficiência do negócio. Para Porter e Kramer (2011), as estratégias de ações de compartilhamento ou de CVC geram vantagem competitiva no mercado e são executadas pelo ordenamento de três configurações: concepção de novos produtos e novos mercados, incremento de *clusters* e transformação da cadeia de valor.

Para enfatizar essa abstração, as pistas dão formação de um *cluster* – em forma de rede sociotécnica da reciclagem – que toma maiores proporções com o impulsionamento das associações e as conexões entre novas empresas. Assim, os negócios e os e investimentos se expandem, fortalecendo uma cadeia produtiva de valor em prol da plataforma Reciclar pelo Brasil, beneficiando inclusive as cooperativas e os catadores com a abertura de novos editais e da convocação para participarem dos processos da gestão. A plataforma também cria laços e, desse modo, estreita as relações humanas e não humanas (agentes e actantes), contribuindo para a evolução da rede sociotécnica da reciclagem. Pelas análises realizadas, enfatiza-se a criação de espaços para a aquisição de materiais recicláveis em São Paulo. Trata-se de um galpão onde a Coca-Cola Brasil adquire e armazena esses materiais antes de enviá-los para as recicladoras. O galpão atua como um estoque de material reciclável. Assim, é possível inferir que, no Brasil, as empresas não enfrentam problemas significativos com os recicladores em si, mas, sim, com a segregação e a destinação adequada do lixo, especialmente no contexto da logística reversa.

Diferentemente de regiões como a Europa e os Estados Unidos, onde a população bem conscientizada realiza a separação de resíduos e existe uma infraestrutura consolidada para a coleta seletiva, o Brasil apresenta uma realidade oposta. Aqui, a prática comum é a mistura de lixo, a ausência de separação adequada, e, por vezes, a própria coleta pública mescla os resíduos no caminhão. Essa complexidade logística cria desafios na implementação eficaz da logística reversa.

---

78 Mapa de atuação da plataforma Reciclar pelo Brasil. Fonte: <http://www.aslore.org.br/index.php/reciclar-pelo-brasil/> (Aslore, 2020).

Contudo, em contraste a essa situação, o Brasil tem uma indústria de reciclagem bastante desenvolvida, em grande parte graças ao trabalho de empresas como Dupont e Rodix, responsáveis pela produção de fios de PET, nylon, entre outros. Apesar dessa infraestrutura robusta, os recicladores enfrentam dificuldades significativas ocasionadas pela falta de matéria-prima suficiente para sustentar suas atividades. O problema central reside na ineficácia da logística reversa: as garrafas não chegam aos recicladores porque os consumidores não separam o lixo reciclável, os catadores não recebem incentivo para a coleta e os municípios não fazem a separação adequada. O resultado desse cenário é a destinação inadequada das garrafas, impactando negativamente o meio ambiente e prejudicando os ecossistemas.

Inferiu-se com isso que a Coca-Cola Brasil e os demais parceiros da plataforma Reciclar Pelo Brasil viram como estratégia criar espaços próprios para agregar os resíduos coletados pelos catadores, diminuindo um elo dessa cadeia – que seriam os atravessadores ou intermediários da reciclagem, como os gestores das cooperativas chamam. Logo, um elo a menos, lucro a mais.

Na continuidade dessa abordagem, ao revisar os depoimentos coletados nas entrevistas, foram identificados diversos enunciados na rede sociotécnica da reciclagem, nos quais se destaca a assertiva de que os resíduos representam a principal fonte de renda tanto para os catadores quanto para os recicladores. A expansão do número de indústrias recicladoras é percebida como um fator positivo para fortalecer a cadeia produtiva da reciclagem.

Em sequência e desenvolvendo os resultados da pesquisa, verificou-se que há ao mesmo tempo muito enunciado sobre sustentabilidade nas redes tanto da marca Coca-Cola quanto da AmBev a partir de 2017. Percebeu-se, com isso, que ambas as empresas estão cada dia mais empenhadas com as inovações em embalagens e comprometidas com a comunicação ética. Por exemplo, contribuindo com a sustentabilidade das embalagens retornáveis, em 2018 a Coca-Cola unificou suas garrafas,[79] o que melhora em ecoeficiência para a empresa e para a reciclagem. Mais recentemente, aproveitando o "novo normal" da pandemia da covid19, a Coca-Cola Brasil lançou uma campanha com apelos que vão desde a sustentabilidade da garrafa "retornável" até a nova maneira de "ficar" em casa em família. O slogan da campanha traz agenciamentos coletivos de enunciação: "Hoje é dia de comer juntinho, mas à distância. Não só um almoço especial, mas também mais sustentável." (By Lalala, 2021)

---

79 Coca-Cola Brasil unifica garrafas retornáveis. Fonte: <https://embalagemmarca.com.br/2018/10/coca-cola-brasil-unifica-garrafas-retornaveis/>. Acessado em: 2018.

Em outra campanha recente, lançada no Brasil com a Nova Coca-Cola sem açúcar, os enunciados trazem uma "Nova receita" mais "Saudável" e "Sem açúcar", além de uma nova identidade visual com cor vermelha, característica da Coca-Cola, e com a tipologia em cor preta. Segundo Javier Meza, vice-presidente de marketing da Coca-Cola Company para a América Latina: "A nova Coca-Cola sem açúcar é uma receita mais gostosa, mais suave e mais refrescante que a anterior, e está muito mais próxima da Coca-Cola original." (Vieira, 2021) Ainda durante as análises, notaram-se novos "agenciamentos ecosóficos de enunciação" para a "Nova Coca-Cola sem açúcar"[80] tanto no slogan: "Nova Coca-Cola sem açúcar: é a melhor Coca-Cola de todos os tempos?", como no novo "desenho de experiência"[81] da embalagem, que inclui melhoria da substância do produto "reciclável".[82] Essas campanhas são criadas conjuntamente entre a área de comunicação corporativa e a área de sustentabilidade da Coca-Cola Brasil, integrando os atributos do produto e da sustentabilidade da marca. Para essa questão, verificou-se que tanto no organograma da Coca-Cola Brasil quanto da AmBev há gestores para as distintas áreas de sustentabilidade. Seja pelo braço social, seja por áreas transversais ao marketing, como é o caso da AmBev, há executivos que trabalham nas áreas de sustentabilidade e cuidam mais da área de meio ambiente; já os executivos que cuidam da área de impacto social estão mais focados nas questões comunitárias e da sociedade em geral. Ainda assim, ambas as áreas estão bastante próximas do dia a dia da diretoria de Marketing das empresas. Com base nas análises da pesquisa, percebe-se uma forte complementaridade entre as áreas de sustentabilidade, marketing e impacto social na AmBev. Destaca-se, por exemplo, a presença de uma área dedicada ao "crescimento compartilhado", pois os executivos acreditam na interdependência de todo o ecossistema e redes para possibilitar o crescimento. Para eles, os impactos socioambientais da AmBev podem reverberar de maneira positiva ou negativa na vida das comunidades e no ecossistema circundante às fábricas da empresa.

No que diz respeito ao marketing ambiental, os executivos da AmBev expressam a visão de que esse conceito não abrange de forma adequada as complexidades das questões socioambientais. Ao contrário, veem o marketing das empresas, em geral, ainda fortemente vinculado à publicidade e propaganda convencio-

---

80 Nova Coca-Cola sem açúcar: é a melhor Coca-Cola de todos os tempos? Fonte: <https://www.cocacolabrasil.com. br/historias/marcas/nova-coca-cola-sem-acucar-melhor-coca-cola-de-todos-os- tempos>. Acessado em: 2021.

81 O "desenho de experiência" ou UX é genial porque cria ótimas experiencias de usuário. O UX conduz o sucesso de um novo negócio com produtos proveitosos e usáveis. No UX é possível aplicar práticas de usabilidade do produto por um novo design. Uma boa experiência do usuário UX proporciona bons resultados para a marca (Grant, 2019).

82 "As garrafas são fabricadas com um plástico especial para PET e podem ser reutilizadas 25 vezes. Com isso, a empresa deixará de colocar mais de 200 milhões de PETs no mercado. Os rótulos são feitos de papel e são recicláveis". Fonte: <https://www.reciclasampa.com.br/artigo/coca-cola-lanca-garrafa- universal-retornavel>. Acessado em: 2021.

2. O MARKETING AMBIENTAL PELO OLHAR DA PSICOSSOCIOLOGIA

nais. Apesar de reconhecerem o papel complementar do marketing ambiental em relação à visão do marketing mainstream, percebem que a comunicação pode ser empobrecida se vista apenas por esse ângulo.

Um aspecto positivo destacado na área de sustentabilidade da AmBev é a elaboração – em parceria com o Instituto Insper de São Paulo – de critérios de avaliação dos aspectos de sustentabilidade da empresa por meio de uma metodologia específica. Os resultados dessa avaliação até 2019 revelam pontuações acima de cinco pontos para todos os conteúdos analisados na matriz da AmBev, tanto para stakeholders internos quanto externos. Esses resultados confirmam o comprometimento da empresa com as questões psicossociais envolvidas nas estratégias de marketing verde. A matriz de materialidade está disponível no site da AmBev em um relatório de sustentabilidade, que segue a diretriz do Global Reporting Initiative (GRI).[83]

Com base nas análises conduzidas na pesquisa sobre a AmBev, constata-se a autenticidade das informações coletadas. A abordagem ética da AmBev em relação à sustentabilidade proporciona uma presença positiva de seus porta-vozes nas redes sociais, como o LinkedIn, refletida em enunciados transparentes sobre ações socioambientais. Os desenvolvimentos empresarial e sustentável, muitas vezes vistos como antagônicos, coexistem na visão atualizada da AmBev, que reconhece a necessidade de integrar sustentabilidade aos negócios. Programas como o Atados, apoiados pela política de "crescimento compartilhado", exemplificam essa abordagem, buscando não apenas lucro mas também desenvolvimento para a cadeia de valor.

A gestão de resíduos, foco deste estudo, destaca o programa do Carnaval de 2019 como exemplo de "crescimento compartilhado", uma vez que envolve catadores na coleta seletiva dos blocos de rua. Essas iniciativas geram visibilidade tanto quanto credibilidade, propiciando que a marca adentre territórios além da esfera inicial do branding. Neste século, a comunicação via redes sociais deve ser transparente, deve transmitir credibilidade e aproximar-se da escuta dos atores-rede, evitando práticas como *greenwashing* e *ESGwashing*. O papel das marcas hoje vai além da venda, buscando suprir necessidades da população e contribuir para um mundo melhor.

---

83 A GRI é um documento intitulado de "Diretrizes para Relatórios de Sustentabilidade", emitido pela própria entidade. É ao mesmo tempo, um guia com diretrizes globais, que visam padronizar as informações necessárias para uma correta gestão sustentável e que ateste a sua veracidade. A visão da GRI é uma economia global sustentável em que organizações podem medir seus desempenhos e impactos econômicos, ambientais, sociais bem como os relacionados à governança, de uma maneira responsável e transparente. A missão da GRI é fazer com que a prática de relatórios de sustentabilidade se torne padrão, fornecendo orientação e suporte para as organizações (GRI, 2016, tradução nossa).

A nomenclatura do marketing ambiental parece desatualizada para as empresas contemporâneas, sendo vista como mais reativa que proativa. Os executivos da AmBev expressam descontentamento com o marketing ambiental e sugerem que o termo sustentabilidade é mais aceito na área de negócios da empresa. A área de sustentabilidade da AmBev trabalha de forma sinérgica com a área de procurement, colaborando com parceiros para abordar questões como consumo de água e gestão de resíduos, evidenciando uma forte integração entre essas áreas.

Observou-se, juntamente com os relatos e as análises da AmBev, que as áreas de sustentabilidade, procurement e marketing se integram, não limitando o marketing a tirar apenas pedidos.

Dessa forma, evidenciou-se que o marketing da AmBev está alinhado às demais áreas da empresa, e que nas reuniões mensais são discutidas as pautas sobre sustentabilidade empresarial. Assim como a Coca-Cola, a AmBev estabeleceu frentes de atuação orientadas pela Agenda 2030. Na aba Sustentabilidade do site da AmBev encontra-se o slogan "Juntos por um mundo melhor" e enunciados que indicam que a sustentabilidade é um tema importante para a empresa, conforme citação extraída do site: "Somos uma empresa de donos. E os donos cuidam. Cuidam de tudo aquilo que afeta o negócio e contribui para a sua perenidade. Mas cuidam de maneira pragmática, como tudo o que a gente faz. Sustentabilidade para a gente não é teoria. É realização. É o jeito de fazer as coisas certas, tendo como inspiração um sonho grande." (AmBev, 2021)

Ao explorar a "colheita de dados" no contexto do marketing mainstream de Kotler, destaca-se a necessidade de redefinir os 4Ps de Kotler, incorporando um P adicional: Propósito. Esse conceito vai além das tradicionais missão, visão e dos valores da empresa, que agora são considerados autocentrados e menos eficazes. Em uma sociedade mais horizontal, as empresas devem adotar um propósito compartilhado com as pessoas, exigindo que os profissionais de marketing compreendam os valores tanto da empresa quanto dos consumidores.

Ao mapear os relatos dos executivos de marketing da AmBev, percebe-se que a empresa adota uma nova abordagem, expandindo os 4Ps de Kotler para incluir um P adicional, o de Propósito. Isso é crucial, pois os consumidores desempenham um papel ativo na comunicação de marketing, compartilhando suas opiniões sobre as marcas nas redes sociais. Kotler (2017) destaca que os consumidores não são mais meros alvos passivos, mas se tornaram meios ativos de comunicação.

Outro ponto relevante é a participação ativa dos consumidores e stakeholders da AmBev na construção desse propósito. A comunicação da AmBev é caracterizada pela horizontalidade e abertura aos colaboradores, o que reflete a tendência das empresas contemporâneas de adotar plataformas de comunicação semelhantes.

Ao retomar a narrativa sobre a "união de forças" entre a Coca-Cola Brasil e a AmBev em 2017, sugere-se que essas empresas perceberam que poderiam colaborar e abordar efetivamente a questão dos resíduos gerados. Desde então, comprometeram-se a assumir a responsabilidade, tanto quanto a criar e compartilhar um propósito com outros envolvidos na problemática, incluindo consumidores, catadores, cooperativas e autoridades ambientais ou governamentais.

As pistas trilhadas até aqui, durante a "colheita de dados" das empresas Coca-Cola Brasil e AmBev, denotam uma rede sociotécnica de relações complexas composta de diversos atores envolvidos que colaboram entre si e que ao mesmo tempo se atravessam. Contudo, evidenciou-se que a rede sociotécnica da reciclagem necessita de transparência, organização e, sobretudo, maior atenção para o coletivo dos catadores, o que não acontece hoje em dia na prática.

Para tanto, dando um avanço no terceiro ato da narrativa, buscou-se nova reflexão a respeito da evolução da rede sociotécnica das empresas analisadas neste estudo. A reflexão intentou envolver as associações, os fluxos e contrafluxos imbricados pelos dispositivos de comunicação do "marketing ambiental", "marketing verde" ou área de sustentabilidade das empresas analisadas nesta obra, para desvendar a controvérsia da plataforma Reciclar pelo Brasil, a partir do marco da "união de forças" entre as marcas Coca-Cola e AmBev. Esse fato, que deu origem a novas parcerias e ampliou a rede sociotécnica, supostamente forma um *cluster* de reciclagem entre diversos atores que se associam, se consolidam, se atravessam e se transpõem em uma lógica de interações e trocas que revelam forças de agentes e actantes entre humanos e não humanos; questões tecnológicas, sociais, culturais, políticas e ambientais que perpassam toda a rede.

Contudo, após a narrativa do terceiro ato da história da trajetória "verde" da marca Coca-Cola Brasil e do seu concorrente AmBev, percebeu-se que a rede sociotécnica da reciclagem aumentou e se tornou mais complexa, apresentando controvérsias que serão debatidas no próximo capítulo.

A narrativa sobre a trajetória "verde" da marca Coca-Cola Brasil e do seu concorrente AmBev visou demonstrar como a rede sociotécnica cresceu de 2010 até os dias atuais, tornando-se mais complexa. Para tanto, apresenta-se na Figura 2.10 o diagrama com os atores-rede identificados nessa etapa da narrativa. Logo em seguida, na próxima subseção, será apresentada, em um fluxograma, a síntese dos três atos da narrativa da Coca-Cola Brasil.

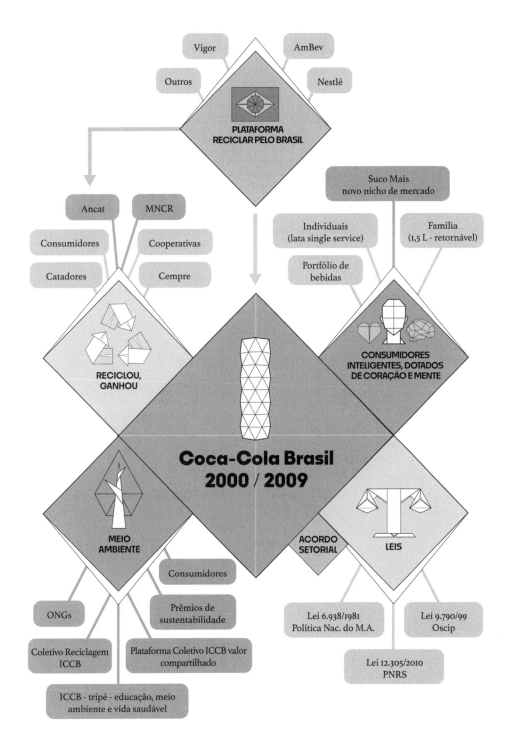

Figura 2.10 - Diagrama da terceira rede de atores Coca-Cola Brasil, anos 2010 até hoje
Fonte: elaborado pela autora (2021).

2.10 SÍNTESE DOS TRÊS ATOS DA NARRATIVA DA COCA-COLA BRASIL

Para colaborar com a "colheita de dados" e as análises do estudo em questão, foram construídas linhas do tempo da história da marca Coca-Cola Brasil e da sua trajetória "verde", a fim de debatê-las em reuniões de *atelier d'écriture* e, assim, construir o fio narrativo que explica tais movimentos da rede sociotécnica da reciclagem e dos diversos atores envolvidos. O mapeamento realizado indicou a concepção dos três atos da narrativa da marca Coca-Cola Brasil, conforme a síntese no Fluxograma 2.1 a seguir.

Fluxograma 2.1 - Síntese dos três atos da narrativa da marca Coca-Cola Brasil

Fonte: elaborado pela autora (2021).

Da síntese à concepção dos três atos da narrativa da marca Coca-Cola Brasil, deu-se origem ao diagrama da copa da Árvore do Desacordo (Venturini, 2012), apresentado na Figura 2.11 a seguir.

Logo em seguida à apresentação do diagrama, dá-se início ao capítulo da discussão dos resultados, pós "colheita de dados" analisados na pesquisa.

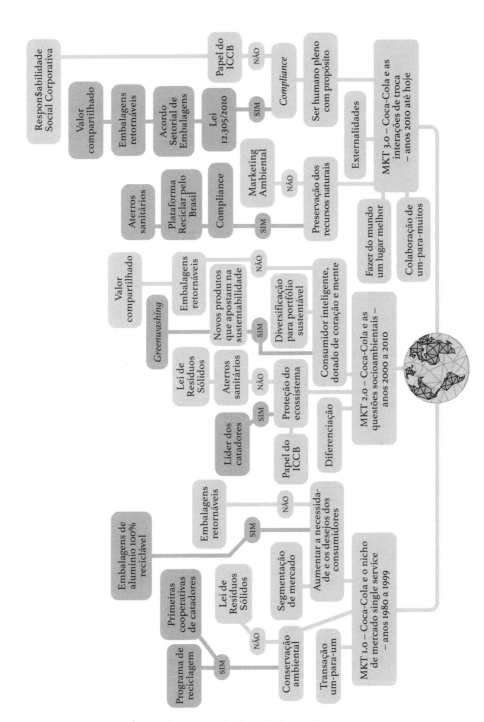

Figura 2.11 - Diagrama Árvore do Desacordo Coca-Cola Brasil

Fonte: elaborado pela autora (2021).

3
DISCUSSÃO

A narrativa da Coca-Cola Brasil se deu em três atos: primeiro A embalagem – a lata single service – como oportunidade de mercado; segundo A embalagem – lata de alumínio – e a questão ambiental que toma força nos anos 2000; terceiro A embalagem como fonte de receita – fonte de valor e troca – e a plataforma Reciclar pelo Brasil. Ao considerar a história da marca e da sua trajetória "verde" nos períodos subsequentes, dos anos 1980 até os dias atuais, assume-se que a rede do "rizoma verde" (Tavares, 2014c) foi formada em torno do marco da "união de forças" entre as marcas Coca-Cola e AmBev, em 2017, para, em conjunto, gerirem os seus resíduos sólidos; daí, a rede sociotécnica da reciclagem cresceu e se tornou mais complexa, repleta de associações e conexões. Com base nesse marco e nos resultados encontrados, refletiu-se sobre os atores-rede e os enunciados emitidos por eles, apresentando os fatos, segregando e ligando os pontos com a ramificação da copa da Árvore do Desacordo. "Essa ramificação de enunciados pode ser representada através da árvore de desacordo. As controvérsias nascem de uma raiz, ou raízes, derivando de princípios mais abrangentes e se especificam conforme se desenvolvem e conforme vamos adentrando nelas." (Fornazin; Silva, 2020, p. 16)

Portanto, a ramificação da copa da Árvore do Desacordo levou a outras reflexões, nas quais foram identificados dois eixos teóricos para discussão. O primeiro eixo identificado refere-se ao conceito de CMI, incluindo as modulações do capitalismo rizomático (Pelbart, 2003; Tavares; Irving, 2010) globalizado e desterritorializado que se desenrola de forma conexionista e em redes sociotécnicas (Latour, 2012; Araújo; Fornazin; Vasconcellos, 2018; Callon, 2004). O segundo eixo refere-se ao conceito de subjetividade, que está interligado aos conceitos de "dobra ecosófica" (Deleuze, 1988; Bittencourt; Tavares, 2018) e à dupla captura de desejos "ecopsicossociais" (Almeida; Tavares; Ferreira, 2019), os quais se relacionam com os conceitos de "ecosofia, rizoma e agenciamentos de enunciação".

Dessa forma, ampliando essa reflexão, os dois eixos teóricos – CMI e subjetividade – foram encaixados na base da Árvore do Desacordo, sob os três conceitos de "agenciamento de enunciação", "rizoma" e "ecosofia". A parte de cima da Árvore do Desacordo está mais próxima dos enunciados dos atores e dos conceitos extraídos do Marketing 1.0, 2.0 e 3.0 de Kotler; Kartajaya; Setiawan (2010) e da CVC de Porter & Kramer (2011); já a parte de baixo da árvore é uma interpretação deleuze-guattariana do que se conferiu durante as análises.

Para tanto, seguindo a perspectiva das "árvores hierárquicas" e inspirado na "tabela do Cosmos"[1] (Venturini, 2012), chegou-se ao diagrama completo – base e copa da Árvore do Desacordo – em uma versão em cores, conforme a representação da Figura 3.1.

O código de cores da Árvore do Desacordo – inspirado na tabela do cosmos de Venturini – mostra as associações entre os conceitos teóricos e os dados coletados do campo (enunciados dos atores-rede da pesquisa, dos documentos e do LinkedIn, os quais foram analisados). A representação de cores é a seguinte: -**verde-claro:** "rizoma verde" representa a informação associada aos conceitos teóricos extraídos de Deleuze e Guattari (agenciamento de enunciação, rizoma e ecosofia); -**laranja:** os símbolos representados pela cor laranja têm a ver com o conceito de agenciamento de enunciação (forma como a marca Coca-Cola Brasil utiliza os seus enunciados para traçar seu plano de comunicação); -**verde-escuro:** rizoma, a sinalização dessa cor indica uma associação entre os enunciados coletados dos atores-rede e a rede sociotécnica do "rizoma verde" (demonstra como a rede do "rizoma verde" se empoderou e cresceu com as associações dos atores-rede identificados na pesquisa); -**azul:** mostra o local em que foram encontrados enunciados ecosóficos, os quais demonstram que o marketing evoluiu do pensamento mainstream para um pensamento ecosófico; por exemplo, é possível localizar nos enunciados coletados um novo propósito para o marketing tradicional das marcas analisadas; -**vermelho:** a cor indica que esses são os pontos da pesquisa, nos quais o CMI mais se sobressaiu durante as análises; -**lilás:** significa que a subjetividade faz parte dos enunciados coletados, estando estes localizados em toda a linha do tempo da marca Coca-Cola Brasil. Essa linha do

---

1   Em meu artigo anterior, discuti a influência que as ideologias podem ter nas controvérsias. Para lidar com a crescente complexidade da vida social, todos os atores desenvolvem grades de interpretação simplificadas. Quando essas grades são divergentes, muitas vezes se tornam os principais obstáculos de comunicação na resolução de controvérsias. Vistos de diferentes ideologias, os mesmos elementos podem parecer radicalmente diferentes, impedindo assim o entendimento recíproco. Ao contrário do que uma abordagem positivista sugeriria, as controvérsias nunca são apenas um desacordo em alguns pontos técnicos. As disputas tecnocientíficas, por mais específicas que sejam, sempre acabam se contrapondo a visões de mundo conflitantes. A tabela do cosmos deve representar todo o cosmos envolvido em uma controvérsia, mostrando em que ponto eles divergem e em que ponto eles podem se sobrepor (Venturini, 2012. p. 18, tradução nossa).

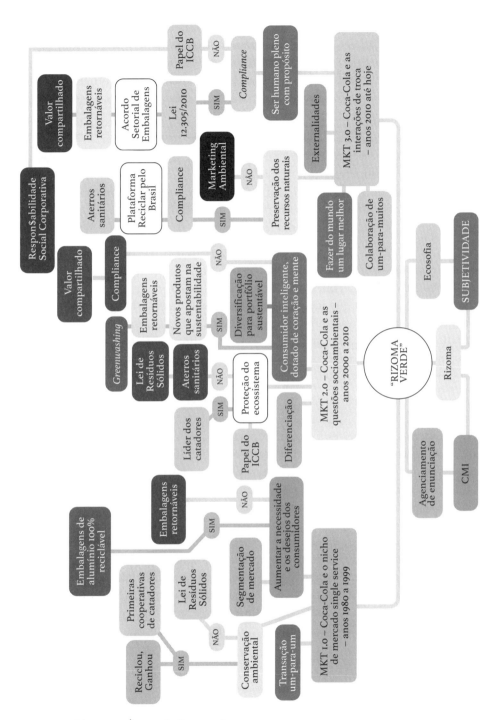

Figura 3.1 - Diagrama Árvore do Desacordo

Fonte: elaborado pela autora (2021).

tempo vai do início da década de 1980 – coincidindo com o Marketing 1.0 de Kotler – até a década atual, que está mais para o Marketing 3.0 – o qual Kotler diz ser o marketing para "fazer do mundo um lugar melhor", porém, no qual a subjetividade continua fazendo parte dos enunciados das campanhas publicitárias da Coca-Cola Brasil.

Segundo Venturini (2012, p. 18, tradução nossa): "As disputas tecnocientíficas, por mais específicas que sejam, sempre acabam se contrapondo a visões de mundo conflitantes." No cenário complexo da vida social é comum os atores-rede simplificarem tudo em uma só cor ou "caixa", visando a uma padronização. Entretanto, quando divergem, essas visões acabam gerando obstáculos de comunicação e dificultando a resolução de controvérsias, uma vez que atores envolvidos em um mesmo problema seguem ideologias e matizes diferentes para cada ponto de vista.

Então, a representação por cores[2] da Árvore do Desacordo" busca demonstrar o cosmos envolvido na controvérsia da rede sociotécnica, investigada nesta pesquisa, apontando em que local os enunciados dos atores divergem ou se sobrepõem. Logo, trilhando a ramificação por cores da Árvore do Desacordo, de agora em diante é apresentada uma discussão crítica proveniente de uma exposição que entrelaça os enunciados dos atores-rede aos conceitos deleuze-guattariano propostos no referencial teórico desta obra.

Como resultado da Pesquisa Cartográfica Reflexiva, foi possível chegar a este capítulo de discussão, que esclarece os acontecimentos ocorridos com base nas conexões e associações entre o referencial teórico e os enunciados dos atores-rede; o principal objetivo foi detectar, compreender e descrever as controvérsias relacionadas ao estudo em questão. Segundo Fornazin e Joia (2015); Latour (2012): "Uma boa descrição prescinde uma explicação."[3] E ainda pela perspectiva de Venturini (2012): "Nenhuma controvérsia pode ser reduzida a uma oposição binária entre dois pontos de vista alternativos." (Venturini, 2012, p. 15, tradução do autor) Logo, conjectura-se que as controvérsias envolvem consecutivamente uma multiplicidade de interrogações díspares e que, portanto, a maioria desses questionamentos não é resolvida por respostas binárias elaboradas com base em um questionário fechado e com um simples sim ou não. Assim, o diagrama completo – base e copa – da Árvore do Desacordo, anteriormente ilustrado, auxiliou na identificação das disputas tecnocientíficas, na associação

---

2 A finalidade das cores na Árvore do Desacordo era representar os conceitos teóricos em relação aos enunciados dos dados coletados na pesquisa (entrevistas de profundidade, documentos analisados e postagens dos porta-vozes das empresas analisadas no LinkedIn). Após representar cada conceito teórico por cor, os enunciados foram correlacionados e discutidos.

3 Fala do Profº Dr. Marcelo Fornazin durante co-orientação remota pelo Google Meet, em 25 fev. 2021.

dos interesses da rede sociotécnica, na validação dos enunciados emitidos pelos atores-rede e na descrição das controvérsias a serem discutidas neste capítulo.

Para tanto, a ramificação por cores da Árvore do Desacordo, que reuniu a reflexão dos enunciados, as associações e conexões dos atores e os conceitos teóricos deleuze-guattariano – consubstanciados por outros autores que discutem os entretons do capitalismo do "rizoma verde" (Tavares, 2014c) –, dá início à discussão dos resultados sob os dois eixos identificados a seguir.

3.1 CAPITALISMO MUNDIAL INTEGRADO (CMI) E "RIZOMA VERDE"

Para iniciar a discussão deste eixo, é necessário retomar os conceitos teóricos que abordam as forças do CMI (Guattari, 1981; Guattari,2012), incluindo as modulações do capitalismo rizomático (Deleuze; Guattari, 2011; Pelbart, 2003; Tavares; Irving, 2010), globalizado e desterritorializado, que se desenrola de forma conexionista e em redes sociotécnicas. Tal capitalismo prioriza o lucro em detrimento das ações socioambientais, pois como alerta Pelbart (2002, p. 110): "Jamais uma ordem política avançou a tal ponto em todas as dimensões, recobrindo a totalidade da existência, o espaço, o tempo, a subjetividade, a vida." No entanto, em razão das pressões ético-político-estéticas (Tavares; Irving, 2010), pelas quais significativas mudanças são operadas no pensamento estratégico das empresas, novas cartografias desse "rizoma verde" se apresentam em um novo contexto da sociedade de controle, em que: "O consumo se constitui em um campo com muitas possibilidades de investigação." (Bittencourt; Tavares, 2018, p. 126)

Além disso, nesse contexto em que a mercantilização dos produtos e serviços coloca em risco a própria sobrevivência das empresas e da vida, tudo indica a necessidade de adotar um novo olhar, psicossocial, para a questão da produção e do consumo. O objetivo disso é encontrar novas saídas ou "linhas de fuga" (Deleuze; Parnet, 1998), ainda que sejam caminhos complexos, incertos e ambíguos, dos quais Bittencourt & Tavares (2018) asseveram que: "[...] se configura como mercantilização da vida, contudo, sempre refletido em uma situação paradoxal [...]. Muitas pistas, olhares e caminhos, porém nenhuma certeza" (Bittencourt; Tavares, 2018, p. 126).

Nesse contexto, em que a análise cartográfica é movida por problemas (Barros; Barros, 2016), a reflexão sobre o marketing ambiental pelo olhar psicossocial é relevante por se tratar de tema pouco discutido nas áreas das ciências sociais e em outros campos acadêmicos. O tema tampouco tomou força nas empresas nos últimos anos, tendo se deslocado para outras áreas ou desaparecido e dado lugar aos cargos de sustentabilidade ou compliance.

3. DISCUSSÃO

Para tanto, a abordagem interdisciplinar desta obra traz uma discussão crítica do marketing ambiental, pensada com base nos conceitos teóricos deleuze-guattariano de "agenciamento de enunciação", "rizoma" e "ecosofia", consubstanciados por outros autores que dialogam com seus conceitos; entre eles, destaca-se Bruno Latour.

Ao prosseguir e dar ênfase ao tema marketing ambiental pelo olhar psicossocial, inicia-se a discussão pelo conceito de ecosofia, discorrendo sobre a necessidade de recompor aprendizados coletivos e individuais em empresas, governos, famílias e sociedade em geral. Mediante tal necessidade, Guattari anteviu a necessidade de uma mudança **"sob a égide ético-estética de uma ecosofia, assinada por três rubricas imperativas que são a ecologia social, a ecologia mental e ecologia ambiental"** (Guattari, 2012, p. 23, destaque nosso).

Dá-se início, portanto, à discussão pelo primeiro ato da história da Coca-Cola Brasil no período entre 1980 e 1999, no qual se deduz que a operação da empresa era ainda a do *modus operandi* da "produtilização da natureza" (Ferreira; Tavares, 2018) e da oferta dos produtos verdes acentuados pelo modo de ser "ecologicamente correto" da época (Tavares, 2007).

Todavia, em função dos graves desequilíbrios socioambientais decorrentes do aumento da produção industrial e do consumo mundial, induz-se que a passagem para o olhar "ecosófico" da Coca-Cola Brasil surge mais tarde, a partir da década de 1990. Assim, essa nova visão da empresa nasce perante o contexto da necessidade do desenvolvimento sustentável empresarial e das relações socioeconômicas e políticas vigentes pós-Eco-92.

No entanto, observou-se que a trajetória "verde" da Coca-Cola Brasil se desenrola mais facilmente a partir de 1992, em uma tentativa de saída forçada ou de "linha de fuga" aos impactos negativos das suas produções capitalísticas rizomáticas. Isso ocorreu ao mesmo tempo por influência das pautas ambientais decorrentes da Eco-92, evento que abriu motivações para indústrias e empresas apostarem no bom negócio da sustentabilidade empresarial (Almeida, 2002).

Estima-se que o despertar "sustentável" da Coca-Cola Brasil se deu em meados da década de 1990 e objetivava aparelhar novas aparências – aspectos mental, social e ambiental. Era uma tentativa de se dissuadir do consumo destrutivo, até então alimentado pelo CMI e pelo capitalismo rizomático sob práticas comerciais de transação um-para-um, de características individualistas, globalizadas e desterritorializadas.

Sobre o referido trecho anterior, pode-se dizer que a Coca-Cola Brasil se "alimenta" e se "retroalimenta" desde o início das suas atividades na fonte do CMI. Contudo, ao se deparar com os problemas da crise socioambiental, a empresa vê uma oportunidade de mudança dos planos econômicos e sociais, a fim de não romper com as relações do indivíduo e da sociedade. Como Pelbart esclarece: "É esse duplo movimento que caberia explorar [...] no interior disso que se chama capitalismo e que apontam para o esgotamento de alguma coisa para a qual não temos ainda um nome, mas que pede, obviamente, uma reconfiguração radical da relação entre vida, coletivo, desejo, poder." (Pelbart, 2013, p. 4)

Com base nessa pista, foram observadas diversas controvérsias ao longo do estudo da trajetória "verde" da empresa Coca-Cola Brasil pós-Eco-92, evento que marca o início dessa virada "ecosófica", que se firmará somente a partir da década de 2010, como veremos mais adiante.

Percebeu-se que essa fase capitalística rizomática no estudo da trajetória "verde" da marca Coca-Cola Brasil, que vai de 1980 a 1999, coincide com a fase que Guattari (2012) intitula capitalismo pós-industrial, ou CMI. Nessa fase, a Coca--Cola Brasil dispersa suas estruturas de produção de bens para as estruturas produtoras de subjetividades, criando novos nichos de mercado. Como exemplo, o lançamento da primeira lata de alumínio em 1981, ano em que se dá início ao segmento single service, ao mesmo tempo que se mantém o segmento família (Coca Litro e Coca tamanho família), que começou com o alto consumo da indústria americana durante os anos 1950.[4] A controvérsia dessa fase se apresenta quando a Coca-Cola Brasil introduz suas ações em projetos sociais, ambientais e esportivos, em 1983, operando na contramão da lógica da "subjetividade capitalística" do CMI (Guattari, 2012). Daí, percebem-se os primeiros arranjos do marketing social na elaboração dos enunciados da sua comunicação "verde" (Kotler; Keller, 2012, p. 694; Kotler et al., 2008).

A análise precedente possibilita comparar o início dessas ações em projetos socioambientais da Coca-Cola Brasil de meados ao fim dos anos 1980, seguindo a tendência de mercado dos anos anteriores dos países europeus e americanos, que deram início aos movimentos das primeiras gerações "verdes" BB e XY. São estas: baby boomers, dos nascidos entre 1946 e 1964; geração X, também conhecida como geração baby bust, dos nascidos entre 1964 e 1977; geração Y, dos nascidos entre o início dos anos 1980 e o início dos anos 1990 (Ferreira; Tavares; Almeida; Ventura, 2017; Ottman, 2012). Ainda embasando tal comparação, Ottman (2012, p. 33) conta que: "Líderes de milhões de famílias norte-americanas, os baby boomers, há muito lideram o movimento verde, [...] as pessoas da geração X analisam os problemas ambientais por meio de uma lente que alinha questões sociais, educacionais e políticas, [...] e a geração Y possui controle digital nas redes sociais."

---

4 Depois da Segunda Guerra Mundial, 44 países estavam produzindo Coca-Cola. Quando a indústria de consumo nos EUA voltou suas atenções para o núcleo familiar, durante os anos 1950, as propagandas da Coca-Cola passaram a atingir esse público. A tática foi consagrada com o lançamento da Coca Litro e da Coca Família, em 1955 (Folha Especial, 1999).

3. DISCUSSÃO

Dessa maneira, é possível inferir que a formação de uma rede sociotécnica "verde" ou de um "rizoma verde" na Coca-Cola Brasil se inicia em meados dos anos 1990, história narrada no primeiro ato da trajetória "verde" da marca.

A inferência anterior, portanto, corrobora com a ideia de que é nessa década que os profissionais de marketing da Coca-Cola Brasil começam a utilizar enunciados "verdes" nas propagandas e nas publicidades da marca. Entretanto, ainda não havia preocupação iminente com o fim dos recursos naturais e tampouco com a ética do consumo, configurando-se em uma prática de comunicação vista como "modelagem marcária", "publicidade verde" ou *greenwashing* marketing" (Ferreira; Tavares, 2017; Tavares; Ferreira, 2012; Ottman, 2012).

As análises possibilitaram, também, comparar a visão do marketing da Coca-Cola Brasil nesses anos do primeiro ato da história ao Marketing 1.0 de Kotler; Kartajaya; Setiawan (2010),em que a empresa adotou a estratégia de um-para-um de segmentação de nicho de mercado família/indivíduo. Para isso, a Coca-Cola desenvolveu uma embalagem individual – single service – com o intuito de oferecer praticidade aos seus consumidores individuais. Na campanha publicitária da Coca-Cola Brasil dos anos 1980 a 1999, notam-se agenciamentos de enunciação do marketing tradicional em evolução para um marketing com foco no relacionamento, moldando "kits de subjetividade" para um novo consumidor que procurava autonomia e praticidade, além de valorização identitária. Assim, a Coca-Cola molda seus produtos com a introjeção de novas maneiras de ser no comportamento desses novos consumidores que surgiam com o avanço da globalização (Rolnik, 1996). Tais consumidores desejavam pertencer a um novo mundo globalizado, preenchido por produtos industrializados e diversificados. Além disso, a sociedade iniciava uma busca por mudanças em seus hábitos de consumo, que incluíam novos estilos de "ter em detrimento do ser" em uma lógica configurada e regulada por um mercado publicitário de "identidades prêt-à-porter" (Tavares; Irving; Vargas, 2014). Ao mesmo tempo, em meados da década de 1990 esse mercado começava a ser influenciado pelo paradigma da sustentabilidade ambiental (Tavares; Irving, 2010).

Da mesma forma, para Kotler & Keller (2012, p. 19), o pensamento de marketing dessa época moldava "[...] ofertas, serviços e mensagens específicas para clientes individuais, baseadas em informações sobre as transações anteriores de cada cliente, seus dados demográficos e psicográficos, bem como suas preferências por meios de comunicação e distribuição"; isso embasava o entendimento de que a Coca-Cola Brasil caminhava de um marketing que nasceu centrado no produto e na venda para um marketing de relacionamento com o cliente. Constatou-se que era o início da mudança da visão tradicional do marketing, porém ainda centrado na oferta e na demanda, como também no arranjo para aumentar o portfólio da marca Coca-Cola Brasil a fim de atender às necessidades e desejos dos consumidores.

MARKETING ECOSÓFICO: um novo olhar sobre o marketing empresarial

Entretanto, ao refletir sobre o arranjo do CMI, evidenciou-se que, em meados dos anos 1980, houve aumento da demanda do mercado de massa da Coca-Cola Brasil; daí surgiu a preocupação com os seus recursos naturais, que são finitos e impactam o meio ambiente. As primeiras ações contra os impactos negativos da produção capitalística da empresa vão acontecer em 1990, com o lançamento da lata de alumínio reciclável, e em 1991, com o lançamento da garrafa plástica Superfamília Retornável de 1,5 L.

Para essa declaração dada no trecho anterior, Kotler diz que a visão do Marketing 1.0 da década de 1950 até meados da década de 2000 é a do foco no produto, da estratégia de mix de marketing, do ciclo de vida do produto, da segmentação de mercado, da imagem da marca, do conceito de marketing. Em resumo, é pelo marketing dos 4Ps que as empresas encontram um mercado mais competitivo e turbulento e resolvem alterar suas estratégias de posicionamento para um marketing de serviço e marketing social ou macromarketing (marketing e consumerismo, marketing e ética, marketing e responsabilidade social e qualidade de vida). Mais tarde, nos anos 1980, surge uma era de muitas incertezas e o marketing inicia uma jornada globalizada ao mesmo tempo que descobre um olhar para o marketing local. Assim, as empresas bem consolidadas no mercado, como é o caso da Coca-Cola, iniciam suas ações de marketing direto, marketing de relacionamento com o cliente e campanhas de marketing interno para motivação e bônus de vendas. No entanto, é na década de 1990 que surge o marketing um-para-um, trabalhando o apelo emocional do indivíduo, dando início às transações da internet[5] e galgando os primeiros passos nas redes digitais, expondo então ações de visibilidade de imagem e investindo em projetos sociais e patrocínio de marca, uma vez que: "Definitivamente, a internet é o 'meio híbrido' que consegue sintetizar em um só meio os conceitos 'push-pull-marketing' simultaneamente (empurrar e puxar os consumidores para as marcas, ao mesmo tempo)." (Tavares, 2003, p. 148) Não obstante, é o início do questionamento ético do marketing, mas ainda há muito foco no produto e pouca credibilidade nas propagandas e publicidades da marca Coca-Cola Brasil.

Dessa maneira, evidenciou-se, durante as análises do primeiro ato da história "verde" da Coca-Cola Brasil, que é nesse cenário dos anos 1990 que a marca começa a despontar para os valores éticos relacionados aos seus "enunciados ecosóficos". Até então, a estratégia do marketing era pensar de dentro para fora, de forma centrada no produto e permanecendo para atender a necessidades e desejos dos clientes, não se preocupando muito além disso.

---

5 "A internet (Parente, 1993) é um meio quente e frio (McLuhan, 1998), pois aglutina a televisão, o rádio, o jornal e a 'promoção' sendo, além de tudo, o próprio ponto-de-venda." (Tavares, 2003, p. 148)

3. DISCUSSÃO

Portanto, é possível asseverar que a Coca-Cola Brasil na década seguinte, anos 2000, começa a projetar novos produtos para alimentar seus consecutivos enunciados de marketing verde, continuando a alimentar a lógica do CMI e do capitalismo rizomático globalizado. É uma nova década que surge com novos propósitos "verdes", na qual a Coca-Cola adota novas estratégias de comunicação sustentáveis. Com isso, ela consegue alimentar as subjetividades e os desejos dos seus stakeholders nas redes sociotécnicas, visto que se aproxima uma nova era da tecnologia e dos atravessamentos, da desterritorialização e da noção de "não lugar" em rede virtual "[...] pois muitas são as cartografias de forças que pedem novas maneiras de viver, numerosos os recursos para criá-las e incontáveis os mundos possíveis" (Rolnik, 1996, p. 1).

Assim, para resumir os pontos divergentes e que se sobrepõem às controvérsias localizadas nas análises do primeiro ato – Marketing 1.0: Coca-Cola Brasil e o nicho de mercado single service, anos 1980 a 1999 –, ressalta-se que na Árvore do Desacordo a sinalização "não" (embalagens retornáveis) se refere à não existência da embalagem retornável da Coca-Cola Brasil no período anterior à década de 1990. No início de 1990 é lançada tanto a embalagem retornável de 1,5 L quanto a lata de alumínio 100% reciclável, dando início a uma segmentação de mercado "verde" para atender a novos desejos dos consumidores ecológicos que surgem com um princípio das três rubricas de Guattari (2012): "ecologia mental, ecologia social e ecologia ambiental".

Por outro lado, especula-se que tampouco existiam ações de CVC de Porter e Kramer (2011), principalmente na cadeia da reciclagem, pois a Coca-Cola Brasil ainda não tinha a preocupação com as "externalidades" dos seus produtos, o que começou impactar posteriormente todas as atividades produtivas da marca.

Sobretudo, vale ressaltar que a sinalização "sim" destacada na Árvore do Desacordo no período entre 1990 e 1999 – embalagens de alumínio 100% reciclável – corrobora com o entendimento de que a Coca-Cola Brasil adota a transação um-para-um e inova com o lançamento da lata single service no ano de 1990, trazendo uma segmentação de mercado para o indivíduo contemporâneo que deseja e necessita de praticidade, seguindo, assim, as orientações tradicionais do Marketing 1.0 da época.

Contudo, a análise indicou que essa é uma década alimentada pelo CMI e que o marketing da Coca-Cola Brasil começava a trabalhar a sua comunicação social por meio de "agenciamento de enunciação" "verde" e de campanhas publicitárias, editoriais em jornais e revistas, propagandas e poucos patrocínios, trazendo "enunciados ecosóficos" com mensagens ambíguas que remetiam ao *greenwashing*.

Em virtude das transações capitalísticas intensas da Coca-Cola Brasil na década de 1980, resultantes do posicionamento de massa, a questão da conservação ambiental não era o foco principal do marketing da empresa, o que passa a ser um

MARKETING ECOSÓFICO: um novo olhar sobre o marketing empresarial

problema para a marca no início da década de 1990. Em consequência, sua primeira investida relacionada à sustentabilidade no Brasil é nas embalagens, pois estas traziam muita discussão sobre o impacto socioambiental decorrente das pautas das mídias em geral pós-Eco-92. Em continuidade a essa estratégia, a Coca-Cola Brasil faz o lançamento da lata de alumínio 100% reciclável e da embalagem família 1,5 L (retornável) em 1990. Logo, evidencia-se o nascimento de uma primeira rede sociotécnica do "rizoma verde" em 1996, com o lançamento do programa Reciclou, Ganhou, o qual envolveu diversos atores da reciclagem – entre eles catadores e cooperativas – e os primeiros órgãos gestores, como o Cempre. Percebeu-se, portanto, que nesse período as leis ambientais vigentes no Brasil começavam a exercer controle sobre as organizações público-privadas. Como exemplo, tem-se o surgimento da Lei 6.938/1981, que promulgou a Política Nacional do Meio Ambiente e trouxe obrigações de princípios de sustentabilidade para as empresas, principalmente para as de grande porte como a Coca-Cola Brasil. Foi promulgada também a Lei 9.790/1999 (Oscip), que contribuiu para que a Coca-Cola se preparasse para investir em projetos sociais no século seguinte.

No entanto, a partir do início do século XXI, período que coincide com o segundo ato da história da trajetória "verde" da Coca-Cola Brasil, os problemas socioambientais decorrentes das atividades industriais, ainda mais das empresas multinacionais, como é o caso da Coca-Cola Brasil, trazem impactos ambientais e prejuízos econômicos e humanos decorrentes destes. Sobre isso, Moraes (2016) comenta que as metas ambientais até o final do século XX não foram cumpridas e que, além disso, os eventos climáticos extremos se agravaram em diversas partes do mundo.

Em vista disso, as ações de sustentabilidade da Coca-Cola Brasil se fortalecem em razão das "políticas da natureza" (Latour, 2004b) a partir da década de 2000. No entanto, as ações inicialmente são agenciadas por uma rede de biopoder e biopolítica (Tavares; Irving, 2010), mistificando o papel da indústria e das empresas a respeito da responsabilidade socioambiental, caracterizando a formação de um "rizoma verde". Para além disso, verificou-se no primeiro ato da história que no final do ano de 1999 nasciam as primeiras cooperativas de catadores de recicláveis, com a fundação do MNCR, e que a Coca-Cola se aparelhava com o seu braço social do ICCB desde o ano de 1996, surgindo daí o programa Reciclou, Ganhou. Dessa forma, essa rede cresceu, movida por questões biopolíticas decorrentes do avanço da Agenda 21, rumo ao desenvolvimento sustentável empresarial. Essa rede da reciclagem passa a ser agenciada por diversos atores que se veem envolvidos na problemática socioambiental.

Constatou-se, também, nas análises da primeira concepção sobre o Marketing 1.0 (Kotler; Kartajaya; Setiawan, 2010), que o marketing tradicional exercia o seu papel na Coca-Cola Brasil, elaborando campanhas publicitárias com foco

3. DISCUSSÃO

na transação um-para-um, pois os produtos da empresa eram concebidos para um público de massa. Em seguida, percebeu-se que, com o passar dos anos, o marketing da transação um-para-um (concentrado em como efetuar a venda) naturalmente passa por uma reformulação se aproximando do conceito do Marketing 2.0 de Kotler et al, acompanhando as novas tendências de mercado da época. Ao mesmo tempo, verificou-se igual movimento do marketing da AmBev, empresa concorrente da Coca-Cola Brasil, que na ocasião descobriu o programa de reciclagem chamado Recicloteca, fundado por uma ONG em 1991 e patrocinado pela AmBev de 1993 em diante.

Observou-se, portanto, que nessa evolução do pensamento do marketing ambiental da década de 1990 a Coca-Cola Brasil e a AmBev produziam e vendiam seus produtos em um mercado altamente competitivo. Desse jeito, ambas iniciam suas preocupações com as suas externalidades por causa do contínuo exercício do "livre mercado" (Smith, 1976), mercado este alimentado e retroalimentado pelo CMI e pelo capitalismo rizomático, trazendo prejuízos e danos socioambientais severos para o planeta e a sociedade. Esse excesso de produção e extração dos recursos naturais utilizados para a produção das embalagens da Coca-Cola e AmBev, tanto quanto como o uso excessivo da água em suas bebidas implica a destruição e a poluição dos mares e rios.

Dessa maneira, como necessitam continuar com suas atividades industriais de forma sustentável, ambas as empresas focam nos programas de reciclagem, adotando premissas ecológicas e fundamentadas na ecosofia de Guattari, e desenvolvendo práticas empresariais focadas nas três ecologias. Na dimensão mental percebe-se um maior envolvimento nas questões dos impactos das gerações de suas produções, mediante o compromisso com as COPs e com os primeiros relatórios elaborados pelas organizações, os quais se baseiam na GRI, para documentar e comunicar os avanços de suas ações sustentáveis. Logo, essas iniciativas passam a gerar maior visibilidade tanto para a marca quanto para as ações das empresas no ISE.[6] Por outro lado, o CMI não desapareceu nas atividades empresariais dessas empresas, mas deu origem a uma nova rede sociotécnica da reciclagem alimentada pelo capital natural "verde". Então, em meados da década de 2000 o consumo verde aumentou e consecutivamente virou sustento para o "rizoma verde" das empresas Coca-Cola Brasil e AmBev.

Essa rede sociotécnica do "rizoma verde" da Coca-Cola Brasil e da AmBev passa a ser incorporada por diversos atores da reciclagem e é engendrada pela estraté-

---

6   O ISE surgiu no Brasil como uma ferramenta para acompanhar e incentivar a postura sustentável por parte das companhias, bem como ressaltar as empresas alinhadas a essa ideia e tornar mais atrativo o investimento nesse campo. Disponível em: <https://www.creditodelogisticareversa.com.br/post/t-o-que-e--o-indice-de-sustentabilidade-empresarial-ise>. Acesso em: 12 abr. 2021.

gia do marketing ambiental, mas regulada pelo novo cenário da "sociedade do controle" e de uma nova ordem do "Império" (Deleuze, 2000ª; Pelbart, 2002). Ao consolidar essa reflexão, Tavares (2014a, p. 88) recorda que: "Os apelos utilizados nos produtos ecológicos são desenvolvidos a partir das promessas do marketing ambiental, como uma ferramenta empresarial na alavancagem do 'negócio verde' no mercado."

Depreende-se que desde a década de 2000 as gigantes de bebidas Coca-Cola Brasil e AmBev iniciam juntas uma rede sociotécnica "rizomática verde" (Tavares; Irving, 2010), contendo diversos atores-rede da reciclagem. Condicionada pela "dimensão biopolítica da sociedade de controle" (Pelbart, 2002, p. 111), essa rede opera por meio de "agenciamentos ecosóficos de enunciação" (Almeida; Tavares; Ferreira, 2019) – coletivos e individuais –, fazendo uso das ações do marketing ambiental e penetrando nas mentes dos consumidores com os seus "kits de subjetividade verde" (Tavares, 2016).

Para a afirmativa citada, vale relembrar os dados analisados e apresentados no segundo ato da história da trajetória "verde" da Coca-Cola Brasil – anos 2000/2009 –, os quais demonstraram o surgimento de uma rede sociotécnica de reciclagem composta de diversos atores que envolvia o ICCB. Este era operado pelo programa Reciclou, Ganhou desde 1996, também pela Socitex, cooperativa existente desde 1998, e pelo Instituto Doe o Seu Lixo (IDSL) desde 2003.

Além disso, observou-se pelos relatos coletados que essa rede sociotécnica da reciclagem foi gerada para atender posteriormente à obrigação da Lei 12.305/2010 e da "responsabilidade compartilhada" pelos resíduos sólidos, atribuindo mais adiante, na década de 2010, responsabilidades para a indústria, os órgãos públicos e privados de gestão da reciclagem, cooperativas, catadores e ONGs. Observou-se ainda que a rede da Coca-Cola Brasil nessa época foi montada para atender, além dessa obrigação, à necessidade do marketing de gerar eventos patrocinados pela marca e outras iniciativas de marketing social, tais como patrocinar catadores e promover campanhas publicitárias com foco na RSC. Contudo, evidenciou-se que ainda não havia ações de CVC de Porter, o que ocorreu posteriormente a partir da década de 2010.

Por esse motivo, é a partir de 2010 que ambas as empresas vão evoluindo no pensamento ecosófico e no desenvolvimento das ações sustentáveis. Também nessa época os consumidores já começavam a ser dotados de "inteligência, coração e mente" de acordo com o Marketing 2.0 de Kotler, tendo maior preocupação com o consumo consciente e saudável. Nota-se, então, que a Coca-Cola Brasil investe em novas tecnologias, aposta na diversificação do seu portfólio e lança novas bebidas, adquirindo assim a empresa Sucos Mais, bebida com apelo sustentável. Essa aquisição da Sucos Mais evidencia um marketing preocupado com

3. DISCUSSÃO

uma nova era "verde", que precisava utilizar um novo "agenciamento ecosófico de enunciação", cuja estratégia passou a ser operacionalizada pelo marketing ambiental, que alertava seus consumidores sobre noções de sustentabilidade e apontava a responsabilidade social pelo "discurso verde". Para embasar essa discussão, Tavares (2014) lembra que o consumo da natureza tem sido tema midiático desde essa época, sendo agenciado pelas ações de marketing ambiental e de responsabilidade social, cujas propagandas e publicidades veiculadas nas mídias em geral utilizam um "discurso verde".

É nessa tríade dos atributos ecosóficos de Guattari que a Coca-Cola Brasil a partir dos anos 2000 pauta suas estratégias de marketing; ela inverte a lógica dos 4Ps de Kotler, passando a operar por meios de subjetividades que vão além da concepção da venda do produto. Nesse sentido, no estudo da Árvore do Desacordo – Marketing 2.0: Coca-Cola e as questões socioambientais, anos 2000, verificou-se que os princípios de ecosofia de Guattari avançaram, embora muitos agenciamentos de enunciação fossem proferidos pela marca quando do lançamento de novos produtos sustentáveis. Como exemplo, na ilustração da copa da árvore, a sinalização "sim" – Novos produtos que apostam na sustentabilidade e embalagens retornáveis – destacou que as campanhas publicitárias analisadas traziam enunciados de *greenwashing* que comprometiam a credibilidade da marca. Assim, percebeu-se que mais tarde, na década de 2010, o compliance chegou para trazer maior validação às ações de sustentabilidade dos produtos e comunicação social exploradas na mídia em geral pela marca Coca-Cola. Por outro lado, notou-se que esse não era ainda o ciclo total das redes sociais, em que os consumidores passariam a interagir diretamente com a marca, conforme discutiremos mais adiante.

Outro ponto relevante do estudo desse segundo ato da história é que a "colheita de dados" – entrevistas realizadas com diversos atores envolvidos na rede da reciclagem – tornou possível compreender que, como não havia surgido ainda a Lei 12.305/2010, o papel do ICCB era receber a verba do marketing para aplicar em projetos sociais. Portanto, o ICCB tornou-se uma Oscip em 2005; desse modo, pôde aportar sua verba, descontando o investimento dos projetos no imposto de renda da empresa Coca-Cola Brasil e aumentando a sua visibilidade de marca entre shareholders e stakeholders, completando, assim, um círculo virtuoso de ROI. Com isso, foi possível perceber que havia muitos agenciamentos de enunciação do marketing em relação às questões de proteção do ecossistema, uma vez que o papel do ICCB era apoiar os projetos sociais e prestar contas. Esse foi também um dos motivos pelo qual a empresa posteriormente percebeu que investir em marketing social pelo olhar da filantropia não era sustentável para a marca. Entretanto, o ICCB já apresentava projetos de apoio à reciclagem e, com o início da organização da categoria pela abertura do MNCR e de outros órgãos da reciclagem, começou a ser mais cuidadoso com suas ações de sustentabilidade e responsabilidade social.

Ao refletir sobre esses dados, concebe-se que a Coca-Cola Brasil começa a questionar o retorno do investimento dessas ações. Vale dizer que muito se confundia em relação aos discursos emitidos pela marca quando se investia em projetos sociais pensados pela visão da responsabilidade social; mesmo que a empresa tivesse um desconto no imposto de renda, não era considerado um retorno de investimento. Nesse diapasão, supõe-se que a Coca-Cola Brasil mais tarde, na década de 2010, repensa essa estratégia tentando a CVC de Porter e Kramer (2011), o que tampouco é resolvido em termos de retorno financeiro para a empresa, como veremos mais à frente neste capítulo.

Contudo, a reflexão do trecho anterior aponta que as ações de sustentabilidade da Coca-Cola Brasil da época que vai de 2000 a 2009 eram agenciadas por práticas e discursos que operam pela lógica do CMI, conforme explica a citação: "[...] a noção de responsabilidade $ocioambiental compartilhada (R$C) [...] pressupõe que a responsabilidade socioambiental empresarial na contemporaneidade é agenciada pelos atores sociais e agencia um discurso e uma prática empresariais que funcionam dentro da lógica capitalista" (Topke; Tavares, 2019, p. 279).

Logo, pelos resultados do segundo ato da história da trajetória "verde" da Coca-Cola Brasil confirma-se que o "rizoma verde" da reciclagem cresceu e deu origem a uma nova rede sociotécnica mais robusta e alimentada pela "R$C rizomática" (Töpke, 2018), sobre a qual se discute a narrativa do terceiro ato da história que vai dos anos 2010 até os dias atuais.

As pistas trilhadas até aqui indicaram que é a partir dessa década que a Coca-Cola Brasil se põe à frente dos impactos que causou no ecossistema, atuando de forma mais diligente, e que o marketing da empresa passou por transformações que vão desde a adoção de ações socioambientais – responsabilidade social e meio ambiente – até a integração com novas áreas da empresa, como o ESG (termo corporativo, em inglês, para environmental, social and corporate governance) (Ortas et al., 2015), para lidar com o compliance.

Percebeu-se, também, que nessa década o aparecimento da sociedade do controle e da vigilância das redes digitais avança, e a Coca-Cola precisa se conectar com esse novo mundo virtual de conexões imbricadas e complexas entre seus stakeholders, principalmente entre os consumidores da marca, que passam a exercer presença constante nas redes digitais. Surgem, portanto, novas ferramentas de marketing digital, que já eram ensaiadas desde a década de 1980 e 1990, para operar uma publicidade atravessada e desterritorializada em rede por meio de algoritmos (Domingues, 2016). Sob esse mesmo ponto de vista, Kotler, Kartajaya e Setiawan (2012) relatam que toda essa mudança teve profun-

3. DISCUSSÃO

do impacto no comportamento de consumidores e stakeholders, exigindo uma reformulação do marketing mainstream.

Considerou-se, portanto, que a Coca-Cola Brasil nessa década segue as orientações do marketing de Kotler, evoluindo para o Marketing 3.0. Dessa forma, promoveu interações de troca em redes sociotécnicas – exemplos dados anteriormente de experiência de marketplace –, agenciando questões subjetivas de definição de um propósito da marca, atendendo a consumidores para além de desejos e necessidades básicas e fazendo do mundo um lugar melhor, com a promessa de uma Coca-Cola "saudável" e com embalagens 100% recicláveis.

Além disso, no ano de 2016 a The Coca-Cola Company precisou unificar sua marca, criando uma estratégia de comunicação global com uma única campanha criativa, presumindo-se, nessa pesquisa, que fez isso para simplificar os "agenciamentos ecosóficos de enunciação" em uma mesma linguagem de rede. Os resultados apontaram, também, que o CEO global da marca mudou a forma de se comunicar tanto em conferências socioambientais das COPs quanto nas redes sociais e internamente na empresa. Assim, promoveu uma mudança de mindset dos seus colaboradores, reprogramando mente, social e ambiental em uma única "voz ecosófica" – segundo as três ecologias de Guattari –, e definindo um novo propósito global em 2019, que é: "refrescar o mundo e fazer a diferença na vida das pessoas, da sociedade e do planeta". Essa mudança da Coca-Cola global e local se justifica por ela ser uma empresa de bebidas que explora recursos naturais e abastece o mundo de bebidas com muita quantidade de açúcar a outros componentes químicos, como o dióxido de carbono, que intensifica o efeito estufa na atmosfera.

Por esse motivo, desde 2016 a Coca-Cola se viu na obrigação de trabalhar suas "extrapolações" ou "externalidades" via enquadramento de ações de sustentabilidade, visando à ecoeficiência e, ao mesmo tempo, atendendo à regulação da legislação e à nova ordem de mercado, visto que as disputas pela reciclagem das embalagens das gigantes da Coca-Cola Brasil e AmBev se tornaram públicas em razão das questões dos impactos socioambientais, trazendo conflitos que acendem uma nova consciência para as marcas.

Daí em diante, novas pistas evidenciaram que a Coca-Cola Brasil teve forte atuação em projetos de sustentabilidade e o marketing, que tinha um foco mais para a importância social, dá lugar a um novo posicionamento da empresa com foco no compliance. Isso ocorre uma vez que a empresa tenta remediar o problema de forma positiva se preocupando com as "externalidades" de sua atividade industrial.

De acordo com essa reflexão, Callon (1999) define "externalidades" como extrapolações, explicando pela TAR que todo enquadramento gera uma "extrapolação" – que é algo inesperado ou que foge ao enquadramento (informação verbal).[7]

Ainda segundo Callon (1998), externalidades também podem ser positivas. Por isso, pelos relatos analisados da Coca-Cola Brasil, compreende-se que dessa forma a Coca-Cola inicia um novo ciclo produtivo com indícios de mudança de posicionamento e passa a se preocupar com os recursos, pessoas, buscar novas tecnologias, inovações por meio de novos ideais, novos produtos, embalagens ou novas saídas ou "linhas de fuga" (Deleuze; Parnet, 1998). Portanto, pode-se inferir que a "externalidade" tem sido uma das preocupações da Coca-Cola e AmBev nos últimos anos, visto que não há meios de uma empresa prosperar sem pensar nos impactos socioambientais e nas questões climáticas, tema da pauta de todas as últimas conferências globais sobre sustentabilidade planetária desde a COP 21 em Paris, no ano de 2015.

De acordo com esse pensamento, Pelbart (2015) afirma que: "a inovação e a produção dependem cada vez mais das externalidades positivas (infraestruturas, níveis de formação, instituições, serviços públicos, bens comuns, qualidade da vida, segurança, relações)".

Com base na análise dos cruzamentos de dados, o novo direcionamento da marca Coca-Cola Brasil a partir de 2016 alinha-se à estratégia global da The Coca-Cola Company. As práticas sustentáveis e de responsabilidade social transcendem agora a visão meramente lucrativa da empresa, incorporando uma nova abordagem sobre as externalidades dos produtos e seu impacto nos consumidores. "Dizemos que uma situação econômica envolve uma externalidade de consumo se um consumidor se preocupar diretamente com a produção ou o consumo de outro agente." (Varian, 2012, p. 679) Dessa maneira, a Coca-Cola assume um compromisso ainda mais ético e responsável socioambientalmente. Em consonância com esse pensamento, Varian (2012) adverte que "uma externalidade na produção surge quando as possibilidades de produção de uma empresa são influenciadas pelas escolhas de outra empresa ou de outro consumidor" (Varian, 2012, p. 679). Nesse contexto, as ações de sustentabilidade e as estratégias de marketing da Coca-Cola precisam abordar as principais externalidades, como embalagens, uso de água e a questão do açúcar, especialmente no que diz respeito ao impacto na saúde das pessoas. Assim, a Coca-Cola investe em sustentabilidade, pois isso está intrinsecamente ligado ao seu produto. Na pista da análise da reciclagem, é crucial destacar

---

7 Explicação fornecida pelo Profᵒ Drᵒ Marcelo Fornazin durante a co-orientação dada ao vivo pelo Google Meet,no dia 25 fev. 2021.

3. DISCUSSÃO

que a externalidade resulta da venda da bebida, centrando-se na embalagem e nas questões relacionadas a ela. Pode-se inferir, portanto, que a empresa optou por atuar em quatro frentes dos dezessete ODS da Agenda 2030: água, resíduos, pessoas e portfólio, em uma tentativa de compensar as externalidades de suas operações industriais (Varian, 2012).

Haja vista que o tema deste estudo é o marketing ambiental pelo olhar psicossocial e que o objeto de estudo traz o recorte do pós-consumo das marcas Coca-Cola e AmBev, observou-se que na década de 2010 ambas as empresas se dedicavam à questão da reciclagem – que era um grave problema do aumento da poluição dos mares, rios e oceanos, como também o fator de outros impactos no ecossistema e na perda da biodiversidade –, levando os seus consumidores a ter uma percepção desagradável dessa questão.

Nesse recorte, optou-se por discutir o pós-consumo das empresas Coca-Cola e AmBev, e da gestão circular e não mais linear dos seus resíduos a partir do marco da "união de forças" firmado no ano de 2017. Para tanto, seguindo essa pista e conforme a psicossociologia, discute-se de agora em diante a rede sociotécnica que surgiu em 2017, dando um escalonamento ao *cluster* da reciclagem.

Os resultados mostraram que essa rede se iniciou em 2017 e veio sendo agenciada por forças actantes humanas e não humanas (máquinas, atores e conexões) na tentativa de estabelecer uma relação nova entre natureza e política – uma nova "ecologia política" (Latour, 2004a). Essa força política percebida na "união de forças" e firmada entre as empresas Coca-Cola e AmBev deu partida à plataforma Reciclar pelo Brasil, formando uma forte rede sociotécnica da reciclagem que envolveu diversos atores, entre eles empresas, órgãos públicos, ONGs, cooperativas e catadores. Entretanto, percebeu-se que tal rede escala dentro dos interesses políticos estabelecidos entre esses atores, e que os catadores e as cooperativas são pré-selecionados por critérios ambíguos. Durante a "colheita" das entrevistas de campo entre alguns catadores, foi possível reunir relatos que comprovam que os critérios de avaliação dos editais da Ancat – gestora da plataforma Reciclar pelo Brasil – são rígidos e não atendem a uma grande parte das cooperativas autônomas. Dessa maneira, as cooperativas não conseguiram se estruturar até a primeira fase dos investimentos das marcas Coca-Cola e AmBev, retirando-os dos seus primeiros programas de reciclagem – os quais eram antes apoiados pelos seus braços sociais existentes. As análises demonstraram que a plataforma Reciclar pelo Brasil chegou em 2017, descontinuando o apoio dos projetos anteriores (projeto Coletivo Reciclagem da Coca-Cola Brasil, fundado em 2012, e projeto AmBev Recicla, fundado em 2011), dos quais os catadores e cooperativas recebiam investimentos diretos. Os resultados deixam pistas claras de que a nova plataforma Reciclar pelo Brasil chegou em 2017, escalando uma rede sociotécnica da reciclagem que prioriza a ecoeficiência e a regulação de mercado em detrimento dos critérios sociais.

Os resultados apurados com os catadores e cooperativas entrevistadas nesta pesquisa confirmaram que boa parte dos que não conseguiram se organizar antes da vinda da plataforma Reciclar pelo Brasil se viu fora dela, sem condições de participação na rede, configurando assim uma rede rizomática "verde" combinada pela "união de forças" entre as gigantes de bebidas Coca-Cola e AmBev e de uma rede beneficiada por estas, dentro dos critérios técnicos e administrativos que atendam ao compliance das empresas.

Da mesma forma, evidenciou-se tal fato nos enunciados listados e analisados na Árvore do Desacordo, terceiro ato – Marketing 3.0: Coca-Cola e as interações de troca, anos 2010 até hoje –, cuja sinalização do "não" foi confirmada durante as entrevistas. Estas foram feitas com os colaboradores do ICCB, quando informaram que o projeto Coletivo Reciclagem foi transferido após 2015 para a marca corporativa Coca-Cola Brasil, na mesma época que tem início o acordo setorial e a Coalizão de Embalagens no Brasil.

Logo, presume-se que a rede sociotécnica que se formou por intermédio das empresas Coca-Cola e AmBev foi empoderada por um *cluster* da reciclagem em uma visão de biopoder e biopolítica entre prestadores de serviços, fornecedores, terceirizados, ONGS, Oscips. Essa formação foi além dos critérios de R\$C, uma vez que não se pode mais afirmar que há benefícios sociais diretos às cooperativas e aos catadores, como os braços sociais das empresas proporcionaram nos primeiros projetos de reciclagem até a origem da plataforma Reciclar pelo Brasil.

Outra evidência é que tanto o marketing da Coca-Cola Brasil quanto o da AmBev passaram a incorporar conceitos objetivos e subjetivos ao mesmo tempo, trabalhando aspectos da "ecosofia da marca" (Pontes; Tavares, 2017) conforme as três ecologias de Guattari. Mesmo assim, não deixaram de operar pelo modo do CMI e da lógica capitalística rizomática; operaram na captura de modos de ser ecológico ou "ecopsicossocial" e por meio de "modelagens marcárias verdes".

Por fim, o resultado das análises desse eixo indicou que, embora a rede de atores envolvidos tenha se ampliado, ao longo dos últimos anos desde 2010, ela se tornou mais complexa e passou a ter conexões e relações com leis, responsabilidades socioambientais, regulações de mercado e conselhos administrativos de stakeholders e shareholders. Por outro lado, essa nova configuração não impediu o marketing das empresas analisadas de operar os "agenciamentos ecosóficos de enunciação", por meio dos produtos sustentáveis da marca e de gerar subjetividades via uma "dobra ecosófica" entre R\$C e CVC, no ensejo de uma dupla captura dos desejos "ecopsicossociais", como aponta a próxima pista da subseção a seguir.

3. DISCUSSÃO

3.2 SUBJETIVIDADE "VERDE"

Segundo Deleuze (2012, p. 16) "A subjetividade é determinada como um efeito, é uma impressão de reflexão."

Na pista de "subjetividade verde", as entrevistas indicaram que esse é o processo de elaboração dos agenciamentos de enunciação do marketing das marcas Coca-Cola e AmBev que, por exemplo, transformam seus portfólios em novos produtos "verdes", com novas embalagens sustentáveis e inserindo novas logos e selos ecológicos. Logo, isso gera um novo efeito e nova impressão nos seus produtos, e assim o marketing opera na captura de novos consumidores "ecopsicossociais" (Almeida; Tavares; Ferreira, 2019).

Em prosseguimento a essa concepção, vale fazer uma breve contextualização sobre a influência do CMI na produção da subjetividade capitalística "verde", que liga os conceitos teóricos deleuze-guattariano de ecosofia, rizoma e agenciamento de enunciação a uma perspectiva de "Império" (Hardt; Negri, 2001; Pelbart, 2002). Segundo os autores, esse entrelaçamento opera por conexões diversas, tais quais questões econômicas, jurídicas, políticas, socioambientais, e nesse "Império" muitas decisões são tomadas de acordo com o momento geopolítico e as necessidades imperativas da legislação e do mercado. Portanto, supõe-se que esses entrelaçamentos do CMI muitas vezes remetem aos agenciamentos de enunciação de subjetividade capitalística "verde" em publicidades emitidas nas mídias das empresas em geral, uma vez que há a necessidade de produzir e vender seus produtos em uma nova ordem "ecologicamente correta" (Tavares, 2014c).

Nesse sentido, a pesquisa demonstrou que as empresas Coca-Cola Brasil e AmBev, por influência do CMI e da ordem do "Império", criaram um mecanismo sustentável, o compliance climático,[8] que segue as pautas das conferências globais e dos acordos entre as partes do COP 25. Além disso, por meio de estratégias de R$C e CVC, as empresas geram um efeito de "dobra ecosófica" e de dupla captura dos desejos "ecopsicossociais". Após os encontros da COP 21 (ou Acordo de Paris 2015) e de Davos 2020 – "evento que deu grande relevância às mudanças climáticas e as políticas ambientais" (Instituto Bridje, 2021) –, todas as lentes públicas e privadas se voltam para o tema mitigações e adaptações das emissões de carbono no planeta – política carbono zero até 2030. Dessa forma, as empresas transnacionais como a Coca-Cola e

---

8   A Unesco em recente pesquisa pública "O mundo em 2030": mudança climática e perda da biodiversidade, apontou a importância do tema Compliance Climático, ou seja, da relevância do tema sobre as mitigações e adaptações de emissões de carbono zero no planeta, enfocando a importância do engajamento público--privado entre empresas, governos e sociedade. Disponível em: <https://pt.unesco.org/news/pesquisa-publica-o-mundo- em-2030-mudanca-climatica-e-perda-da-biodiversidade-sao-longe-maiores>. Acesso em: 22 mai. 2021.

a AmBev se veem pressionadas e tentam se adequar ao exercício das atuais práticas do ESG, cujo tema é pauta do mundo corporativo nos últimos anos (Lima, 2021). Assim, não se pode mais alegar que o desenvolvimento empresarial e o meio ambiente são antagônicos à sustentabilidade. "As sociedades pacíficas enfrentarão até 2030: mudança climática e perda da biodiversidade, violência e conflitos, discriminação e desigualdade, além da falta de alimentos, água e moradia." (Unesco, 2020)

Ao entrelaçar os conceitos de ecosofia, rizoma e agenciamento de enunciação a alguns enunciados apreendidos durante as transcrições das entrevistas dos atores-rede das empresas analisadas neste estudo, percebeu-se que o marketing das empresas Coca-Cola e AmBev opera por meio de "enunciados ecosóficos". Desse modo, exerce um ecopoder (Tavares, 2020) sobre a rede sociotécnica da reciclagem a fim de nivelar as ideias e as soluções empresariais aos padrões planetários e, então, reverter o quadro desastroso das suas produções industriais sobre as questões socioambientais. Percebeu-se, também, uma mudança de pensamento, primeiro no mindset e depois no *modus operandis* das empresas analisadas, que visava reformar produtos, lançar novas embalagens, reformatar mente – social e ambiental –, e assim operar na subjetividade capitalística "verde" por meio de "agenciamentos ecosóficos de enunciação" espalhados na mídia em geral. Compararam-se os relatos das entrevistas com os enunciados coletados do LinkedIn, e compreendeu-se que os executivos da Coca-Cola e AmBev utilizam discursos da R$S e do CVC via mensagens postadas por seus porta-vozes, o que se supõe ser uma nova estratégia de "dobra ecosófica" para a dupla captura dos desejos "ecopsicossociais". Logo, a comunicação das empresas tramita com credibilidade entre os dois temas – responsabilidade social e valor compartilhado – e atinge de forma positiva coração, mente e espírito dos seus consumidores e stakeholders em geral.

Para além disso, como as operações da The Coca-Cola Company foram agenciadas em massa pelo arranjo do CMI e pela ordem do "Império" nos primeiros quase cem anos de sua existência, a empresa necessitou rever sua estratégia, seus processos industriais e suas melhores práticas sustentáveis. Para isso, abriu entre outros programas uma rede sociotécnica da reciclagem, formando uma plataforma inclusiva de gestão de resíduos, empoderando catadores e cooperativas, promovendo a logística reversa e apostando na economia circular para a próxima meta até 2050.

Contudo, a empresa está tentando prosseguir em uma visão ecosófica com base nos três registros ecológicos de Guattari, cuidando das ecologias: mental (encontro de ideias e pensamentos conscientes entre seus shareholders e stakeholders), social (encontro de interesses comunitários favoráveis a sociedade) e ambiental (inovação em embalagens, técnicas de gestão inclusiva por troca e interações).

Notou-se ainda que o marketing das empresas Coca-Cola Brasil e AmBev é mais voltado para os seus enunciados nas redes digitais, uma vez que o consumidor

3. DISCUSSÃO

está mais crítico e vai mais fundo nas questões socioambientais. Esse consumidor não aceita ser ludibriado por um marketing que se vale de mensagens enganosas das antigas práticas de *greenwashing*, as quais eram alimentadas pela lógica do "Império" em detrimento de uma ecosofia ético-político-estética. "O poder do Império é apenas organizativo, não constituinte, ele parasita e vampiriza a riqueza virtual da multidão, é o seu resíduo negativo." (Pelbart, 2002, p. 111)

Além disso, na Pesquisa Cartográfica Reflexiva, verificou-se que a emissão de títulos sustentáveis emitidos na bolsa de valores sofre regulação do ESG, por intermédio das agências de rating (Martiningo Filho et al., 2023). Esse é o caso das empresas analisadas, que comprovam em relatórios de sustentabilidade as ações praticadas e as metas alcançadas, assim como e se previnem de críticas de *greenwashing e ESGwashing*. Sob esse enfoque, Lemos (2021) diz que: "[...] quem está praticando o *ESGwashing*, na linha do parece-mas-não-é, vai aos poucos ficar para trás e restarão somente aqueles que realmente estão dispostos a serem agentes de mudanças".

Desse modo, constatou-se que as empresas analisadas neste estudo adotaram uma postura empresarial em conjunto com governos e cúpulas ambientais, "criando uma rede global que influencia a opinião pública e os tomadores de decisão em negócios e governos" (CBC, 2021), aproximando-se do conceito denominado "marketing ecosófico" e evolucionando a usual forma de comunicação de marketing – dos agenciamentos de enunciação de "kits de subjetividade verde" (Tavares; Irving, 2009) – para além da comunicação ético-político-estética. Os números de governança e impactos socioambientais dessa comunicação são reportados de maneira transparente por intermédio de relatórios de sustentabilidade em plataformas digitais de marketplace.

No entanto, as análises confirmaram que essa ainda é a lógica predominante tanto do CMI quanto da ordem capitalística rizomática. Essa lógica opera por meio de novos dispositivos e conexões emergentes, em linha com a sustentabilidade inspirada pelo progresso global responsável, também conhecida como ESG (Cidadão Global, 2021). Essa transformação é impulsionada por suas metamorfoses e pela sua relação com o consumo sustentável (Tavares; Irving, 2009), marcando a transição do antigo capitalismo centrado nos acionistas para uma nova era do capitalismo dos stakeholders ou do capitalismo de valor compartilhado (Porter & Kramer, 2011), muitas vezes referido como capitalismo pós-industrial de natureza "ecosófica" (Guattari, 2012).

Além de tudo, confirmou-se que uma verdadeira ecosofia pensada segundo os três registros (mental, social e ambiental) é capaz de operar mudanças estruturais positivas para gerar novas relações sociais, possibilitando a participação ativa da sociedade na construção de um mundo melhor em conjunto com os objetivos das empresas. Quando a comunicação é mais alinhada com os consumidores, ela se torna mais inclusiva.

MARKETING ECOSÓFICO: um novo olhar sobre o marketing empresarial

As pistas seguidas das empresas Coca-Cola Brasil e AmBev denotaram que suas comunicações na rede operam por meio dos seus porta-vozes para tornar a escuta mais ativa, para apreender seus stakeholders e shareholders e entregar maior credibilidade aos enunciados do marketing. Nesse sentido, Kotler (2017a) descreve que: "Círculos sociais tornaram-se a principal fonte de influência, superando as comunicações de marketing e até as preferências pessoais. Os consumidores tendem a seguir a liderança de seus pares ao decidir qual marca escolher."

Ainda assim, esses novos agenciamentos do marketing verde da Coca-Cola Brasil e a AmBev operam sob a lógica do CMI e pela ordem do "Império", estando entrelaçados por questões tributárias, jurídicas e socioeconômicas, práticas de lobby[9] etc. Essas parcerias acabam tanto viabilizando *clusters* e escalando a cadeia da reciclagem entre poucos catadores e cooperativas quanto dividindo a responsabilidade compartilhada pelos resíduos da indústria de bebidas entre as marcas mais bem posicionadas no ranking de percepção de imagem e participação de mercado. Nota-se, ainda, que está distante a possibilidade de a plataforma Reciclar pelo Brasil se tornar de fato inclusiva e resolver todo o problema da reciclagem até o ano de 2030, como prometeram as empresas Coca-Cola Brasil e AmBev nos relatos coletados. Contudo, há de fato uma rede rizomática "verde" que opera como "máquinas desejantes"[10] (Deleuze; Guattari, 2004), escala e espalha novos desejos e "devires rizomáticos de consumo" (Pontes; Tavares, 2014).

Na pista dos "devires rizomáticos de consumo" e ligando os pontos dos enunciados dos atores-rede entrevistados, formou-se uma rede capitalística "verde" em torno das marcas Coca-Cola Brasil e AmBev desde que ambas firmaram o acordo da "união de forças" e criaram a plataforma Reciclar pelo Brasil. As pistas da entrevista e da análise (Passos; Kastrup E Tedesco, 2016) auxiliaram na elucidação do caso e na compreensão da rede, ficando possível assinalar que houve repetição e multiplicação de atores-rede, os quais outrora participaram dos programas Coletivo Reciclagem da Coca-Cola Brasil e AmBev Recicla. Evidenciou-se também que a rede cresceu, configurando-se em uma "dobra ecosófica" e atraindo novos consumidores por meio dos enunciados com apelos "ecopsicossociais".

Além disso, a plataforma Reciclar pelo Brasil tem como objetivo coletar, reciclar e reaproveitar todos os seus resíduos produzidos e descartados, formando um *cluster* privilegiado de empresas privadas, públicas, ONGs, Oscips e outras entidades da reciclagem, operando de forma conexionista em rede sociotécnica

---

9   Lobby: negocia com legisladores e autoridades governamentais a promoção ou a alteração de leis e regulamentações (Kotler; Keller, 2012, p. 565).

10   "[...] o desejo é máquina, síntese de máquinas, arranjo maquínico – máquinas desejantes. O desejo é da ordem da produção e qualquer produção é ao mesmo tempo desejante e social" (Deleuze & Guattari, 2004, p. 308).

3. DISCUSSÃO

(Latour, 2012). A rede sociotécnica do "rizoma verde" das empresas analisadas promete a benesse de um consumo tido como ecosófico, mas que na realidade é retroalimentado pela subjetividade capitalística "verde" e por uma "dobra ecosófica". E esse dobra e desdobra, usa e reúsa, descarta e reaproveita torna o produto durável e resiliente (Deleuze, 1988); ao mesmo tempo, captura desejos "ecopsicossociais" em favor de um "rizoma verde". E, como relata Tavares (2014b, p. 114): "Nesse rizoma do consumo verde, atravessado por linhas caóticas e difusas, estas se encontram, esbarram, atravessam, dobram, desdobram e redobram, agenciadas através dos mais diferentes desejos e olhares."

A essa altura, foi possível inferir que a aparência ecológica das embalagens da Coca-Cola Brasil e da AmBev atrai uma demanda de mercado "verde" e satisfaz os desejos "ecopsicossociais" dos seus consumidores. Por outro lado, percebeu-se que os consumidores de ambas as marcas passaram a exercer maior controle nas redes sobre esses "agenciamentos de enunciação verde". Sob esse conceito, Ottman (2012, p. 36) afirma que: "Com todas as gerações agora demonstrando valores sustentáveis, o comportamento preocupado com o meio ambiente está se tornando a regra."

Posto isso, pressupõe-se que o marketing das empresas Coca-Cola Brasil e AmBev, seja ele mainstream, seja ambiental ou verde, passa a ter um papel crucial para além dos 4Ps e começa a operar por diversas evoluções que vão desde o Marketing 1.0 até o Marketing 3.0, rumo ao Marketing 4.0 de Kotler. Isso ocorre porque o cenário covid-19 trouxe ainda mais mudanças e necessidades de adaptações às marcas analisadas (mais da metade das entrevistas foi realizada após o início da pandemia da covid-19).[11] No entanto, essa parte da análise necessita de aprofundamento, o que poderá ser realizado com pesquisa futura.

Por fim, o estudo do marketing ambiental, pelo olhar psicossocial, e do pós-consumo das marcas Coca-Cola Brasil e AmBev demonstrou que: "O produto e a marca simbolizam muito mais do que o indivíduo necessita; estes objetos e símbolos passam a representar os novos seres 'ecopsicossociais'." (Almeida; Tavares; Ferreira, 2019)

A seguir apresentam-se as reflexões (não finais) e pistas futuras para esta pesquisa.

---

11 Contudo, ao final das análises das entrevistas, percebeu-se que as marcas Coca-Cola Brasil e AmBev estão ingressando no Marketing 5.0 para se manterem atualizadas e competitivas em um mundo marcado por uma simbiose maquínica entre humanos e não humanos – homem e tecnologia – e que exige dos profissionais de marketing conhecimentos cada vez mais aprofundados. Verificou-se que a evolução natural do marketing da The Coca-Cola Company está orientada para os cinco elementos do Marketing 5.0, que são: Data-Driven Marketing (baseado em dados – análises de redes, segmentação de nichos, análises de conteúdo, hábitos do consumidor, *inbound marketing*, e dados da internet); Predictive Marketing (baseado em previsões – gestão do produto, da marca, do cliente, análise de tendências, *up-selling* e *cross-selling*, previsão de campanhas de marketing etc.); Contextual Marketing (baseado no contexto – *tracking*, inteligência artificial etc.); Augmented Marketing (baseado no crescimento – funil de vendas por intermédio de captura de leads e conversão de vendas); Agile Marketing (baseado agilidade – trabalhar análises em tempo real e de forma ágil). (Kotler; Kartajaya; Setiawan, 2021).

4
REFLEXÕES (NÃO FINAIS) E PISTAS FUTURAS

Com base na psicossociologia e sob os conceitos de ecosofia, rizoma e agenciamento de enunciação, vistos pela perspectiva do CMI (Guattari, 2012) e da sociedade de controle (Deleuze, 2000), o objetivo geral desta pesquisa foi investigar como os agenciamentos de enunciação do marketing ambiental podem ser apropriados na composição de um sistema de "rizoma verde" (Tavares, 2014) – fazendo uso das estratégias de sustentabilidade e CVC de Porter e Kramer (2011) – em empresas transnacionais no Brasil. Para tanto, o estudo pretendeu compreender como as estratégias do marketing ambiental das marcas Coca-Cola Brasil e AmBev geram valor compartilhado em consequência do agenciamento do pós-consumo destas. Em vista disso, foram seguidas as trilhas teóricas deleuze-guattariano, em conjunto com a Cartografia de Controvérsias/TAR de Bruno Latour (2017), para identificação das associações e conexões entre os atores-rede que fazem parte do "rizoma verde" das marcas investigadas; a finalidade era pensar uma mudança "ético-político-estética" nas transações do capitalismo rizomático e da sociedade de controle de acordo com o conceito ecosófico e das três ecologias de Guattari (2012). Pretendeu-se ainda observar os atores que compõem a imbricada rede sociotécnica, formada pelas marcas Coca-Cola Brasil, AmBev e outros atores-rede envolvidos na plataforma Reciclar pelo Brasil, desde o marco da "união de forças" firmado entre elas em 2017, visando gerir conjuntamente os resíduos das embalagens de suas bebidas. Por meio da Cartografia de Controvérsias/TAR foi possível ligar os pontos da história da trajetória "verde" da marca Coca-Cola Brasil e de seu concorrente AmBev para descrever uma narrativa com os resultados da pesquisa e, então, discuti-las.

Considera-se que os objetivos foram alcançados, uma vez que o método da Pesquisa Cartográfica Reflexiva possibilitou mergulhar na "colheita de dados" para refletir sobre as questões da pesquisa; observar as relações das empresas por meio dos seus atores-rede; mapear e ligar os dados teóricos ao campo, circulando todos os pontos da história da trajetória "verde" da marca Coca-Cola Brasil e do seu concorrente AmBev; descrever a narrativa que apontou pistas para os capítulos da discussão e das reflexões (não finais); e, assim, apontar outras pistas futuras.

A pesquisa realizada consistiu em um processo contínuo de investigação sobre o recorte do objeto selecionado na temática que envolveu o olhar psicossocial do marketing ambiental e da TAR, dois temas incomuns cujos esforços foram agenciados para a produção do conhecimento desta obra. Um dos desafios enfrentados durante a pesquisa foi constituir uma coesa concepção dos dados pela Cartografia de Controvérsias/TAR de Latour, metodologia diferente de outros métodos científicos que não segue um processo sistematizado de pesquisa, dando uma rápida direção de onde se quer chegar. Na pesquisa cartográfica o mapa é aberto e recebe diferentes entradas ou "colheita de dados", o que exige do pesquisador uma diligente organização para não se perder durante o caminho ou, como diz Latour: "não se afogar em dados". Entretanto, o pesquisador tem mais liberdade para montar seu laboratório e escolher as diversas "colheitas de dados" que podem colaborar para o estudo e para o texto científico, o que também é diferente de todas as outras formas de narrativa. Como na elaboração de um mapa, o processo é construído gradualmente durante o caminhar do cartógrafo, que vai a campo, faz a "colheita", difunde os dados, arruma a análise em um processo consecutivo, liga os dados aos enunciados dos atores, trafega com os dados entre os campos empírico e teórico, vai e volta até encontrar o fio condutor que leva à narrativa. Portanto, o pesquisador cartográfico precisa saber elaborar o laboratório, fazer uma boa "colheita", distribuir os dados, mapear as controvérsias, analisar e mobilizar o próprio referente interno para produzir a análise e a verificação dos dados.

Nesta obra dois processos foram importantes para a sistematização da pesquisa cartográfica, e ajudaram na verificação e validação dos dados. O primeiro foi o extrato de relatos da Teoria Ator-Rede, que tomou por base o excerto de textos que foram transferidos para o software Atlas Ti, ajudou nas reflexões dos enunciados dos atores-rede e na construção da narrativa. Esse software auxiliou na ligação do dado do campo e na interpretação do pesquisador, como também a trafegar de um lado para o outro. Tornou-se possível categorizar, rotular as falas, interpretar as análises, construir grafos e validar os dados oriundos da Árvore do Desacordo (Venturini, 2012). Sem usar o método tradicional de frequência quantitativa, o software de Atlas Ti possibilitou a análise qualitativa no ir e vir da pesquisa cartográfica, nas idas e vindas do campo à teoria e da teoria ao campo. Com isso, foi construído um diálogo entre teoria e campo, e vice-versa, dando origem à narrativa da trajetória da marca Coca-Cola Brasil e da sua concorrente AmBev. O segundo diferencial utilizado nessa Pesquisa Cartográfica Reflexiva e que colaborou com as análises foi a oficina de redação (*atelier d'écriture*), proposta por Latour para a detecção da controvérsia do estudo em questão. Com os debates entre pesquisador e corpo acadêmico (orientador e co-orientador), foi possível desenredar as controvérsias, descrevê-las e, então, formar um *corpus* documental. Contudo, a metodologia utilizada nesta obra comprovou que há uma exigência para que a pesquisa cartográfica obtenha bons resultados. O passo a passo a ser cumprido pelo pesquisador deve seguir um movimento contínuo e iterativo entre a "colheita de dados" e a saída dos dados. É preciso que o pesquisador cartográfico se mantenha atento e observador sobre a "colheita", não se desligando do campo empírico e do campo teórico, pois o ir e vir na pesquisa cartográfica promove um diálogo constante entre os dois campos. O pesquisador vai a campo, analisa os dados, tem ideias, muda a metodologia, ajusta a teoria. A pesquisa não segue o modelo tradicional, em que o pesquisador se baseia na teoria para, em seguida, realizar observações empíricas no campo para compreender o mundo. Quando se faz um diálogo entre os dois campos teóricos, um está informando o outro o tempo todo. Logo, o campo empírico dá ideias para repensar o campo teórico, e a teoria traz ideias para avaliar melhor o campo. Além disso, a metodologia da Pesquisa Cartográfica Reflexiva não é uma sequência de passos fechados, sendo diferente da pesquisa quantitativa. Esse tipo de pesquisa não segue os critérios de uma pesquisa objetiva, quantitativa, tradicional, que se baseia na validade dos dados, na confiabilidade, e em dar evidências objetivas para provar a pesquisa. O olhar atento do cartógrafo facilita interpretar o social por meio de associações e conexões entre o objeto selecionado e os atores-rede da pesquisa. Portanto, a metodologia tem espaço para criatividade, tem espaço para desvios, tem espaço para realizar uma série de interpretações e reinterpretações, não se limitando a uma visão binária. Então, há flexibilidade para o pesquisador atuar entre os dados empíricos e teóricos da pesquisa até chegar aos resultados. Em um exemplo comparativo, é como pegar uma peça de argila, ir moldando, ajeitando para deixar o vaso pronto no final.

Outrossim, como toda pesquisa enfrenta dificuldades, houve outro desafio a ser enfrentado em decorrência do período da quarentena da covid-19. A pesquisa de campo, que se iniciou no dia 28 de agosto de 2019 com a primeira entrevista presencial e se encerrou no dia 16 de novembro de 2020 com a vigésima quarta entrevista remota, via Zoom.us, utilizou o método da Cartografia de Controvérsias e levou em consideração o modo de fazer pesquisa pelas contribuições da TAR (Latour, 2012). Isso possibilitou aplicar a pesquisa em entrevistas de profundidade com os atores-rede selecionados, por meio de perguntas abertas, e assim passar do campo presencial para o campo virtual, dando continuidade à pesquisa sem interrupções. O método possibilitou deixar os entrevistados à vontade para falar, e com base na escuta do cartógrafo foi possível observar as relações das empresas por meio de uma investigação que seguiu os atores, mapeando e descrevendo as redes, para mostrar de que forma a rede do "rizoma verde" – pela perspectiva psicossocial – "reagregra o social".

4. REFLEXÕES (NÃO FINAIS) E PISTAS FUTURAS

Dessa forma, esta obra não seguiu amoldamentos teóricos rígidos, e sim utilizou o mapa de controvérsias, que possibilitou seguir as "pistas", comparar as análises, cotejar e ligar os pontos para descrição da narrativa.

Para tanto, as pistas trilhadas levaram às controvérsias que serão resumidas a seguir nos principais pontos encontrados entre a teoria e o campo.

O primeiro ponto a ser tratado faz referência à colocação do problema da pesquisa, visto que o estudo se propõe a pensar o marketing ambiental não mais pelo viés do marketing mainstream das ciências exatas e econômicas – sobre o qual prioriza o lucro acima de tudo –, mas, sim, por um novo olhar psicossocial que busca confrontar o CMI de forma ética, priorizando o imperativo de uma mudança socioambiental. Pelos conceitos deleuze-guattariano-latouriano, as pistas seguidas indicaram que os termos marketing ambiental ou marketing verde não são bem-vistos pelas empresas investigadas nem mesmo entre os demais atores-rede que compõem a rede sociotécnica do objeto de análise selecionado – que foi a plataforma Reciclar pelo Brasil – com base no marco da "união de forças" entre as marcas Coca-Cola Brasil e AmBev. Os resultados da pesquisa deram origem a duas concepções. A primeira é que o termo marketing ambiental remete ao *greenwashing.*A segunda é que tal termo se tornou obsoleto e não conseguiu estabilizar a controvérsia das questões socioambientais das empresas Coca-Cola Brasil e AmBev. Ambas consideram que seu marketing está além dos princípios da sustentabilidade empresarial e da responsabilidade social, pois as empresas avançaram nos últimos dez anos em relação à preocupação das suas externalidades e na inovação das suas embalagens de bebidas no processo produtivo. Além disso, nos últimos anos as empresas vêm buscando inovações e parcerias que visam mitigar os impactos socioambientais negativos das suas produções capitalísticas. Essa preocupação surgiu em meados dos anos 1980/1990, ganhando força com a Eco-92. Esse contexto teve grande participação de diversos atores sociais que estão envolvidos nessa controvérsia (empresas, governos, ambientalistas, ativistas, stakeholders, shareholders, ONGs, consumidores). Com isso, o mercado da Coca-Cola Brasil começou a reagir às questões socioambientais a partir da década de 1990 e tenta lidar com o problema. Entretanto, o marketing ambiental não foi capaz de resolver isso, não foi capaz de "estabilizar essa controvérsia". Pode-se dizer, então, que a ONU colocou a seguinte questão para as organizações no Brasil desde a Eco-92: "Ou nós olhamos para o planeta e para a questão ambiental ou o que temos de recursos se esgotará e as empresas terão de lidar com isso."

Daí em diante, as empresas, principalmente de grande porte como a Coca-Cola e a AmBev, passam a ser pressionadas por diversos atores sociais globalizados, em razão dos acordos geopolíticos transnacionais, e pelas exigências

MARKETING ECOSÓFICO: um novo olhar sobre o marketing empresarial

das partes das COPs. Por outro lado, como a Coca-Cola Brasil e a AmBev têm um papel importante nesse cenário complexo e extenuante dos recursos naturais, serão cada vez mais pressionadas a adotarem ações sustentáveis; caso contrário, perderão dinheiro e deixarão de liderar o mercado das gigantes de bebidas. Com isso, percebeu-se que mais adiante, na década de 2000, ambas as empresas incorporaram os princípios de sustentabilidade e valor compartilhado nas suas estratégias de marketing – em um efeito de "dobra ecosófica" – na tentativa de reverterem juntas o problema dos seus impactos socioambientais em um círculo mais vicioso do que virtuoso. A depreciação dos recursos naturais, a intensificação dos GEE na camada de ozônio são algumas das evidências de que os impactos das empresas transnacionais não estão conseguindo resolver o problema do aquecimento global. Há alguns anos, o tema aquecimento global tem surgido forte nas pautas das mídias globais, o que faz com que não só empresas de grande porte mas até mesmo as médias, e quiçá as pequenas, se empenhem na busca por soluções sustentáveis. Além disso, a produção de bebidas das gigantes Coca-Cola Brasil e AmBev está diretamente ligada ao consumo de petróleo e dos recursos naturais, os quais são finitos como é o caso do plástico, que é a base da produção das embalagens. Isso sem mencionar o vidro, uma mistura de matérias-primas naturais que contêm areia e calcário (conchas), e o alumínio, que utiliza mineral bauxita também extraído da natureza.

Assim, a lógica do "Império", do capitalismo rizomático e do CMI se apresenta de diversas formas nesses agenciamentos das marcas Coca-Cola Brasil e AmBev, segundo os conceitos apresentados no referencial teórico e no capítulo de discussão desta obra. Entre eles, podemos citar: "produtilização da natureza"; "modelagem marcária"; "kits de subjetividade verdes"; captura dos "desejos ecopsicossociais"; e "dobra ecosófica" entre sustentabilidade e valor compartilhado (Ferreira; Tavares, 2018; Bittencourt; Tavares, 2018; Almeida; Tavares; Ferreira, 2019).

Ademais, surgiu outra pista proveniente dos enunciados dos diferentes atores-rede analisados na pesquisa. Descobriu-se que, uma vez que as empresas transnacionais ou de grande porte não solucionam tais problemas socioambientais pelo marketing mainstream, tudo indica que os governos passaram a regulá-las com resoluções. Além disso, há a própria regulação do mercado, por exemplo o acordo setorial das embalagens, na qual ficou claro que as empresas partiram para o compliance como meio de dar transparência às suas ações de sustentabilidade e, com isso, aumentar a credibilidade da marca entre seus consumidores e sociedade. Para corroborar com a visão estratégica do compliance, suscitou-se que o marketing agencia os enunciados "verdes" para comunicá-los nas redes e em plataformas de marketplace.

4. REFLEXÕES (NÃO FINAIS) E PISTAS FUTURAS

Verificou-se, também, que o Ministério do Meio Ambiente teve um papel de suma importância na questão da conformidade das empresas Coca-Cola Brasil e AmBev na adoção da estratégia de compliance. Esse fato ocorreu após a promulgação da PNRS, Lei 12.305/2010, que instituiu o princípio da responsabilidade compartilhada e criou o Acordo Setorial, trazendo obrigações para a indústria, o comércio etc. É daí que as empresas e os demais atores sociais envolvidos nessa cadeia produtiva da logística reversa criam a Coalizão de Embalagens e os seus coletivos de reciclagem.

Outro fato importante descoberto com a "colheita de dados" diz respeito à questão das multas e dos bônus. Os presidentes dos países, como os CEOs das empresas multinacionais e transnacionais, são recompensados com base no acordo da Agenda 2030. Logo, percebeu-se que foi depois disso que a The Coca-Cola Company decidiu trabalhar em quatro frentes dos dezessete ODS – água, resíduos, pessoas e portfólio – para minimizar os impactos das suas externalidades e receber bônus de sustentabilidade.

Assim, segundo os resultados apontaram, a questão ambiental se tornou um tema valioso entre as empresas transnacionais a partir da década de 2000, impulsionando-as para uma gestão mais sustentável e de acordo com as três ecologias de Félix Guattari. Então, as empresas passaram a lidar com a questão de marketing em conformidade com suas ações sustentáveis, aproximando-se do que esta obra propõe chamar de "marketing ecosófico".

Todavia, algumas controvérsias incidiram sobre as seguintes questões específicas: o marketing ambiental não conseguiu estabilizar o objeto "verde", bem como a legislação e a regulação do mercado passam a ser uma questão de compliance e de ESG, mudando a forma de lidar com as questões socioambientais e com os enunciados proferidos pelo marketing nas redes sociais e redes sociotécnicas. Isso, no entanto, não deixa de ser uma oportunidade de criar ações promocionais das marcas ou divulgações "verdes", como são feitos os enunciados dos porta-vozes das marcas Coca-Cola Brasil e AmBev periodicamente no LinkedIn (rede social corporativa analisada nesta obra), afirmando que até 2030 as questões dos impactos dos resíduos das embalagens das empresas estarão equacionadas.

Para essa equação funcionar, as marcas apostam em novo mindset e operam agenciamentos de enunciação internos e externos pelos porta-vozes das empresas, formando uma nova estrutura para lidar com a questão do compliance – que se torna uma obrigatoriedade. Portanto, as pistas trilhadas demonstraram que as empresas Coca-Cola Brasil e AmBev procuraram se adaptar a uma nova realidade socioambiental, criando assim um forte conglomerado ou *clusters* para lidar com a questão dos resíduos de forma "ecoeficiente", renunciando a muitos projetos de R$C" (Topke e Tavares, 2019).

MARKETING ECOSÓFICO: um novo olhar sobre o marketing empresarial

Dessa maneira, no início do lançamento dos projetos sociais, tanto a Coca-Cola Brasil quanto a AmBev tinham dificuldade de tornar os seus projetos tangíveis. Segundo relatos dos executivos entrevistados da AmBev, o único projeto que mais se aproxima do conceito da CVC de Porter é o projeto AMA – projeto que leva água potável a quem não tem: "Ao beber AmBev AMA, você leva água a quem precisa." Tanto nos relatos das entrevistas quanto nos relatos públicos da empresa há indícios de agenciamentos de enunciação que remetem ao entendimento de que o projeto pode se configurar como estratégia de mapeamento e apropriação de água, mas que ao mesmo tempo promove saneamento básico para regiões brasileiras que não têm. A princípio, os relatos analisados com os entrevistados da pesquisa confirmaram que, apesar de não gerar lucro nem dividendos para os acionistas, o projeto é autossustentável e cria valor compartilhado, o que leva a pensar que também gera visibilidade de marca e aumento do ISE na bolsa de valores. Verificou-se que a Coca-Cola Brasil também está apostando a mesma estratégia na água Cristal, com o slogan "O futuro é água e ponto." Tais agenciamentos de enunciação percebidos nos relatos das marcas a respeito do programa água (único programa ainda administrado por ambos os braços sociais das empresas analisadas) estão correlacionados com o ODS 6 (Água Potável e Saneamento), que não é o foco desta obra mas abre novas controvérsias a serem discutidas e aponta pistas futuras de investigação.

Todavia, no recorte selecionado para o estudo desta obra, que foi sobre resíduos que perpassam os ODS 12 (Consumo e Produção Responsáveis) e o 9 (Indústria, Inovação e Infraestrutura), percebeu-se que as empresas têm dificuldades de lidar com a CVC de Porter. Com isso, retiraram do ICCB os projetos Coletivo Reciclagem da Coca-Cola Brasil e o AmBev Recicla entre 2015 e 2016, os quais seriam geridos pelo poderoso *cluster* do "rizoma verde" da plataforma Reciclar pelo Brasil, que passa a ter como principal gestor a Ancat. Assim, a rede sociotécnica envolvida formou um poderoso *cluster* de "biopoder" e "ecopoder", compartilhando valor para a cadeia de reciclagem e escalando lucro e ecoeficiência para as marcas Coca-Cola Brasil e AmBev e demais marcas hoje envolvidas, entre as principais: Nestlé, Vigor, Pepsico, Tetra Pak e Danone. Nos relatos dos atores que compõem essa frágil camada da rede de reciclagem foi possível explicar sentimentos de desinteresse para com o coletivo de reciclagem (cooperativas e catadores), pois os critérios utilizados para a seleção dos participantes da plataforma Reciclar pelo Brasil são escusos, ambíguos e desiguais. Portanto, percebeu-se que os agenciamentos de enunciação dessa rede sociotécnica são utilizados pelo marketing para gerar conteúdo online e offline; desse modo, atraem os consumidores "ecopsicossociais" para se colocar em conformidade com as questões da legislação dos resíduos sólidos no Brasil.

4. REFLEXÕES (NÃO FINAIS) E PISTAS FUTURAS

Sob outra perspectiva, na trilha psicossocial do estudo do marketing ambiental, notou-se que as empresas vêm modificando a visão do marketing ao longo dos seus últimos dez anos. Essa visão vem se tornando mais horizontal e inclusiva, além de mais comprometida com sua comunicação ética nas redes, para se adequar a um novo consumidor mais realista com as questões socioambientais e com as próprias escolhas de consumo, que vão desde um olhar mais cuidadoso com a própria saúde até os efeitos de suas escolhas para com o outro e com o planeta. Entretanto, o CMI continua operando pela lógica do capital, pois, antes de tudo, a empresa precisa ser lucrativa para exercer as funções administrativas, produzir, alimentar e retroalimentar o mercado e a si própria. Com isso, observou-se nos enunciados emitidos pelos atores-rede da pesquisa que o consumo continua e continuará a existir, porém buscam-se saídas ou "linhas de fuga" para que a produção capitalística não seja tão nociva como tem sido desde a era pós-industrial. No acompanhamento cartográfico das análises concebeu-se que a plataforma Reciclar pelo Brasil foi criada do marco entre as marcas Coca-Cola Brasil e AmBev. Dessa "união de forças", as empresas vão promover mudanças de mitigações com relação às suas emissões de GEE e, operando em conjunto a logística reversa, tentar reaproveitar 100% de suas embalagens até 2030. Ora, será essa promessa possível? Há recursos por vir? As pistas trilhadas indicaram diversas controvérsias entre os relatos das cooperativas e dos catadores de resíduos. Viu-se que as empresas Coca-Cola e AmBev, como também a rede identificada do "rizoma verde" da plataforma Reciclar pelo Brasil, demonstram forças actantes entre humanos e não humanos, que tornam as relações sociopolíticas e econômicas dessa rede sociotécnica incertas, ambíguas e de difícil afirmativa dessa premissa. Por exemplo, as cooperativas afirmaram nos seus relatos que se essas empresas apostassem diretamente no apoio aos catadores e no empoderamento técnico das cooperativas, em vez de criar o *cluster* da plataforma Reciclar pelo Brasil, os atravessadores (empresas que intermedeiam a coleta seletiva e as comercializam para a indústria de reciclagem) seriam eliminados e isso geraria maior renda para a base dessa cadeia de reciclagem. Entretanto, de acordo com a lógica do CMI, percebeu-se que as empresas não estão interessadas em resolver o problema minimamente entre as cooperativas e os catadores. O que elas querem é escalar uma rede sociotécnica que possibilite envolver outros atores-redes na escala do "biopoder" e do "ecopoder", formando um poderoso *cluster,* para assim cumprirem com suas metas de redução de carbono, o que visivelmente é mais urgente entre as obrigações atuais das empresas e das exigências das últimas COPs.

Com base nos dois eixos discutidos na obra, que foram: 1 – Capitalismo mundial integrado e "rizoma verde"; E 2 – Subjetividade "verde", destacam-se a seguir os principais pontos controversos desta pesquisa.

1. **Capitalismo mundial integrado e "rizoma verde"** – as pistas trilhadas encontraram um novo CMI revestido de valor compartilhado, mas que continua operando pela lógica do "capitalismo rizomático" do "rizoma verde" por meio da "dobra ecosófica" sustentabilidade + valor compartilhado. Assim, tais pistas alimentam uma rede sociotécnica agenciada por forças globalizantes e desterritorializantes que se desenvolvem de forma conexionista e que operam pela formação de *cluster* em uma poderosa rede de "biopoder" e "ecopoder". Desse modo, favorecem pouco os catadores e cooperativas e beneficiam muito o conglomerado das marcas Coca-Cola Brasil e AmBev e dos demais envolvidos na cadeia da reciclagem da plataforma Reciclar pelo Brasil, visto que o objeto do CMI é operar em um só bloco ou *cluster* – produtivo, econômico, subjetivo –, conforme relatado por Guattari (2012).

2. **Subjetividade "verde"** – as pistas trilhadas do CMI evidenciaram que, embora as empresas Coca-Cola Brasil e AmBev estejam entrando na era da ecosofia de Guattari e operando conforme os três conceitos de ecologia, o marketing das empresas continua operando via fundamentos do marketing mainstream, tendo ampliado a lente para o Marketing 3.0 de Kotler e trabalhado novos elementos "verdes" que alimentam o coração, a mente e o espírito dos seus consumidores "ecopsicossociais". Além disso, essas pistas se colocam em conformidade com os órgãos públicos e ambientais, operando por meio de agenciamentos de enunciação espalhados em redes digitais e na mídia em geral com pronunciamentos de questões sociais, ambientais, humanas – de gênero e diversidade –, culturais, geopolíticas, econômicas. Percebeu-se ainda que esses agenciamentos de enunciação operam por dupla captura dos sentidos da "dobra ecosófica": sustentabilidade + valor compartilhado, cuja finalidade das marcas é ampliar suas aparências ético-político-estéticas ou, como articulam Tavares e Irving (2007), operar como uma "serpente", que troca de pele em função da "mutação do capitalismo verde".

Ao refletir sobre a controvérsia da "mutação do capitalismo verde", tal pista aponta para a necessidade de operar uma mudança no pensamento do marketing ambiental. Para tanto, propõe-se um novo olhar para o marketing, que deve ser pensado pelo diagrama da égide do marketing ecosófico – apresentado na Figura 5.1 –, com base nos três registros ecológicos de Guattari.

Dessa maneira, o olhar psicossocial do marketing ecosófico se faz necessário para repensar valores e um novo pensamento não pensado de marketing para além da visão dos 4Ps de Kotler, com uma comunicação de marketing mais inclusiva, diversa, horizontal e em conformidade com os princípios da sustentabilidade socioambiental, principalmente no período pós-pandemia da covid-19, em que o mundo aspira por um "novo normal" e mais consciência socioambiental.

Contudo, como essa reflexão não se esgota, o termo denominado "marketing ecosófico" aponta para um desdobramento de pesquisa sobre a "noopolítica do consumo" para ligar a proposta do marketing ecosófico à discussão do pensamento da noopolítica. Isso significa: "pensar o não pensado do pensamento" – nessa lógica do consumo – para criar ideias e produzir novos mercados, novos produtos e capturar consumidores "ecopsicossociais" por meio de uma nova ordem de consumo ético-político-estética humanizada e espiritualizada, que segue formas específicas de regulação de mercado e novas *práxis* sociais.

Logo, esta obra buscou contribuir com o conhecimento científico e de empresários, ambientalistas, ativistas pesquisadores, professores, estudantes e sociedade em geral, trazendo dois grandes focos: o marketing ambiental visto pelo olhar da psicossociologia, seguindo os conceitos deleuze-guattariano, e a Cartografia de Controvérsias/TAR de Latour. Ainda, apresentou duas propostas acadêmicas, que são: o conceito de marketing ecosófico e o método da Pesquisa Cartográfica Reflexiva.

Acima de tudo, este estudo apresentou limitações a algumas questões controversas "não" respondidas pelos executivos das marcas Coca-Cola Brasil e AmBev, e que deixaram lacunas a serem resolvidas em pesquisas futuras.

Por fim, ressalta-se que este estudo é bastante novo, daí que foi preciso ter cautela com as "pistas" seguidas até as reflexões (não finais).

5
SÍNTESE DO MARKETING ECOSÓFICO

O marketing ecosófico busca contribuir com o conhecimento científico e de empresários, ambientalistas, ativistas, pesquisadores, professores, estudantes e sociedade em geral, trazendo dois grandes focos, que são: o marketing ambiental, visto pelo olhar da psicossociologia, e a Cartografia de Controvérsias/TAR.

O estudo utiliza em seu esboço os conceitos de Deleuze e Guattari e a Cartografia de Controvérsias/TAR de Latour para discutir o marketing ambiental, e, assim, pensar o marketing não mais pelo viés do marketing mainstream das ciências exatas e econômicas mas pelo viés psicossocial. Busca ainda confrontar o CMI Guattari (2012) de forma ética, priorizando o imperativo de uma mudança socioambiental.

A chave de mudança está em pensar um novo olhar para o marketing ambiental, minimizando os impactos da produção capitalística do "rizoma verde" sob uma nova ecosofia, que Guattari denomina as três ecologias e cuja abordagem principal é a compreensão de uma nova ecologia entre o homem e seu meio moral, social e econômico. Essa nova ecologia seria responsável por transformar o meio em que vivemos, a forma como aprendemos e agimos em relação às questões socioambientais.

Por outro lado, o consumidor contemporâneo tem se tornado empático no ato da compra e começa a incorporar novos hábitos em um movimento que prioriza a coletividade em detrimento da individualidade. Além disso, o consumidor passa a ter o mesmo posicionamento das organizações públicas e privadas.

Nesse sentido, poderiam as três ecologias de Guattari remeter a uma nova consciência socioambiental planetária e acender o debate da sustentabilidade empresarial? Decerto, percebe-se uma evolução do marketing sobre essa questão; mesmo que novas ideias não substituam as antigas totalmente, há sempre uma transição de ideias até que o velho costume substitua o novo. Mas, ao contrário do marketing pensado pela visão funcionalista, as três ecologias de Guattari buscam envolver os acontecimentos contemporâneos na sua mudança, no seu devir, pois há sempre um devir latejante tanto no pensamento do marketing como no desejo do consumidor (Ferreira, 2016; Tavares; Irving, 2009). Sobre essa reflexão, Deleuze e Parnet (1998, p. 24) elucidam que: "É claro que as velhas escolas e o novo marketing não esgotam nossas possibilidades; tudo o que está vivo passa em outra parte, e se faz noutra parte."

Ainda assim, há ao menos uma tentativa das organizações nacionais e transnacionais de agenciar novas campanhas publicitárias "verdes", suscitando um novo discurso sustentável empresarial.

O debate sobre sustentabilidade fica marcado por um pressuposto de aliança entre agentes sociais, de inter-relação harmônica não só entre eles, mas entre economia, política e condições ecológicas. Dessa forma, os problemas ambientais são reduzidos a problemas relativos ao desenvolvimento científico e tecnológico, à ausência ou presença de valores morais compatíveis com uma ética ecológica e às questões gerenciais (Tavares, 2014, p.50).

Todavia, as controvérsias sobre o desenvolvimento empresarial e o desenvolvimento sustentável persistem, no que tange à realidade das atuais empresas e dos órgãos de defesa do meio ambiente, haja vista que as crises ecológicas se acentuaram nos últimos anos e deixaram questionamentos quanto à real R$C (Töpke, 2018).

Embora as empresas nacionais e transnacionais, principalmente de grande porte, estejam entrando na era da ecosofia de Guattari e operando conforme os três conceitos de ecologia, o marketing das empresas continua operando via fundamentos do marketing mainstream, tendo ampliado a lente para o Marketing 3.0 de Kotler (2010) e trabalhado novos elementos "verdes" que alimentam o coração, a mente e o espírito dos seus consumidores "ecopsicossociais" (Almeida; Tavares; Ferreira, 2019).

Ao refletir sobre a controvérsia da "mutação do capitalismo verde", tal pista aponta para a necessidade de operar uma mudança no pensamento do marketing, marketing ambiental ou marketing anacrônico, por meio dos três registros ecológicos de Guattari. Para tanto, propõe-se pensar um novo conceito denominado "marketing ecosófico", conforme a ilustração do diagrama da égide do marketing ecosófico na Figura 5.1 a seguir.

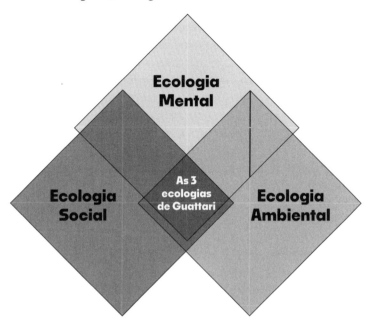

Figura 5.1 - A égide do marketing ecosófico
Fonte: Almeida, 2021, inspirado nas três ecologias de Félix Guattari (2012).

Ao registrar as três ecologias, Guattari manifestou sua inquietação perante um mundo que se deteriorara rapidamente. Ora, mas esse mundo se recuperou desde que Guattari registrou as três ecologias na década de 1990? Por essa questão e por outras não respondidas, a proposta do marketing ecosófico é que se pense uma nova comunicação para o marketing ambiental de forma ética-estética, pois estamos "diante de uma só Gaia" (Latour, 2020), bastante deteriorada, principalmente em decorrência da pandemia da covid-19 e dos *Riscos urbanos decorrentes do aquecimento global* (Almeida; Corvino; Tavares; Rodriguez, 2019).

Para essa finalidade, deve-se pensar o marketing ambiental no contexto das "mutações técnico-científicas" e dos fluxos e contrafluxos das redes sociotécnicas, e agir com ética e integridade, praticando reflexões constantes e exercícios práticos sob a égide do marketing ecosófico, alinhando as conformidades socioambientais planetárias aos benefícios comunitários em detrimento da lógica do lucro do CMI.

Assim sendo, o marketing ecosófico, pensado com base nas três ecologias de Guattari, foi planejado da seguinte maneira:

◊ **Ecologia mental** – a ecologia mental começa por pensar os excluídos e oprimidos da sociedade, entre eles os trabalhadores, em todo tipo de consciência ecológica, feminista, antirracista etc., ou seja, pensar um marketing psicossocial que diga respeito aos valores espirituais, invisíveis e subjetivos correlacionados a sensibilidade e sociabilidade humana, provocando daí uma raiz dos novos agenciamentos ético-político-estéticos do "marketing ecosófico mental". Portanto, o marketing das empresas deve envolver as pessoas mentalmente, com ética em seus projetos, convocando-os a compartilharem ideias, inovações, sugestões, soluções para os problemas socioambientais. Esses compartilhamentos devem ser operados visivelmente com clareza e objetividade por meio de redes digitais tais como redes sociais e de marketplace. Para isso, pode-se incluir o compartilhamento de indicadores e relatórios das marcas disponíveis em rede do modo mais transparente possível, incluindo informações desde o desenvolvimento do produto até a obtenção dos resultados das vendas, demonstrações das certificações ambientais, trabalhando minimamente nas subjetividades psíquicas humanas de maneira enganosa. Além disso, o marketing pensado pelo olhar da ecologia mental deve promover ações de educação socioambientais de forma voluntária e inclusiva, tanto internamente quanto externamente à empresa, disseminando assim a ideia do "marketing ecosófico mental" entre os seus colaboradores, stakeholders e shareholders;

◊ **Ecologia social** – a ecologia social pauta-se na reconstrução das relações humanas em todos os níveis do *socius*. Portanto, propõe-se que as estratégias sociais da empresa sejam pensadas pelo olhar do "marketing ecosófico social", ampliando o seu papel de responsabilidade social sobre o conjunto da vida social, econômica e cultural do planeta, desenvolvendo para isso projetos sociais com a CVC de forma ética, transparente e estética, convocando atores-sociais a participarem dos projetos sociais da empresa, que envolvem comunidades e coletivos;

◊ **Ecologia ambiental** – segundo a visão do marketing ecosófico é preciso pensar e operar a ecologia ambiental por uma "lógica ecosófica universal", via coopetição ou colaboração, priorizando grandes movimentos ecológicos em detrimento de uma pequena minoria de ativistas da natureza ou de especialistas e gestores ambientais ou de consumidores com viés de nicho ecológico. O "marketing ecosófico ambiental" deve escalar em massa, provendo produtos possíveis de serem acessados por todas as camadas sociais e não apenas pelas camadas privilegiadas. Ou seja, o produto de massa tem de ser concebido com insumos sustentáveis, atender a todos os requisitos da legislação ambiental e não trabalhar com selos e certificados maquiados com apelos de *greenwashing* ou *ESGwashing*. O ideal é que esse marketing pense o desenvolvimento do produto ou serviço desde a matéria-prima, sendo os recursos reaproveitados de toda forma possível até que se tornem rejeitos. Deve preocupar-se com as externalidades dos seus produtos ou serviços, com o compliance, com o ESG, deve cumprir as metas do MDL conforme os acordos das partes das COPs, deve comprometer-se com a mudança climática global, tornando a empresa neutra em carbono ou carbon free e fazendo uso de quatro principais ações que mitiguem as emissões de GEE sobre a camada de ozônio: 1 – adotar medidas de nível de carbono na sua produção ou promover produção limpa; 2 – reduzir o consumo de energia por combustíveis fósseis ou desenvolver formas de energia renovável para a produção, e economizar água; 3 – reutilizar, reduzir e reciclar sempre que possível todos os recursos utilizados nos produtos ou serviços da empresa. Além disso, segregar, coletar e destinar corretamente os resíduos gerados pela empresa; 4 – desenvolver planos de compensação de carbono, como reflorestamento no entorno das comunidades locais, cuidado das praças comunitárias, áreas costeiras etc. Entretanto, o marketing ecosófico precisa comunicar suas ações ambientais de forma ética-estética, sinalizando os produtos com informações verdadeiras e em conformidade com o Conar,[1] Procon[2] e demais órgãos reguladores da publicidade e propaganda.

Dessa maneira, é importante destacar que a abordagem psicossocial do marketing ecosófico tem suas raízes no marketing convencional de gestão, mas se afasta das abordagens das escolas tradicionais de marketing e do antigo mix de marketing. Em seu lugar, adota uma perspectiva contemporânea, alinhada às discussões atuais sobre sustentabilidade e valor compartilhado. Isso se deve ao fato de que marketing e sustentabilidade socioambiental tornaram-se o enfoque das agendas empresariais e da cobertura midiática. Além do mais, esse olhar psicossocial aponta pistas para se pensar um novo capitalismo de stakeholders – diferente do capitalismo de shareholders, que prioriza o lucro acima de tudo e todos. Para adiante disso, deve-se pensar um novo marketing que esteja alinhado à responsabilidade social compartilhada e à sustentabilidade dos negócios das empresas, atuando de forma ético-político-estética e de forma colaborativa por intermédio de projetos de economia circular e logística reversa. Sobretudo, essa nova perspectiva de marketing se debruça a pensar meios de desenvolver produtos ou serviços com auxílio de práticas e tecnologias renováveis, uma vez que

---

1 O Conar tem como principal missão impedir que as empresas criem e veiculem campanhas publicitárias enganosas. Disponível em: <http://www.conar.org.br/>. Acesso em: 25 abr. 2021.

2 O Procon é o órgão que realiza a defesa e proteção do consumidor no Brasil. Disponível em: <http://www.procon.rj.gov.br/>. Acesso em: 25 abr. 2021.

5. SÍNTESE DO MARKETING ECOSÓFICO

cresce a demanda de consumo "ecopsicossocial" em face da preocupação com os recursos naturais renováveis. Além disso, na contemporaneidade, o pensamento do marketing ecosófico destaca a necessidade da confluência entre os temas de sustentabilidade e valor compartilhado, migrando de uma visão mainstream para uma visão mais contemporânea e transversal – viável e justa –, que circule outros olhares, inclinados a novos propósitos e novos agenciamentos de enunciação íntegros, fazendo penetrar nas mentes e cérebros da sociedade hábitos éticos e devires espirituais. Essa visão se faz necessária para repensar valores e um novo pensamento não pensado de marketing sob o conceito de "noopolítica do consumo"[3] (Tavares, 2020).

O presente livro resulta de uma pesquisa de doutorado, realizada com apoio da Coordenação de Aperfeiçoamento de Pessoal de Nível Superior – Brasil (Capes) – Código de Financiamento 001". A obra está relacionada ao grupo de pesquisa Rizoma Verde, ConsumoVerde, Comunicação e Marketing Ambiental, Responsabilidade Socioambiental e Valor Compartilhado, coordenado pelo Profº Drº Fred Tavares, integrado ao programa PPG Eicos, do Instituto de Psicologia da UFRJ, e à Eco-UFRJ. Também compõe as atividades do Grupo de Pesquisa GT de Psicologia, Sustentabilidade e Ética nas Práticas Institucionais, da Associação Nacional de Pesquisa e Pós-graduação em Psicologia (Anpepp).

---

3   A noopolítica do consumo, resumidamente, traz como lógica de intenção a ideia de que "pensar o não pensado do pensamento" é a capacidade de inovar e de criar valor e diferencial no mercado. Isso requer das empresas mudanças de práticas e sobretudo uma reengenharia – mental-humana-ética-estética – de novos valores. Para isso, as empresas precisarão criar imaginários e novos engendramentos ou agenciamentos de enunciação que consigam capturar novas hordas de consumidores (Tavares, 2020).

6
INTERVENÇÃO DO MARKETING ECOSÓFICO

Esse novo olhar psicossocial para o marketing pretende intervir nas empresas, despertando novas formas de produzir e comunicar produtos ou serviços de maneira ético-político-estética, sob o registro das três ecologias de Guattari. Logo, o marketing ecosófico pensado pela psicossociologia pretende que a revolução da sustentabilidade seja compreendida pelos profissionais de marketing, fazendo com que eles entendam suas evoluções e as pratiquem de modo compartilhado, acrescendo valor às comunidades e empresas. Assim, o marketing ecosófico se diferencia do marketing tradicional, por propor um encadeamento de ideias e aliar a teoria às atuais práticas empresariais. Para isso, apresenta conceitos e metodologias que auxiliam os profissionais de marketing a desenvolver, em conjunto com demais áreas do conhecimento, reflexões e análises dentro do contexto atual de cada empresa.

Contudo, o conceito da égide do marketing ecosófico, refletido pelas três ecologias, cria meios para se pensar boas práticas a serem implementadas pelas empresas, apontando pistas para os três pilares do ESG . O objetivo é demonstrar que boas práticas empresariais trazem não apenas solidez para uma empresa mas reforçam a conformidade das suas externalidades (riscos associados à sustentabilidade empresarial) e maior comprometimento com a transparência das suas comunicações internas e externas.

Nesse sentido, a premissa do marketing ecosófico é apontar um novo olhar para o marketing voltado para a sustentabilidade e direcionado aos novos consumidores "ecopsicossociais", priorizando regras de consumo que adotem boas práticas, tais como o desenvolvimento do produto pensado desde o desenho[1] até a economia circular.[2]

Logo, faz-se mandatória uma nova ordem empresarial na qual os valores do marketing ambiental estejam alinhados aos propósitos dos seus stakeholders e shareholders.

Por essa nova ordem empresarial, o marketing ecosófico propõe intervir nas empresas, utilizando um processo metodológico criativo com o uso de ferramentas ágeis e inovadoras que facilitem a prototipação de produtos ou serviços a serem ofertados no mercado. Para tanto, as ferramentas propostas são apresentadas no encadeamento dos passos a seguir.

PASSO 1: A ÉGIDE DO MARKETING ECOSÓFICO – Como utilizar este diagrama? O diagrama (Figura 6.1) propõe analisar o fenômeno a ser analisado sob a perspectiva das três ecologias, priorizando a construção de novos produtos ou serviços de forma sustentável, justa e viável, e em conformidade com as práticas do ESG.

Os fundamentos da égide do marketing ecosófico, segundo Almeida e Tavares (2021), é como se chama uma lista de verificação (checklist) que ajuda no questionamento das questões éticas sobre como desenvolver produtos e serviços sustentáveis. A lista auxilia não somente na reflexão das questões intrínsecas às pautas socioambientais mas colabora com a tomada de decisão rápida entre os atores-rede envolvidos no negócio ou no fenômeno a ser analisado. A ideia é que os fundamentos sejam refletidos de modo coletivo (envolvendo os diversos atores-rede) e assimilados, desafiando os stakeholders e shareholders a pensar sobre relações éticas (ecologia mental) e responsabilidade socioambiental (ecologia social e ambiental), e oferecendo uma miríade

---

[1] Segundo Patrocínio e Nunes (2018): "Na atual fase da transição da era industrial para a era do conhecimento e da criatividade, o design passou a ter papel cada vez mais relevante como suporte para melhorar o bem-estar social e o desenvolvimento urbano. A abordagem do design tem sido usada para promover qualidade de vida e facilitar interações entre os aspectos econômicos, tecnológicos, sociais, culturais e ambientais da sociedade contemporânea. Consequentemente, o design inovador passou a ser um elo catalisador para a elaboração de estratégias de desenvolvimento que sejam mais adaptadas à realidade do século XXI e melhor respondam às suas necessidades."

[2] A economia circular, também conhecida como *cradle-to-cradle* (ou do berço ao berço), é hoje uma tendência que pensa a economia como um ciclo de desenvolvimento que otimiza ao máximo o uso dos recursos naturais, criando produtos mais duráveis e de melhor qualidade. A economia circular prioriza a redução do consumo, não se preocupando apenas com a produção mas também com a reprodução dos bens materiais e com o descarte dos produtos, tentando produzir o mínimo de lixo "O lixo é um erro de design." Reciclagem, reúso e redução do uso da energia também fazem parte do processo, priorizam a máxima eficiência com a redução extrema de desperdícios e de resíduos (Gomes, 2020).

MARKETING ECOSÓFICO: um novo olhar sobre o marketing empresarial

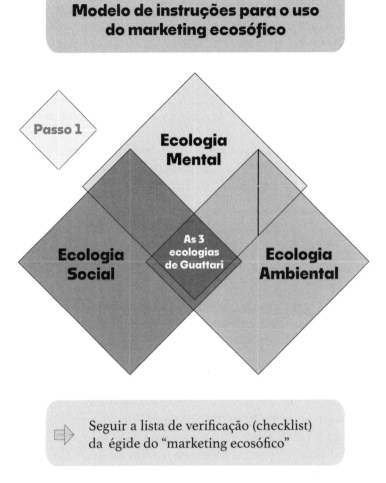

Figura 6.1 - A égide do marketing ecosófico (Diagrama 1)
Fonte: Almeida, 2021, adaptado e inspirado nas três ecologias de Félix Guattari (2012).

de ideias que surgem após uma rodada de brainstorming. Portanto, a reflexão é a seguinte:

◊ Os stakeholders e shareholders de um negócio devem ter consciência e estar atentos aos princípios das três ecologias: o da subjetividade humana ou mental, o das relações sociais e o do meio ambiente – levando-se em conta os agenciamentos de enunciação do marketing ambiental de acordo com o ESG;

◊ As organizações tanto públicas quanto privadas devem pensar o marketing ambiental no contexto das "mutações técnicos-científicas" e dos fluxos e contrafluxos das redes sociotécnicas, abordando suas comunicações de forma ética e íntegra;

◊ As organizações devem buscar meios de conceber e prototipar os seus produtos ou serviços, levando em consideração o seguinte planejamento:

1. **Ecologia mental** – pensar os excluídos e oprimidos da sociedade, desenvolvendo meios de gerar projetos focados em uma cadeia produtiva de valor compartilhado (cooperação/coopetição) tanto para colaboradores quanto para a sociedade, escalando a rede dos atores envolvidos no negócio;

2. **Ecologia social** – pautar a responsabilidade social sobre o conjunto da vida social, econômica e cultural do planeta, desenvolvendo para isso projetos sociais com a CVC, convocando os atores envolvidos no negócio e envolvendo comunidades e coletivos de todas as formas;

3. **Ecologia ambiental** – priorizar atividades empresariais sustentáveis para o desenvolvimento do produto ou serviço, preocupando-se com as suas externalidades e com as práticas de ESG.

Uma vez respondidas todas as questões após a reflexão da égide do marketing ecosófico durante as rodadas de *brainstorming*, os stakeholders e shareholders do negócio devem continuar o exercício da reflexão. Para esse fim, devem utilizar o **Passo 2: Pistas para o marketing ecosófico (Diagrama 2)**. Este passo propõe uma ferramenta de aplicação ágil e inovadora que facilita imergir no problema ou fenômeno analisado, na ideação e na prototipação do produto ou serviço a ser ofertado por empresas públicas ou privadas. Os princípios são explicados por um fluxograma de processos (pista cartográfica) que pretende aprofundar as reflexões iniciais do **Passo 1: A égide do marketing ecosófico (Diagrama 1)**, proporcionando novas discussões em busca de soluções. Nem todas as questões da empresa serão respondidas ou resolvidas durante o "jogo", porém o percurso cartográfico aponta novas pistas para o marketing ecosófico, desafiando os atores-rede envolvidos a colocar pensamentos (devires) e novas ideias em movimento, e, assim, transformar os negócios sustentáveis.

Para tanto, a ferramenta proposta para o "jogo" Pistas para o marketing ecosófico é apresentada no encadeamento do passo 2, a seguir.

PASSO 2: PISTAS PARA O MARKETING ECOSÓFICO – O jogo Pistas para o marketing ecosófico representa uma pista cartográfica com um fluxo dos processos a serem percorridos para que um produto ou serviço seja equacionado conforme o registro das três ecologias de Guattari, considerando os aspectos psicossociais do marketing ambiental.

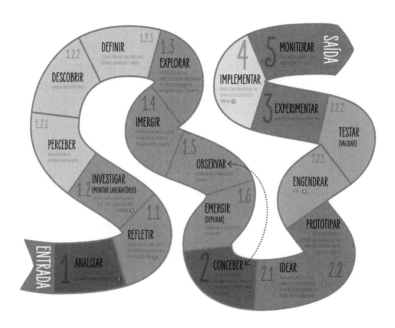

Figura 6.2 - Pistas para o marketing ecosófico (Diagrama 2)

Fonte: Vinicius Freitas da Silva Guimarães (professor da graduação tecnológica em Design Gráfico da Faculdade Senac RJ)

A proposta do "jogo" é orientar o profissional de marketing de uma empresa pública ou privada no desenvolvimento/implementação de um produto ou serviço de acordo com os seguintes passos:

1. **Analisar** – imergir no problema ou fenômeno a ser investigado com a reflexão da égide do marketing ecosófico (Diagrama I);

    1.1. **Refletir** – sobre a aplicabilidade das três ecologias de Guattari na prática de ESG, anotando (em um caderno de anotações ou em *post*-its) as causas e as consequências da questão a ser investigada (Diagrama 2);

1.2. **Investigar (montar o laboratório)** (Diagrama 3) – investigar **o que** é o problema, buscar compreender **por que** ocorre o problema;

    1.2.1. **Perceber** – perceber **quem** são os atores-rede envolvidos no problema e descrevê-los no caderno de anotações ou em *post-its;*

    1.2.2. **Descobrir** – **quantos** atores são e quais são as suas conexões (desenhar a redesociotécnica);

    1.2.3. **Definir** – quais são os obstáculos encontrados pela rede sociotécnica do "rizoma verde". Descrever (como, quando e onde) o fenômeno ocorre;

1.3. **Explorar** – fazer estudo de mercado (benchmarking) e coletar dados de pesquisa (qualitativa-quantitativa) para aprimorar as técnicas de desenvolvimento do produto ou serviço "ecosófico" a ser criado, de acordo com as tendências de mercado e os aspectos psicossociais do novo "consumidor ecosófico";

1.4. **Imergir** - mergulhar na "colheita de dados" consiste em coletar dados em diversas fontes e cruzar as informações em bases de dados "não estruturados" (qualitativa) e "estruturados" (quantitativa); semear, organizar, ordenar e categorizar os dados, dando um sentido a eles;

1.5. **Observar** – especular os dados, fazendo uma varredura, indo e vindo na "colheita de dados" para depurá-los;

1.6. **Emergir (depurar)** – purificar os dados, discutindo-os, reduzindo-os, sintetizando-os e descrevendo-os com o uso de técnicas de narrativas ou de relatórios;

2. **Conceber** – conceber produtos ou serviços, fazendo avaliações heurísticas e pensando em conceitos e metáforas de design, visando à sustentabilidade socioambiental:

2.1. **Idear** – seguir as pistas dos dados coletados para inspirar a criação das personas, representando as dores (necessidades e desejos) do problema a ser resolvido;

2.2. **Prototipar** – com a representação das personas e da "colheita de dados", gerar protótipos "ecosóficos" (produtos ou serviços) sustentáveis, justos e viáveis em conformidade com o ESG;

    2.2.1. **Engendrar** (Diagrama 4) – utilizar o protótipo "ecosófico" para engendrar a gestão da CIM,[3] acrescentando no início da fórmula dos 4 Ps (produto, preço, praça e promoção) o 5º P de propósito;

    2.2.2. **Testar** – testar a usabilidade[4] dos produtos ou serviços na interface do usuário (em inglês, UI, User Interface).[5]

3. **Experimentar** – experimentar protótipos desenvolvidos pela empresa, utilizando técnicas de Experiência do Usuário (em inglês, UX, User Experience),[6] para melhor atender às necessidades e aos desejos dos usuários "ecosóficos".

4. **Implementar** (Diagrama 5) – executar produtos ou serviços "ecosóficos", ou seja, materializar ideias compatíveis com as práticas sustentáveis das empresas, utilizando matriz de sustentabilidade (Agenda 2030), e elaborar relatórios integrados em conformidade com o ESG.

5. **Monitorar** – checar e monitorar constantemente a satisfação dos usuários nas redes sociais, criar indicadores de sustentabilidade e adotar ação corretiva, a fim de obter melhoria contínua dos serviços ou produtos "ecosóficos".

---

3   Após definir as estratégias dos 3 Ps (produto, preço e praça), a continuidade da gestão de marketing é o planejamento do quarto elemento do seu composto: a Promoção, compondo assim os 4Ps do marketing, também conhecido como mix de marketing. Nesta obra, intitulada *Marketing ecosófico: um novo olhar para o marketing empresarial*, os autores estão propondo um "P" a mais de "Propósito" para formular os 4Ps, sendo que este 5º P de Propósito deve ser aplicado antes dos demais, uma vez que o olhar ecosófico aponta pistas para se pensar uma nova ecosofia do marketing empresarial, sob os três registros da ecologia Guattari (2012).

4   Usabilidade é a eficiência, eficácia e satisfação que os usuários de um produto ou serviço alcançam ao utilizá-lo. Seu objetivo é entender melhor se o usuário consegue usar as funções básicas de um produto ou serviço e compreender como tudo funciona de forma ágil; caso seja identificado algum erro ou problema, eles serão observados e corrigidos (Grant, 2019).

5   A Interface do Usuário (UI) é um conjunto dos controles e canais sensoriais mediante os quais um usuário pode se comunicar com um hardware (máquina) e ter uma boa Experiência do Usuário (UX). Uma boa interface do usuário caracteriza-se por ter um elevado grau de usabilidade e por ter uma interface amigável e intuitiva (Grant, 2019).

6   A Experiência do Usuário (UX) engloba todos os aspectos da interação que as pessoas costumam ter com uma marca, seus serviços e, principalmente, seus canais digitais, sejam sites, sejam aplicativos ou softwares. Mas essa área é muito mais abrangente e vai além de fazer produtos digitais: é a preocupação com a construção de soluções relevantes que vão melhorar a relação do usuário com seu produto ou serviço (Pereira,2018).

Assim, pela aplicação desse "jogo", é possível conjecturar que a revolução da sustentabilidade é uma jornada que se deve percorrer em conjunto, unindo agentes públicos e privados em busca de um novo paradigma do marketing ambiental. Não há ganhos imediatos para empresas que se pautarem no velho modo capitalista da visão do lucro; muitos consumidores já fizeram a passagem para este novo pensamento, o marketing ecosófico, e com isso o mercado está cada dia mais focado nesses consumidores. Outro ponto é que a comunicação de marketing vem mudando para uma comunicação mais horizontal e abrangente, considerando diversos fluxos e contrafluxos oriundos das redes sociotécnicas, diferente da comunicação binária (emissor-receptor) utilizada durante muitos anos pelas empresas corporativas. Cada dia o consumidor está mais atento ao que é pronunciado pelas marcas, logo os agenciamentos de enunciação do marketing ambiental devem evitar a todo custo passar mensagens ambíguas de *greenwashing* e *ESGwashing.*

Para tanto, o novo olhar para o marketing das empresas, pautado na visão do marketing ecosófico, prioriza pensar produtos e serviços pelas três ecologias, para ter uma visão perene de longo prazo. Ou seja, pensar novas formas de preservação dos recursos naturais, apostando na economia circular, na logística reversa, nas ações de longo prazo, na prestação de contas e, assim, buscar perenidade em toda a cadeia produtiva de valor do produto ou serviço, pois como já dizia Latour (2020): "Ou mantemos as condições que tornam a vida habitável para todos os que chamo de terrestres, ou então não merecemos continuar vivendo. É essa escolha que obriga a nos posicionarmos 'diante de Gaia'."

REFERÊNCIAS

AAKER, D. *Criando e administrando marcas de sucesso*. São Paulo: Futura, 1996.

AAKER, D. *On branding: 20 princípios que decidem o sucesso das marcas*. Porto Alegre: Bookman, 2015.

ABIR. Associação Brasileira das Indústrias de Refrigerantes e de Bebidas Não Alcoólicas. *Coca-Cola troca slogan e anuncia mudanças após 7 anos*. Disponível em: https://abir.org.br/coca-cola-troca-slogan-e-anuncia-mudancas-apos-7-anos/. Acesso em: 12 dez. 2023.

ABIR. Associação Brasileira das Indústrias de Refrigerantes e de Bebidas Não Alcoólicas. *União de forças: Ambev e Coca-Cola Brasil lançam juntas novo programa de reciclagem*. Disponível em: <https://abir.org.br/ambev-e-coca-cola-brasil-lancam-juntas-novo-programa-de-reciclagem/>. Acesso em: 27 dez. 2023.

ABRAS. *Coca-Cola lança primeira garrafa feita de pet reciclado pós-consumo em grau alimentício no país*. Disponível em: <https://www.abras.com.br/clipping/sustentabilidade/22872/coca-cola-lanca-primeira-garrafa-feita-de-pet-reciclado-pos--consumo-em-grau-alimenticio-no-pais>. Acesso em: 27 mar. 2021.

AKATU. *Panorama do consumo consciente no Brasil: desafios, barreiras e motivações*. Disponível em: <https://www.akatu.org.br/wp- content/uploads/2018/11/pdf_versao_final_apresentação_pesquisa.pdf>. Acesso em: 7 fev. 2019.

ALMEIDA, E. M. de; CORVINO, J.; TAVARES JR., F. "Quarentena em condomínios residenciais do Rio de Janeiro – RJ: controvérsias do sistema de gestão de coleta seletiva". *Periódico Eletrônico "Fórum Ambiental da Alta Paulista*, v. 16, n. 7, p. 54–66, dez. 2020.

ALMEIDA, E. M. de; CORVINO, J.; TAVARES JR., F.; RODRIGUEZ, M. "Natureza, redes e controvérsias: cartografias psicossociais do sistema de gestão de coleta seletiva em edificações residenciais". In: *Riscos urbanos decorrentes do aquecimento global*. vol. 4. ed. Rio de Janeiro: Autografia, 2019.

ALMEIDA, E. M. de; TAVARES JR., F; FERREIRA, G. G. T. "Algumas pistas sobre o marketing ambiental pelo olhar da psicossociologia". *Fractal : Revista de Psicologia*, v. 31 – n. esp., Dossiê Psicologia e epistemologias contra hegemônicas, p. 269–275, 2019.

ALMEIDA, E. M. de; TAVARES JR., F.; RODRIGUEZ, M. "Pensando o marketing ambiental por meio de cartografias psicossociais: ecosofia, rizoma e agenciamentos de enunciação". *Brazilian Journal of Development*, v. 6, n. 7, p. 53446–53458, 2020.

ALMEIDA, F. *Desenvolvimento sustentável 2012-2050: visão, rumos e contradições*. Rio de Janeiro: Elsevier, 2012.

ALMEIDA, F. *O bom negócio da sustentabilidade*. Rio de Janeiro: Nova Fronteira, 2002.

ALMEIDA, H. A. DE. *Climatologia aplicada à geografia* [livro eletrônico]. Campina Grande: EDUEPB, 2016.

ÁLVARES, E.; GUSSO, E. *Governança corporativa: um modelo brasileiro*. Rio de Janeiro: Elsevier, 2008.

ALVES, R. *Marketing ambiental: sustentabilidade empresarial e mercado verde*. Barueri, SP: Manole, 2017.

AMBEV. *Juntos por um mundo melhor*. Disponível em: <https://www.ambev.com.br/sustentabilidade>. Acesso em: 11 abr. 2021.

ANCAT. Anuário da reciclagem 2017-2018. *Pragma Soluções Sustentáveis*, n. 1, p. 56, 2017.

ANCAT. Anuário da reciclagem 2019-2020. *Pragma Soluções Sustentáveis*, n. 2, p. 56, 2020.

ANCAT. *Quem somos*. Disponível em: <https://ancat.org.br/quem-somos/>. Acesso em: 21 mar. 2021.

ARAÚJO, R.; FORNAZIN, M.; VASCONCELLOS, F. "Tecnologia, cultura, política e sociedade". I Congresso Internacional em Humanidades Digitais no Rio de Janeiro, Ed. Congresso Internacional em Humanidades Digitais, 2018. *Anais do Congresso*. Rio de Janeiro: CPDOC/FGV, 2018. Disponível em: <http://cpdoc.fgv.br/sites/default/files/cpdoc/HDRio2018_Anais2vs.pdf>. Acesso em: nov. 2021.

ARINELLI, R. *Coca-Cola para vestir. Marca vende roupa para conquistar fãs*. Disponível em: <https://rafaelarinelli.wordpress.com/2011/12/09/coca-cola-para-vestir--marca-vende-roupa-para-conquistar-fas/>. Acesso em: 12 dez. 2023.

BARBERINO, L. A. "Controvérsias públicas, acusações informais e um acidente de trânsito". In: LEMOS, A. (Ed.). *Teoria ator-rede e estudos de comunicação*. Salvador: Edufba, 2016. p. 205.

BARBIERI, J. C. *Gestão ambiental empresarial: conceitos, modelos e instrumentos*. 4. ed. São Paulo: Saraiva, 2016.

BARBOSA, V. *Como o valor compartilhado está reinventando negócios e o lucro*. Disponível em: <https://exame.abril.com.br/negocios/valor-compartilhado-esta--reinventando-os-negocios-e-os-lucros/>. Acesso em: 20 fev. 2019.

BARLOW, M. "Natureza: um ecossistema vivo do qual brota toda a vida". *Revista Internacional Interdisciplinar INTERthesis*, v. 9, n. 1, p. 1–15, 2012.

BARROS, L.; KASTRUP, V. "Cartografar é acompanhar processos". In: *Pistas do método da cartografia: pesquisa-intervenção e produção de subjetividade*. Porto Alegre: Sulina, 2015.

BARROS, L. M. R.; BARROS, M. E. B. DE. "Pista da análise. O problema da análise em pesquisa cartográfica. In: *Pistas do método da cartografia*. 2. ed. Porto Alegre: Sulina, 2016. p. 175–202.

BARTELS, R. "Can marketing be a science?" *Journal of marketing*, v. 15, n. 3, p. 319–328, 1951.

BARTELS, R. *The history of marketing thought*. EUA: Gorsuch Scarisbrick Pub 1988.

BDF. *Catadores de recicláveis: 30 anos da primeira cooperativa do Brasil*. Disponível em: <https://www.youtube.com/watch?v=ZVke0v7w_Vk>. Acesso em: 19 mar. 2021.

BESEN, G. R. *Programas municipais de coleta seletiva em parceria com organizações de catadores na Região Metropolitana de São Paulo*. São Paulo: 2006. 195 f. Dissertação (Mestrado em Saúde Pública) – Faculdade de Saúde Pública, USP, São Paulo, 2006.

REFERÊNCIAS

BITTENCOURT, R. N.; TAVARES, F. "Do ser humano ao " ter humano ": um ensaio sobre a psicossociologia do consumo na perspectiva da Sociedade de Controle e da Modernidade Líquida". *Revista Espaço Acadêmico* (Universidade Estadual de Maringá-UEM), p. 125–139, 2018.

BRAND FINANCE. "The annual report on the most valuable and strongest global brands". *Global 500*, 2021.

BRASIL. *4º Caderno de pesquisa de engenharia de saúde pública*. Brasília: Funasa, 2013. BRASIL. *Transformando nosso mundo: a Agenda 2030 para o desenvolvimento sustentável*. Brasília, DF: [s.n.]. Disponível em: <https://nacoesunidas.org/wp-content/uploads/2015/10/agenda2030-pt-br.pdf>. Acesso em: 7 fev. 2019a.

BRASIL. *Acordo de Paris*. Disponível em: <http://www.mma.gov.br/clima/convencao-das- nacoes-unidas/acordo-de-paris>. Acesso em: 20 fev. 2019.

BRASIL. *Acordo setorial para implantação do sistema de logística reversa de embalagens em geral*. Disponível em: <https://sinir.gov.br/index.php/component/content/article/2-uncategorised/122-acordo-setorial-de-embalagens-em-geral#:~:text=O Acordo Setorial para Implantação final ambientalmente adequada das embalagens.>. Acesso em: 16 jan. 2021b.

BRASIL. *Comissão Nacional de Ética em Pesquisa*. "Normas para Pesquisa Envolvendo Seres Humanos". Disponível em: <https://conselho.saude.gov.br/normativas-conep?view=default>. Acesso em: 17 fev. 2018a.

BRASIL. *Conheça a história das convenções mundiais sobre o clima*. Disponível em: <https://www.meioambiente.go.gov.br/noticias/169-conheca-a-historia-das-convencoes- mundiais-sobre-o-clima.html>. Acesso em: 26 mar. 2021.

BRASIL. *Convenção-Quadro das Nações Unidas sobre Mudança do Clima (1992). Protocolos etc., 1997*. v. 3. ed. Brasília: Senado Federal: Subsecretaria de Edições Técnicas, 2004.

BRASIL. *Decreto no. 99.280, de 6 de junho de 1990*. "Promulgação da Convenção de Viena para a proteção da camada de ozônio e do Protocolo de Montreal sobre substâncias que destroem a camada de ozônio". Disponível em: <http://www.planalto.gov.br/ccivil_03/decreto/1990-1994/d99280.htm>. Acesso em: 19 mar. 2021.

BRASIL. *Doe seu lixo*. Disponível em: <http://saudepublica.bvs.br/lis/resource/18887#.YGPbtuhKiUk>. Acesso em: 30 mar. 2021.

BRASIL. Estatuto da Associação de Logística Reversa de Embalagens - ASLORE. Disponível em: <http://www.aslore.org.br/>. Acesso em: 5 abr. 2021.

BRASIL. *Lei nº 6.938, de 31 de agosto de 1981*. "Dispõe sobre a Política Nacional do Meio Ambiente, seus fins e mecanismos de formulação e aplicação, e dá outras providências". Disponível em: <http://www.planalto.gov.br/ccivil_03/leis/l6938. htm#:~:text=LEI No 6.938%2C de 31 de agosto de 1981&text=Dispõe sobre a Política Nacional,aplicação%2C e dá outras providências>. Acesso em: 19 mar. 2021.

BRASIL. *Lei no 9.790, de 23 de março de 1999*. "Dispõe sobre a qualificação de pessoas jurídicas de direito privado, sem fins lucrativos, como Organizações da Sociedade Civil de Interesse Público, institui e disciplina o Termo de Parceria, e dá outras providências". Disponível em: <http://www.planalto.gov.br/ccivil_03/leis/l9790.htm#:~:text=LEI No 9.790%2C DE 23 DE MARÇO DE 1999.&text=Dispõe sobre a qualificação de,Parceria%2C e dá outras providências>. Acesso em: 19 mar. 2021.

BRASIL. *Lei nº 12.305, de 2 de agosto de 2010*. "Art. 8º. São instrumentos da Política Nacional de Resíduos Sólidos". Disponível em: <http://www.planalto.gov.br/ccivil_03/_Ato2007-2010/2010/Lei/L12305.htm>. Acesso em: 23 fev. 2019a.

BRASIL. *Lei nº 12.305, de 2 de agosto de 2010*. "Institui a Política Nacional de Resíduos Sólidos; altera a Lei no 9.605, de 12 de fevereiro de 1998; e dá outras providências". Disponível em: <http://www.planalto.gov.br/ccivil_03/_ato2007-2010/2010/lei/l12305.htm>. Acesso em: 26 out. 2016b.

BRASIL. O que é covid-19, o que é o coronavírus? Disponível em: <https://coronavirus.rs.gov.br/o-que-e#:~:text=O%20que%20%C3%A9%20COVID%-2D2019,nome%20que%20causa%20infec%C3%A7%C3%B5es%20respirat%-C3%B3rias>.Acesso em: 28 abr. 2020.

BRASIL. *Objetivos do desenvolvimento do milênio*. Disponível em: <https://nacoesunidas.org/tema/odm/>. Acesso em: 23 ago. 2018c.

BRASIL. "Plano Nacional de Resíduos Sólidos". *Ministério do Meio Ambiente – Secretaria de Qualidade Ambiental, 2010c*.

BRASIL. *RIO+20. Conferência das Nações Unidas sobre Desenvolvimento Sustentável*. Rio de Janeiro: Comitê Nacional de Organização, 2012b. Disponível em: <http://www.rio20.gov.br/sobre_a_rio_mais_20/rio-20-como-chegamos-ate-aqui/at_download/rio-20-como-chegamos-ate-aqui.pdf>.

BRASIL. *Senado Federal*. "Conferência das Nações Unidas sobre Mudanças Climáticas de 2022 acontece em novembro no Egito". Disponível em: https://www12.senado.leg.br/radio/1/noticia/2022/10/27/conferencia-das-nacoes-unidas-sobre-mudancas-climaticas-de-2022-acontece-em-novembro-no-egito#:~:text=Meio%20ambiente-,Confer%C3%AAncia%20das%20N-a%C3%A7%C3%B5es%20Unidas%20sobre%20Mudan%C3%A7as%20Clim%C3%A1ticas%20de%202022%20acontece,18%20de%20novembro%20no%20Egito. Acesso em: 21 dez. 2022.

BRUNDTLAND, G. H.; KHALID, M; AGNELLI, S. et al. *Our commomfuture; by world commission on environment and development*. Oxford: Oxford University Press, 1987.

BUSSULAR, C. Z. et al. "O movimento de humanos e não-humanos: um estudo com profissionais de pilates à luz da teoria ator-rede". *VIII Encontro de Estudos Organizacionais da ANPAD. Anais... Gramado: EnEO, 2014*. Disponível em: <http://anpad.org.br/eventos.php?cod_evento_edicao=72>

BY LALALA. *Coca-Cola Retornável | Abra-se para que cada dia tenha um sabor especial | 2021*. Disponível em: <https://lalala.com.br/app/comercial/coca-cola-retornavel-abra-se-para-que-cada-dia-tenha-um-sabor-especial-2021/>. Acesso em: 22 jun. 2021.

CALLON, M. "Actor-network theory: the market test". *The Sociological Review*, v. 47, n. 1, p. 181–195, 1999.

CALLON, M. "An essay on framing and overflowing: economic externalities revisited by sociology". *The Sociological Review*, v. 46, n. 1_suppl, p. 244–269, 1998.

CALLON, M. "An essay on the growing contribution of economic markets to the proliferation of the social". *Theory, Culture & Society*, v. 24, n. 7–8, p. 139–163, 2007.

CALLON, M. "Por uma nova abordagem da ciência, da inovação e do mercado: o papel das redes sociotécnicas". In: *Tramas da rede: novas dimensões filosóficas, estéticas e políticas da comunicação*. Porto Alegre: Sulina, 2004. p. 64–79.

CALLON, M. *Sociologie de la traduction. Textes fondateurs. Sociologie de l'acteur réseau*, p. 267–276, 2006.

CALLON, M.; LAW, J. "L'irruption des non-humains dans les sciences humaines: quelques leçons tirées de la sociologie des sciences et des techniques". In: *Les limites de la rationalité. Tome 2*. França: La Découverte, 1997. p. 99–118.

CAMPBELL, C. *A ética romântica e o espírito do consumismo moderno*. Rio de Janeiro: Rocco, 2001.

CANCLINI, N. G. *Consumidores e cidadãos: conflitos multiculturais da globalização*. Rio de Janeiro: Editora UFRJ, 1999.

CARVALHO, J. "Após 34 anos de funcionamento, Paes fecha o Aterro de Gramacho". *G1*, 3 jun. 2012. Disponível em: <https://g1.globo.com/rio-de-janeiro/noticia/2012/06/apos-34-anos-de-funcionamento-paes-fecha-o-aterro-de-gramacho.html>. Acesso em: 1 abr. 2021.

CAVALCANTE, K. L. "A ecosofia de Félix Guattari: Uma análise da filosofia para as questões ambientais". *Cadernos Cajuína*, v. 2, n. 2, p. 72–78, 2017.

CBC. *Climate Reality Project Brasil*. Disponível em: <https://www.centrobrasilnoclima.org/theclimaterealitybrasil>. Acesso em: 25 mai. 2021.

CEBDS (Conselho Empresarial para o Desenvolvimento Sustentável). "Indicadores de sustentabilidade empresarial no Brasil". Disponível em: <http://www.cebds.com>. Acesso em: 28 nov. 2018.

CEMPRE. *Reciclagem em contínua evolução*. Disponível em: <https://cempre.org.br/wp- content/uploads/2020/11/1-cempre25_completo.pdf>. Acesso em: 23 abr. 2020.

CERCHIARO, I. B. *A liderança do marketing na mudança para um paradigma "verde"*. Rio de Janeiro, Brasil: FGV-RJ - Curso de Doutorado em Administração [Working Paper], 2003.

CERRETO, C.; DOMENICO, S. M. R. DE. "Mudança e teoria ator-rede: humanos e não humanos em controvérsias na implementação de um centro de serviços compartilhados". *Cadernos EBAPE.BR VO* - 14, n. 1, p. 83–115, 2016.

CFA. *Os 50 maiores vultos da administração*. Brasília, DF: Conselho Federal de Administração, 2015.

CGEE. *Manual de capacitação sobre Mudança climática e projetos de mecanismo de desenvolvimento limpo (MDL)*. Brasília, DF: Centro de Gestão e Estudos Estratégicos – Ciência, Tecnologia e Inovação, 2010.

CHAKRABARTY, D. *O clima da história: quatro teses*. Chicago: Critical Inquiry, n. 35, 2009.

CHARBONNIER, P. *Abondance et liberté: une histoire envrinnementale des idées politiques*. Paris: La Découverte, 2020a.

CHARBONNIER, P. *Quatro restrições à escrita científica*. Disponível em: <https://twitter.com/picharbonnier/status/1338827920958255104>. Acesso em: 8 fev. 2021b.

CHARTER, M. Introduction. In: *Greener marketing: a responsible approach to business*. Sheffield, England: Greenleaf, 1992.

CHARTER, M.; POLONSKY, M. J. *Greener marketing: a global perspective on greening marketing practice*. Nova York: Routledge, 2017.

CIDADÃO GLOBAL. 4. ed. Cidadão Global. Disponível em: <https://cidadaovalorsantander.com.br/>.

CNM (Confederação Nacional de Municípios). *COP-21 - 21ª Conferência das Partes da Convenção-Quadro das Nações Unidas sobre Mudança do Clima*. Disponível em: <https://www.cnm.org.br/areastecnicas/itemdicionario/cop-21>. Acesso em: 26 mar. 2021.

COCA-COLA BRASIL. *A nova Coca-Cola Sem Açúcar é a melhor Coca-Cola de todas?* Disponível em: <https://www.coca-cola.com.br/sem-acucar>. Acesso em: 27 dez. 2023.

COCA-COLA BRASIL. *Coca-Cola Femsa : trabalhe conosco*. Disponível em: <https://coca-colafemsa.com/pt-br/trabalhe-conosco/>. Acesso em: 27 dez. 2023

COCA-COLA BRASIL. *Conheça os 130 anos da evolução do logotipo da Coca-Cola*. Disponível em: <https://turbologo.com/pt/blog/coca-cola-logo/>. Acesso em: 27 dez. 2023.

COCA-COLA BRASIL. *Instituto Coca-Cola Brasil*. Disponível em: < https://www.coca-cola.com/br/pt/offerings/instituto-coca-cola-brasil>. Acesso em: 27 dez. 2023.

COCA-COLA BRASIL. *Linha do tempo: conheça a história da Coca-Cola Brasil*. Disponível em: <https://www.coca-cola.com/br/pt/about-us/history>. Acesso em: 27 dez. 2023.

COCA-COLA BRASIL. *Relatório de sustentabilidade 2014-2015*. Disponível em: <https://www.coca-colacompany.com/media-center/coca-cola-releases-2014-2015-sustainability-report>. Acesso em: 27 dez. 2023.

COCA-COLA BRASIL. *Sinta o sabor: os slogans da Coca-Cola*. Disponível em: <https://www.meioemensagem.com.br/comunicacao/cocacola-tem-novo-slogan--sinta-o-sabor>. Acesso em: 27 dez. 2023.

CODDINGTON, W. *Environmental marketing: positive strategies for reaching the green consumer*. Nova York: McGraw-Hill, 1993.

COHEN, M. Coca-Cola Brasil unifica estratégia para as três versões de Coca--Cola: entenda o que significa a mudança. Disponível em: <https://www.cocacolabrasil.com.br/historias/coca-cola-brasil-unifica-estrategia-para-as-tres-versoes-de-coca-cola-entenda-o-que-significa-a-mudanca>. Acesso em: 6 abr. 2021.

COLABORAMERICA. *Intraempreendedorismo e cultura pré-competitiva | Coca & Cervejaria Ambev*. Disponível em: <https://colaboramerica2019.sched.com/list/descriptions/>. Acesso em: 9 abr. 2021.

COLEMAN, J. "Relational analysis: The study of social organizations with survey methods". *Human organization*, v. 17, n. 4, p. 28–36, 1958.

CORREIA FILHO, W. L. *Clusters empresariais: fatores de melhoria da competitividade*. ePub. Jundiaí: Paco Editorial, 2017.

COULON, A. *A Escola de Chicago*. Campinas: Papirus, 1995.

DALMIR, R. J. *Coca-Cola (Isto faz um bem) – Anos 50*. Disponível em: <https://www.propagandashistoricas.com.br/2014/04/coca-cola-isto-faz-um-bem-anos-50.html>. Acesso em: 1 abr. 2021.

DARR, W. *Fundamental issues of procurement management*. Nova York: Tredition, 2020.

DEBONI, F. *Investimento social privado no Brasil: tendências, desafios e potencialidades*. Brasília: Instituto Sabin, 2013.

DELEUZE, G. "Controle e devir". In: *Conversações*. 3. ed. Rio de Janeiro: Editora 34, 2000b. p. 232.

DELEUZE, G. *Conversações*. 3. ed. São Paulo: Editora 34, 2000a.

DELEUZE, G. *Empirismo e subjetividade: ensaio sobre a natureza humana segundo Hume*. 2. ed. São Paulo: Editora 34, 2012.

DELEUZE, G. *Lógica do sentido*. São Paulo: Perspectiva, 1974. DELEUZE, G. *A dobra. Leibniz e o barroco*. Campinas: Papirus, 1988.

DELEUZE, G.; GUATTARI, F. *Mil platôs: capitalismo e esquizofrenia, vol. 1*. 2. ed. São Paulo: Editora 34, 2011.

DELEUZE, G.; GUATTARI, F. *Mil platôs: capitalismo e esquizofrenia, vol. 4*. 2. ed. São Paulo: Editora 34, 2012.

DELEUZE, G.; GUATTARI, F. *O anti-Édipo: capitalismo e esquizofrenia 1*. Rio de Janeiro: Imago, 2004.

REFERÊNCIAS

DELEUZE, G.; GUATTARI, F. *O que é a filosofia?* Rio de Janeiro: Editora 34, 1992.

DELEUZE, G.; PARNET, C. *Diálogos*. São Paulo: Editora Escuta, 1998.

DEMAJOROVIC, J.; CAIRES, E.; GONÇALVES, L.; SILVA, M. "Integrando empresas e cooperativas de catadores em fluxos reversos de resíduos sólidos pós-consumo: o caso Vira-Lata". *Cadernos EBAPE.BR*, p. 513–532, ago. 2014.

DI FELICE, M. *As formas digitais do social e os novos dinamismos da sociabilidade contemporânea*. Disponível em: <http://www.abrapcorp.org.br/anais2007/trabalhos/gt3/gt3_felice.pdf>. Acesso em: 24 mar. 2019.

DI NALLO, EGERIA. *Meeting points*. São Paulo: Marcos Cobra, 1999.

DIAS, R. *Marketing ambiental: ética, responsabilidade social e competitividade nos negócios*. 2. ed. São Paulo: Atlas, 2014.

DOMINGUES, I. *Publicidade de controle: consumo, cibernética, vigilância e poder*. Porto Alegre: Editora Sulina, 2016.

DRUCKER, P. *Sociedade pós-capitalista*. São Paulo: Pioneira, 1993.

EICHENBERG, F. *Antropólogo francês Bruno Latour fala sobre natureza e política*. Disponível em: <https://blogs.oglobo.globo.com/prosa/post/antropologo-frances-bruno-latour- fala-sobre-natureza-politica-519316.html>. Acesso em: 2 fev. 2019.

EIGENHEER, E. M. *Lixo: a limpeza urbana através dos tempos*. Porto Alegre: Palloti, 2009.

ELKINGTON, J. *Canibais com garfo e faca*. São Paulo: Makron Books, 2001.

EMBALAGEMMARCA. *Ambev amplia programa de troca de garrafas retornáveis*. Disponível em: <https://embalagemmarca.com.br/2017/05/ambev-amplia-programa-de-troca-de-garrafas-retornaveis/#:~:text=As máquinas de coleta possibilitam a compra de outra garrafa retornável.>. Acesso em: 1 abr. 2021.

EMBALAGEMMARCA. *Coca-Cola leva campanhas sociais para embalagens*. Disponívelem: <https://embalagemmarca.com.br/2011/07/coca-cola-leva-campanhas-sociais-para-embalagens/>. Acesso em: 21 mar. 2021.

ENAP. "Impactos da mudança do clima para a gestão municipal". Escola Nacional de Administração Pública, p. 29, 2018.

ESCÓSSIA, L.; KASTRUP, V. "O conceito de coletivo como superação da dicotomia indivíduo-sociedade". *Psicologia em estudo*, v. 10, n. 2, p. 295–304, 2005.

FERREIRA, A. et al. *Teoria ator-rede & psicologia*. Rio de Janeiro: Nau, 2010.

FERREIRA, G. "Desejo é devir : um olhar sobre a condição do indivíduo consumidor na perspectiva do capitalismo rizomático". In: *Revista Espaço Acadêmico*, v. n 187, p. 13-22, 2016.

FERREIRA, G. *Ecopropaganda, psicossociologia e consumo verde: refletindo os "modos de ser" nas campanhas publicitárias com apelo ambiental veiculadas na revista Veja entre 2004 e 2014.* Rio de Janeiro: UFRJ: 2015, 170f. (dissertação de mestrado) do Instituto de Psicologia, Programa Eicos-UFRJ, 2015.

FERREIRA, G.; TAVARES, F. *Natureza líquida: as modelagens marcárias e a publicidade verde.* 1. ed. Curitiba: Appris, 2017.

FERREIRA, G.; TAVARES, F. "O consumo verde e a 'produtilização da natureza': algumas pistas sobre o marketing ambiental e a publicidade verde na perspectiva da modernidade líquida". EnAnpad 2018. In: *Anais...* Curitiba: Anpad, 2018

FERREIRA, G.; TAVARES, F.; ALMEIDA, E.; VENTURA, J. "'Greenconsumption' in Rio de Janeiro: a comparative study between generations Y and Z". In: *London Journals Press*, v. 18, n. 1, p. 1–10, 2017.

FERREIRA NETO, R. *Organização da sociedade civil de interesse público (Oscip): cenário frente ao terceiro setor brasileiro.* Disponível em: <https://repositorio.uniceub.br/jspui/bitstream/123456789/159/3/20574947.pdf>. Acesso em: 12 dez. 2023.

FIGUEIREDO, G.; ABREU, R.; LAS CASAS, A. L. "Reflexos do Índice de Sustentabilidade Empresarial (ISE) na imagem das empresas: uma análise do consumidor consciente e do marketing ambiental". In: *Revista Pensamento & Realidade*, v. 24, n. 1, p. 107–128, 2009.

FILLIPPE, M. *Um modelo em que empresa e sociedade ganham.* Disponível em: <https://exame.abril.com.br/revista-exame/um-modelo-em-que-todos-ganham/>. Acesso em: 12 fev. 2019.

FIOCRUZ. *RJ – Jardim Gramacho: catadores de materiais recicláveis lutam pelo direito ao trabalho, apesar das condições de marginalização, doenças e insalubridade.* Disponível em: <https://mapadeconflitos.ensp.fiocruz.br/conflito/rj-jardim-gramacho-catadores-de-materiais-reciclaveis-lutam-pelo-direito-ao-trabalho-apesar-das-condicoes-de-marginalizacao-doencas-e-insalubridade/>. Acesso em: 31 mar. 2021.

FIOCRUZ. *Por que a doença causada pelo novo vírus recebeu o nome de covid-19?* Disponível em: < https://portal.fiocruz.br/pergunta/por-que-doenca-causada-pelo-novo-coronavirus-recebeu-o-nome-de-covid-19>. Acesso em: 6 mai. 2020.

FIORINI, M. *Entrevista–Bruno Latour*. Disponível em: <https://revistacult.uol.com.br/home/entrevista-bruno-latour/>. Acesso em: 30 jan. 2019.

FISCHER, R. M. B. "O estatuto pedagógico da mídia: questões de análise". In: *Educação e Realidade*, v. 22, n. 2, p. 59–80, 1997.

FISK, G. *Marketing and the ecological crisis*. Londres: Harper and Row, 1974.

FOLHA ESPECIAL. *Não existiria o século 20 sem... a Coca-Cola*. Disponível em: <https://www1.folha.uol.com.br/fsp/especial/ano2000/agua/sec20.htm#:~:text=Quando a indústria de consumo,Coca tamanho família%2C em 1955.>. Acesso em: 13 abr. 2021.

FORNAZIN, M.; JOIA, L. A. *Analisando os sistemas de informação e suas traduções: uma revisão sobre a teoria-ator rede*. XXXIX Encontro da Anpad. Anais... Belo Horizonte: EnAnpad, 2015a

FORNAZIN, M.; JOIA, L. A. Reassembling the actor-network in the deployment of a health information system. In: *RAE Revista de Administração de Empresas*, 2015b.

FORNAZIN, M.; SILVA, T. "Concepções de arte em disputa: o mapeamento da controvérsia de uma exposição interrompida". In: SALDANHA, G.; CASTRO, P. C.; PIMENTA, Ricardo. *Ciência da informação: sociedade, crítica e inovação*. Rio de Janeiro: Ibict-UFRJ, v. 49, n. 2, 2020.

FOUCAULT, M. *Vigiar e punir*. Petrópolis: Vozes, 1987.

FULLER, D. A. *Sustainable marketing: managerial-ecological issues*. Thousands Oaks, California: Sage, 1999.

FULLER, D. A.; BUTLER, D. D. "Eco-marketing: a waste management perspective". In: WILSON, E.; BLACK, W. C. (Ed.). *Proceedings of the 1994 Academy of Marketing Science (AMS) Annual Conference*. v. 17. ed. Springer: Cham, 1994. p. 331–331.

FURTADO, B. A.; SAKOWSKI, P. A. M.; TÓVOLLI, H. M. *Modelagem de sistemas complexos para políticas públicas*. Brasília: Ipea, 2015.

GILLES, DELEUZE; GUATTARI, F. *Mil platôs: capitalismo e esquizofrenia*, vol. 2. 2. ed. São Paulo: Editora 34, 2011.

GOMES, R. *Economia circular e Cradle to Cradle*. "Como imprimir suas embalagens com conceito de economia circular?" Disponível em: <https://embalagemmarca.com.br/2020/04/economia-circular-e-cradle-to-cradle/>. Acesso em: 19 ago. 2021.

GRANT, W. *UX Design: guia definitivo com as melhores práticas de UX*. São Paulo: Novatec Editora Ltda., 2019.

GRI. *Global Report Initiative*. São Paulo: Guidelines, GRI. Latest, 2016.

GUARISA, F. "ESG – Environmental, Social and Governance: modismo, tendência ou realidade?" *Correio da Manhã*, 19 ago. 2021.

GUATTARI, F. *As três ecologias*. 21. ed. Campinas, SP: Papirus, 2012.

GUATTARI, F. *Caosmose: um novo paradigma estético*. Rio de Janeiro: Editora 34, 1992.

GUATTARI, F. *Revolução molecular: pulsações políticas do desejo*. São Paulo: Editora Brasiliense, 1981.

HARDT, MICHAEL; NEGRI, T. *Império*. Rio de Janeiro: Record, 2001.

HART, S. L. *O capitalismo na encruzilhada: as inúmeras oportunidades de negócios na solução dos problemas mais difíceis do mundo*. Porto Alegre: Bookman, 2006.

HENION, KARL E.; KINNEAR, T. "A guide to ecological marketing". In: *Ecological marketing: 1-2*. Chicago: American Marketing Association, 1976.

HUNT, S. D. "The nature and scope of marketing". *Journal of Marketing*, v. 40, n. 3, p. 17– 28, 1976.

IBRI. "O mercado de carbono – Série Sustentabilidade". *Instituto Brasileiro de Relações com Investidores (IBRI)*, p. 40, 2009.

ICCB. *Instituto Coca-Cola Brasil – 20 anos Coca-Cola Brasil*. Rio de Janeiro, 2019. Disponível em: <https://www.cocacolabrasil.com.br/content/dam/journey/br/pt/private/pdfs/revista-instituto- coca-cola-brasil-20-anos.pdf>

ICCB. *Instituto Coca-Cola Brasil investe na profissionalização das cooperativas de materiais recicláveis*. Disponível em: <https://www.coca-cola.com/br/pt/social>. Acesso em: 11 dez. 2023.

IDEC. *Proteção e sustentabilidade*. Disponível em: <https://idec.org.br/ferramenta/protecao-e-sustentabilidade>. Acesso em: 11 dez. 2023.

INSTITUTO BRIDJE. *Davos 2020: como foi o principal evento do Fórum Econômico Mundial?* Disponível em: <https://www.politize.com.br/davos-2020/>. Acesso em: 7 ago. 2021.

IPCC. *A report of the intergovernmental panel on climate change*. Disponível em: <https://www.ipcc.ch/>. Acesso em: 22 jan. 2018.

IPCC. "The Physical Science Basis - Summary for Policymakers". *Report Climate Change 2013*, 2013.

IPEA. "Rio-92: mundo desperta para o meio ambiente". *Desafios do desenvolvimento*, v. 7, n. 56, 2009.

JOHN, A. M.; WOOLDRIDGE. Os bruxos da administração: como entender a babel dos gurus empresariais. *RAE-Revista de Administração de Empresas*, v. 38, n. 3, p. 77–79, 1998.

JORNAL DO BRASIL. Peça de comunicação veiculada no Jornal do Brasil. Disponível em: <http://memoria.bn.br/pdf/030015/per030015_1996_00316.pdf>. Acesso em: 28 mar. 2021.

KASTRUP, V. "A rede: uma figura empírica da ontologia do presente". In: PARENTE, A. *Tramas da rede: novas dimensões filosóficas, estéticas e políticas da comunicação*. Porto Alegre: Editora Sulina, 2013. p. 80–90.

KOTLER, P. *Administração de marketing*. 10. ed. São Paulo: Prentice Hall, 2000.

KOTLER, P. *Capitalismo em confronto*. Kindle ed. Rio de Janeiro: Best Business [recurso eletrônico], 2015.

KOTLER, P. *Marketing 4.0*. Kindle ed. Rio de Janeiro: Sextante [recurso eletrônico], 2017a.

KOTLER, P. *Minhas aventuras em marketing*. Kindle ed. Rio de Janeiro: Best Business [recurso eletrônico], 2017b.

KOTLER, P. et al. *Rethinking marketing: sustainable marketing enterprise in Asia*. 2. ed. Jurong, Singapore: Prentice Hall - Pearson Education South Asia Pte Ltd, 2008.

KOTLER, P.; KARTAJAYA, H.; SETIAWAN, I. *Marketing 3.0: as forças que estão definindo o novo marketing centrado no ser humano*. Rio de Janeiro: Elsevier Ltda., 2010.

KOTLER, P.; KARTAJAYA, H.; SETIAWAN, I. *Marketing 5.0: technology for humanity*. Hoboken, Nova Jersey: John Wiley & Sons, Inc., 2021.

KOTLER, P.; KELLER, K. *Administração de marketing*. 14. ed. São Paulo: Pearson Education do Brasil, 2012.

KOTLER, P.; KOTLER, M. *Marketing de crescimento: estratégias para conquistar mercados*. Rio de Janeiro: Elsevier, 2013.

LAPOUJADE, D. "Deleuze: política e informação". *Cadernos de subjetividade. Núcleo de Estudos de Pesquisas da Subjetividade do Programa de Estudos Pós-graduados em Psicologia PUC-SP*, 2010.

LATOUR, B. *A esperança de Pandora: ensaios sobre a realidade dos estudos científicos.* São Paulo: Editora Unesp, 2017.

LATOUR, B. *Changer de societé: refaire de la sociologie.* Paris: La Découverte, 2006b.

LATOUR, B. *Ciência em ação: como seguir cientistas e engenheiros sociedade afora.* São Paulo: Unesp, 2000a.

LATOUR, B. *Ciência em ação: como seguir cientistas e engenheiros sociedade afora.* 2. ed. São Paulo: Ed. Unesp, 2000b.

LATOUR, B. *Como prosseguir a tarefa de delinear associações?* Disponível em: <http://www.bruno-latour.fr/article>. Acesso em: 12 dez. 2018a.

LATOUR, B. *Diante de Gaia: oito conferências sobre a natureza no Antropoceno.* eReader ed. São Paulo: Ubu Editora, 2020.

LATOUR, B. "Facing Gaia: six lectures on the political theology of nature". In: *Gifford Lectures in the University of Edinburgh.* Edinburgh, 2013.

LATOUR, B. *Jamais fomos modernos. Ensaio de antropologia simétrica.* 4. ed. São Paulo: Ed. 34, 2019.

LATOUR, B. "Networks, societies, spheres: reflections of an actor – network theorist". *Annenberg School for Communication and Journalism*, n. 19th, 2010.

LATOUR, B. "Networks, societies, spheres: Reflections of an actor-network" theorist. In: *International Journal of Communication*, v. 5, n. 1, p. 796–810, 2011.

LATOUR, B. *Políticas da natureza: como fazer ciência na democracia.* Bauru, SP: Edusc, 2004a.

LATOUR, B. *Políticas da natureza: como fazer ciência na democracia.* Bauru, SP: Edusc, 2004b.

LATOUR, B. *Reagregando o social: uma introdução à teoria do ator-rede.* Salvador: Edufba, 2012.

LATOUR, B.; CHAKRABARTY, D. "Conflicts of planetary proportions-a conversation". *Journal of the Philosophy of History*, v. 14, n. 3, p. 419–454, 2020.

LAW, J. "Notas sobre a teoria do ator-rede: ordenamento, estratégia e heterogeneidade". (tradução de Fernando Manso). Rio de Janeiro: Comum, 2006.

LEMOS, A. *A comunicação das coisas: teoria ator-rede e cibercultura.* São Paulo: Annablume, 2013.

LEMOS, F. ESG: mais do que reportar, é hora de impactar verdadeiramente. Disponível em: <https://exame-com.cdn.ampproject.org/c/s/exame.com/blog/francine-lemos/esg-mais-do-que-reportar-e-hora-de-impactar-verdadeiramente/amp/>. Acesso em: 25 mai. 2021.

LENTON, T. M.; LATOUR, B. Gaia 2.0. *Science. Sciencemag.org. Published by AAAS,* v. 361, n. 6407, p. 1066–1068, 2018.

LIMA, T. A. *ESG: a nova filosofia do mundo corporativo.* Disponível em: <https://www.folhape.com.br/colunistas/folha-financas/esg-a-nova-filosofia-do-mundo-corporativo/25530/>. Acesso em: 7 ago. 2021.

LINGUEE. *Tradutor DeepL.* Disponível em: <https://www.deepl.com/translator.html>. Acesso em: 22 jun. 2021.

LOPES, J. A. V. *Cooperativismo – Cooperativas.* Brasília: Stilo Gráfica e Editora, 2012.

LOPES, P. G. *Sempre pronto, sempre bom – Construindo uma marca forte: uma análise do caso Del Valle.* Rio de Janeiro: UFRJ: 2010, 137f. Monografia (Graduação em Comunicação), Escola de Comunicação da Universidade Federal do Rio de Janeiro (Eco-UFRJ), 2010.

MACHADO, G. B. *Lixo extraordinário: o documentário que mostra como a arte pode transformar vidas.* Disponível em: <https://portalresiduossolidos.com/documentario-lixo-extraordinario/>. Acesso em: 21 mar. 2021.

MAKOWER, J.; ELKINGTON, J.; HAILES, J. *The green consumer supermarket shopping guide.* Nova York: Penguin Books, 1990.

MARTININGO FILHO, Antonio et al. "Principais divergências nas métricas ESG e seus impactos nos ratings dos bancos brasileiros". *Redeca, Revista Eletrônica do Departamento de Ciências Contábeis & Departamento de Atuária e Métodos Quantitativos,* v. 10, p. e58663-e58663, 2023.

MATTELART, M. A. *História das teorias da comunicação.* 14. ed. São Paulo: Edições Loyola, 2011.

MCCARTHY, E. J. *Basic marketing: a managerial approach.* 6. ed. Homewood: Richard D. Irwin, 1978.

MCLUHAN, M. *Os meios de comunicação como extensões do homem*. Nova York: Editora Cultrix, 1964.

MEC. *A implantação da educação ambiental no Brasil*. Coordenação de Educação Ambiental do Ministério da Educação e do Desporto, n. 1, p. 166, 1998.

MEIO & MENSAGEM. *James Quincey assumirá como CEO da Coca-Cola*. Disponível em: <https://www.meioemensagem.com.br/home/marketing/2016/12/09/james-quincey-assumira-como-ceo-da-coca-cola.html>. Acesso em: 21 mar. 2021.

MERCO. *Merco responsibility and corporate governance*. Disponível em: <https://www.merco.info/br/ranking-merco-responsabilidad-gobierno-corporativo>. Acesso em: 6 abr. 2021.

MINTZBERG, H.; ETZION, D.; MANTERE, S. "Worldly strategy for the global climate". In: *Stanford Social Innovation Review*, v. 16, n. 4, p. 42–47, 2018.

MORAES, E. *Siga os atores e as suas próprias ações: nos rastros das controvérsias sociotécnicas do turismo de base comunitária na rede Tucum – Ceará – Brasil*. Rio de Janeiro: (tese de doutorado) do Instituto de Psicologia, Pós-graduação em Psicossociologia de Comunidade Ecologia Social - PPG Eicos-UFRJ, 2019.

MORAES, R.; ANDION, C.; PINHO, J. "Cartografia das controvérsias na arena pública da corrupção eleitoral no Brasil". *Cadernos Ebape.BR*, p. 846–876, 2017.

MOTTA, R. S. DA. *As vantagens competitivas do Brasil nos instrumentos de mercado do Acordo de Paris*. Rio de Janeiro: Uerj, 2021.

NALEBUFF, B. J.; BRANDENBURGER, A. M. *Co-opetição*. Rio de Janeiro: Rocco, 1996.

NASCIUTTI, J. C. R. "Reflexões sobre o espaço da psicossociologia". Mimeo, p. 51-58, 1992.

NEOMONDO. "Cop 24 termina com avanços e um chamado para fortalecer as metas climáticas nacionais". In: *Estadão*. Disponível em: <http://www.neomondo.org.br/2018/12/28/cop-24-termina-com-avancos-e-um-chamado-para-fortalecer-as-metas-climaticas-nacionais/>. Acesso em: 2 fev. 2019.

NETO, V. B.; VILHENA, A. *Cempre Review 2019*. In: Cempre – Compromisso Empresarial para Reciclagem, p. 21, mar. 2019.

NUNES, J. M. G.; VILLARINHO, A. T.; PATROCÍNIO, G. "O mundo em vertigem: incerteza, antrifragilidade e ciência analítica na Grande Parada". In: TONON, Daniel H. P.; RANGEL, R. (Ed.). *Compliance estratégico* – volume 2. 1. ed. Belo Horizonte: Editora Dialética [livro eletrônico], 2020. p. 486–675.

OBSERVATÓRIO DO CLIMA. *Países que mais emitem carbono apresentam metas de redução até 2030.* Disponível em: <https://agenciabrasil.ebc.com.br/internacional/noticia/2015-10/cop21-paises-que-representam-90-das-emissoes-de-co-2-entregaram-metas />. Acesso em: 2 fev. 2019.

OBSERVATÓRIO DO CLIMA. *Quatro agências confirmam: 2018 foi o 4º ano mais quente da história.* Disponível em: <https://www.oc.eco.br/quatro-agencias-confirmam-2018-foi-o-4o-ano-mais-quente-da-historia/#:~:text=Quatro%20ag%-C3%AAncias%20confirmam%3A%202018%20foi%20o%204%C2%BA%20ano%20mais%20quente%20da%20hist%C3%B3ria&text=DO%20OC%20%E2%80%93%20O%20ministro%20do,%E2%80%9Cdaqui%20a%20500%20anos%E2%80%9D.>. Acesso em: 13 fev. 2019.

OLIVEIRA, M. E. *Esta pauta é verde? Uma análise da cobertura jornalística sobre as políticas públicas de conservação da biodiversidade no Brasil.* Rio de Janeiro: UFRJ: 2016, 385f. (tese de doutorado) do Instituto de Economia, Programa de Pós-Graduação em Políticas Públicas, Estratégias e Desenvolvimento da UFRJ, 2016.

ONUBR. *A Agenda 2030 para o desenvolvimento sustentável.* Disponível em: <http://www.agenda2030.com.br/sobre/>. Acesso em: 28 mar. 2021.

OPAS/OMS BRASIL. *Folha informativa sobre covid-19.* Disponível em: <https://www.paho.org/pt/covid19>. Acesso em: 6 mai. 2020a.

OPAS/OMS BRASIL. *OMS declara emergência de saúde pública de importância internacional por surto de novo coronavírus.* Disponível em: <https://www.paho.org/pt/news/30-1-2020-who-declares-public-health-emergency-novel-coronavirus>. Acesso em: 6 mai. 2020b.

ORTAS, E. et al. "The impact of institutional and social context on corporate environmental, social and governance performance of companies committed to voluntary corporate social responsibility initiatives". In: *Journal of Cleaner Production*, v. 108, p. 673–684, 2015.

OTTMAN, J. A. *As novas regras do marketing verde: estratégias, ferramentas e inspiração para o branding sustentável.* São Paulo: M. Books do Brasil Editora Ltda., 2012.

OTTMAN, J. A. *Marketing verde: desafios e oportunidades para a nova era do marketing.* São Paulo: Makron Books, 1992.

OTTMAN, J. A. "The five simple rules of green marketing". *Design Management Review*, v. 19, n. 4, p. 65–69, 2010.

PACETE, L. G. *CEO da Coca-Cola reforça o papel da inovação em rede*. Disponível em: <https://www.meioemensagem.com.br/gente/acontece-no-meio/coca-cola-cria-diretoria-de-inclusao-e-unifica-comunicacao>. Acesso em: 7 abr. 2021.

PACKAHOLICBLOG. *Coca-Cola : cada garrafa tem uma história – Tião Santos*. Disponível em: <https://www.youtube.com/watch?v=BoYRoCJnAYU>. Acesso em: 28 mar. 2021.

PARENTE, A. *Imagem-máquina: a era das tecnologias do virtual*. Rio de Janeiro: Editora 34, 1993.

PASSOS, E.; KASTRUP, V. *Dossiê cartografia: pistas do método da cartografia* – Vol. II. mai./ago. In: *Fractal: Revista de Psicologia*. Rio de Janeiro: UFF, 2013a.

PASSOS, E.; KASTRUP, V. "Pista da validação: sobre a validação da pesquisa cartográfica: acesso à experiência, consistência e produção de efeitos". In: *Pistas do método da cartografia: a experiência da pesquisa e o plano comum*. 2. ed. Porto Alegre: Sulina, 2016.

PASSOS, E.; KASTRUP, V. "Sobre a validação da pesquisa cartográfica: acesso à experiência, consistência e produção de efeitos", maio/ago. In: *Fractal: Revista de Psicologia*. Rio de Janeiro: UFF, 2013b. p. 391-414.

PASSOS, E.; KASTRUP, V.; TEDESCO, S. *Pistas do método da cartografia: a experiência da pesquisa e o plano comum*. Porto Alegre: Editora Sulina, 2016.

PASSOS, E.; KASTRUP, V; TEDESCO, S. *Pistas do método da cartografia: pesquisa-intervenção e produção de subjetividade*. 4. ed. Porto Alegre: Editora Sulina, 2015.

PATROCÍNIO, G.; NUNES, J. M. (Ed.). *Design & desenvolvimento: 40 anos depois*. São Paulo: Editora Blücher, 2018.

PBMC. *Mudanças climáticas e cidades. relatório especial do painel brasileiro de mudanças climáticas*. Rio de Janeiro: Coppe-UFRJ, 2016. Disponível em: <http://www.pbmc.coppe.ufrj.br/documentos/Relatorio_UM_v10-2017-1.pdf>.

PEATTIE, K. *Environmental marketing management*. Londres: Pitman, 1992.

PEATTIE, K.; CHARTER, M. "Green marketing". In: *The Marketing Book*. Burlington: Elsevier, 2003. p. 726-756.

PEDRO, R. "Sobre redes e controvérsias: ferramentas para compor cartografias psicossociais". In: *Teoria Ator-Rede e Psicologia*. Rio de Janeiro: Nau, 2010. p. 256.

PELBART, P. *Da polinização em filosofia*. Disponível em: <https://territoriosdefilosofia.wordpress.com/2015/07/26/da=-polinizacao-em-filosofia-peter-pal-pelbart/?blogsub-confirming#subscribe-blog>. Acesso em: 18 nov. 2018.

PELBART, P. Império, por Peter Pál Pelbart. *RAE Revista de Administração de Empresas*, v. 42, n. 4, p. 110–111, 2002.

PELBART, P. *O avesso do niilismo: cartografias do esgotamento*. São Paulo: N-1 Edições, 2013a.

PELBART, P. *Uma nova coreografia política*. Disponível em: < https://alegrar.com.br/notas-e-ensaios-12/>. Acesso em: 15 abr. 2021b.

PELBART, P. *Vida capital: ensaios de biopolítica*. São Paulo: Iluminuras, 2003.

PENTEADO, C. Coca-Cola divulga ações de sustentabilidade em "Cada garrafa tem uma história: vida de personagens envolvidos nos projetos realizados pela marca é contada nas peças". Disponível em: <https://exame.com/marketing/coca-cola-divulga-acoes-de-sustentabilidade-em-cada-garrafa-tem-uma-historia/>. Acesso em: 1 abr. 2021.

PEREIRA, B. C. DO C. *Um olhar sobre o marketing ambiental pela perspectiva da ecopropaganda: uma questão ética ou estética?* Rio de Janeiro: UFRJ: 2017, 76f. (Monografia de graduação em Comunicação) da Eco-UFRJ, 2017.

PEREIRA, R. *User experience design: como criar produtos digitais com foco nas pessoas* [Livro eletrônico]. São Paulo: Editora Casa do Código, 2018.

PETRÓLEO HOJE. *Biogás para Reduc em 2011*. Disponível em: <https://petroleohoje.editorabrasilenergia.com.br/biogas-para-reduc-em-2011/#:~:text=O Consórcio Nova Gramacho%2C responsável,da unidade até à Reduc>. Acesso em: 1 abr. 2021.

PINHO, J. B. *O poder das marcas*. São Paulo: Summus, 1996.

POLONSKY, M. J. "An introduction to green marketing". In: *Global Environment: Problems and Policies*, v. 2, n. 1, p. 1-10, 2008.

PONTES, F.; TAVARES, F. *Ecosofia das marcas. As três ecologias na publicidade verde*. 1. ed. Curitiba: Appris, 2017.

PONTES, F.; TAVARES, F. "Uma breve reflexão sobre as três ecologias e a produção de subjetividade através da publicidade". In: *Congresso internacional comunicação e consumo*. Anais...São Paulo: Comunicon, 2014.

POPCORN, F. *Five trends for marketers to watch in 2018*. Disponível em: <https://www.forbes.com/sites/onmarketing/2018/01/24/five-trends-for-marketers-to-watch-in-2018/?sh=39953dea751c>. Acesso em: 12 fev. 2019.

POPCORN, F. *O relatório Popcorn: centenas de ideias novos produtos, emprendimentos e novos mercados*. Rio de Janeiro: Campus, 1993.

PORTER, M.; KRAMER, M. "Creating shared value". *Harvard Business Review*, v. 89, 2011b.

PORTER, M.; KRAMER, M. *Cultura Organizacional: criação de valor compartilhado. Harvard Business Review Brasil*. Disponível em: <https://hbrbr.uol.com.br/criacao-de-valor-compartilhado/>. Acesso em: 26 jan. 2019a.

PORTER, M.; KRAMER, M. *The big idea: creating shared value*. Disponível em: <https://hbr.org/2011/01/the-big-idea-creating-shared-value>. Acesso em: 2 fev. 2019b.

PORTER, M.; KRAMER, M. "The big idea: creating shared value. How to reinvent capitalism - and unleash a wave of innovation and growth". *Harvard Business Review*, v. jan- fev, p. 1–17, 2011a.

PORTER, M.; LINDE, C. "Green and competitive: ending the stalemate". *Harvard Business Review*, p. 120–134, 1995.

PORTER, M.; MONTGOMERY, C. *A busca da vantagem competitiva*. Rio de Janeiro: Campus, 1998.

PORTILHO, F. "Consumo sustentável: limites e possibilidades de ambientalização e politização das práticas de consumo". *Cadernos Ebape.BR*, 2005.

POWELL, G. R. *Return on marketing investment: demand more from your marketing and sales investments*. Atlanta: RPI Press, 2002.

PRAGMA. *Soluções práticas. Resultados sustentáveis*. Disponível em: <https://www.pragma.eco.br/#quem-somos>. Acesso em: 4 abr. 2021.

PRAHALAD, C. K.; HAMEL, G. *Competindo pelo futuro*. 2. ed. Rio de Janeiro: Campus, 2005.

PRAHALAD, C. K.; HART, S. L. *The fortune at the bottom of the pyramid*. Disponível em: <https://people.eecs.berkeley.edu/~brewer/ict4b/Fortune-BoP.pdf>. Acesso em: 2 fev. 2019.

PRIETO, D. Vaca *99 não é 100*, de Tião Santos é destaque na abertura da Cow Parade Rio 2011. Disponível em: <Riohttps://gardensofmylife.blogspot.com/2011/11/cow-parade-rio-de-janeiro-2011.html>. Acesso em: 11 dez. 2023.

PROMOVIEW. *Coca-Cola apresenta resultados do Projeto Coletivo*. Disponível em: <https://www.promoview.com.br/categoria/geral/coca-cola-apresenta-resultados-do-projeto-coletivo.html>. Acesso em: 21 mar. 2021.

PROPAGANDAS HISTÓRICAS. *Coca-Cola: "Isto Faz um Bem"*. Disponível em: <https://www.youtube.com/watch?v=ui1fJ9WcKTs&t=44s>. Acesso em: 31 mar. 2021.

QUELHAS, O.; MEIRIÑO, M.; FRANÇA, S.; NETO, J.; FILHO, C. *Tecnologia, inovação e sustentabilidade na gestão: perspectivas e práticas organizacionais*. Rio de Janeiro: Global South Press, 2017.

REPÓRTER MT. *Coca-Cola aposta no Brasil e lança campanha da Copa 2014. Empresa terá comercial e embalagens temáticas*. Disponível em: < https://www.reportermt.com/nacional/coca-cola-aposta-no-brasil-e-lanca-campanha-da-copa-2014/18068>. Acesso em: 28 mar. 2021.

ROBERTS, K. *Lovemarks: o futuro além das marcas*. São Paulo: M. Books do Brasil Editora Ltda., 2005.

ROCHA, L. "Como ser cidadão: política, globalização e algoritmos". *Matrizes*, v. 14, n. 2, p. 327-332, 2020.

ROLNIK, S. Esquizoanálise e antropofagia. In: *Gilles Deleuze. Uma vida filosófica*. São Paulo: Editora 34, 2000.

ROLNIK, S. "Pensamento, corpo e devir: uma perspectiva ético/estético/política no trabalho acadêmico". Núcleo de Estudos e Pesquisas da Subjetividade, Programa de Estudos de Pós Graduados de Psicologia Clínica, In: *Revistas PUC-SP*, 1993.

ROLNIK, S. *Subjetividade e globalização: um olhar clínico para o contemporâneo*. Disponível em: <https://www.pucsp.br/nucleodesubjetividade/Textos/SUELY/Toxicoidentid.pdf>. Acesso em: 29 set. 2018.

ROMAGNOLI, R. "Os processos de subjetivação e seus efeitos no atendimento focado no desenvolvimento profissional". In: *Psicologia em Revista*, p. 602–619, 2014.

ROVAI, A.; TALPAI, B. *Política ambiental: o Brasil necessita de maturidade*. Disponível em: < https://revistaforum.com.br/politica/2019/1/27/politica-ambiental-brasil-necessita-de-maturidade-52224.html>. Acesso em: 29 jan. 2019.

RYAN, T. *As estrelas da música e nossos jingles dos anos 1960*. Disponível em: <https://www.cocacolabrasil.com.br/historias/historia/as-estrelas-da-musica-e-nossos-jingles-dos-anos-1960>. Acesso em: 1 abr. 2021.

SÁ, S. DE. *Coca-Cola lança embalagem sustentável – PlantBottle é 30% à base do etanol da cana-de-açúcar*. Disponível em: <https://exame.com/marketing/coca-cola-lanca-embalagem-sustentavel-544083/>. Acesso em: 21 mar. 2021.

SAFATLE, A. *Ecosofia põe a vida no centro do universo*. Disponível em: <http://pagina22.com.br/2015/07/06/ecosofia-poe-a-vida-no-centro-do-universo/>. Acesso em: 12 dez. 2018.

SANTOS, M. *Planejamento de marketing: uma abordagem prática* [livro eletrônico]. Curitiba: Appris, 2020.

SANTOS, T. *Tião: do lixão ao Oscar*. São Paulo: Leya, 2014.

SANTOS, T. *Tião Santos no Programa do Jô: o lixo extraordinário*. Disponível em: <https://www.youtube.com/watch?v=6KcfzTf7iqk&t=19s>. Acesso em: 29 mar. 2021.

SAWAIA, B. "Comunidade: a apropriação científica de um conceito tão antigo quanto a humanidade". In: *Psicologia social comunitária: da solidariedade à autonomia*. 16. ed. Rio de Janeiro: Vozes, 2010.

SCIENCESPO. *La cartographie des controverses*. Disponível em: <http://controverses.sciences-po.fr/archive/biocarburants/controverse_carto.html>.Acesso em: 2 fev. 2019.

SELGAS, F. J. G. *Posthumanismo(s) y ciências sociales: una introducción. Política e Sociedad*, v. 45, n. 3, p. 7–15, 2008.

SHERLOCK. *Estudo de caso pimp my carroça*. Disponível em: <https://www.sherlockcomms.com/pt/estudo-de-caso-pimp-my-carroca/>. Acesso em: 7 abr. 2021.

SHETH, J. N.; USLAY, C. Implications of the revised definition of marketing: from exchange to value creation. *American Marketing Association*, v. 26, n. 2, p. 302–307, 2007.

SILVA, A. A.; TAVARES, M. R. "Exemplos e práticas da produção de 'kits de subjetividade verde', como narrativas de modelagens marcárias no consumo da natureza". *Dossiê: Caleidoscópio do Consumo*, n. 187, p. 23–34, dez. 2016.

SILVA, H. *A utilização de plataformas por agências digitais para desenvolver e gerenciar o marketing na internet das empresas*. Florianópolis (trabalho de conclusão de curso - TCC) - Instituto Federal de Santa Catarina - CST, 2018.

SILVA FILHO, C.; SOLER, F. *Gestão de resíduos sólidos: o que diz a lei*. São Paulo: Trevisan Editora Universitária, 2012.

SILVA, T. et al. "Marketing verde como estratégia para pequenas empresas: agregando valor à marca e fidelizando clientes". *Revista Sodebras*, v. 9, n. 103, p. 17–24, 2014.

SMITH, A. *The theory of moral sentiments, ed. DD Raphael and AL Macfie*. Oxford: Oxford University Press, 1976.

SOLOMON, M. R. *O comportamento do consumidor: comprando, possuindo e sendo*. 5. ed. Porto Alegre: Bookman, 2002.

SOUSA, D. Coca-Cola eleva investimento para R$ 3 bilhões no Brasil em 2017. Expectativa da empresa é que o Brasil apresente aceleração nas vendas de refrigerantes reduzidos em açúcar. Disponível em: <https://www.estadao.com.br/economia/coca-cola-eleva-investimento-para-r-3-bilhoes-no-brasil-em-2017/>. Acesso em: 2 abr. 2021.

SPITZECK, H. H.; ÁRABE, M.; PEREIRA, N. C. V. B. R. "Como priorizar temas socioambientais de acordo com sua relevância para o negócio?" In: *Guia How-to. Matriz de Materialidade – Fundação Dom Cabral (FDC)*, p. 1–24, 2016.

STERN, P. C. "Psychological dimensions of global environmental change". *Annual Review of Psychology*, v. 43, p. 269–302, 1992.

STREY, M. N. ET AL. *Psicologia social contemporânea: livro-texto*. Petrópolis, RJ: Vozes, 2013.

STRUM, S.; LATOUR, B. Redefining the social link: from baboons to humans. In: *Social Science Information)*, v. 26, n. 4, p. 783-802, 1987.

TACHIZAWA, T. *Gestão ambiental e responsabilidade social corporativa*. 8. ed. São Paulo: Atlas, 2015.

TAVARES, F. *Ecopoder, capitalismo rizomático e a noopolítica do consumo* – ADM A Live-CRA-RJ, 2020. Disponível em: <https://www.youtube.com/watch?v=t9q2sS-t7BAY&t=2556s>. Acesso em: 25 mai. 2021

TAVARES, F. *Gestão da marca: Estratégia e marketing*. Rio de Janeiro: Editora E-papers, 2003.

TAVARES, F. "Kits de subjetividade verde. O consumo da natureza e as modelagens marcárias nas tensões do controle e do capitalismo rizomático". *Revista Espaço Acadêmico*, n. 187, p. 1–12, dez. 2016.

TAVARES, F. *Natureza S/A? O consumo verde na lógica do ecopoder*. Rio de Janeiro: UFRJ: 2007, 362f. (tese de doutorado) do Instituto de Psicologia, Programa Eicos--UFRJ, 2007.

TAVARES, F. "Natureza S/A: o ecopoder dos atores sociais e a produção do consumo verde no brasil através do olhar de um rizoma". In: *Revista de administração da UEG*, p. 18, 2014a.

TAVARES, F. "Sustentabilidade líquida: o consumo da natureza e a dimensão do capitalismo rizomático nos platôs da sociedade de controle". In: *Sinais sociais*. Rio de Janeiro: Sesc, Departamento Nacional, 2014b. p. 71–95.

TAVARES, F.; FERREIRA, G. "Marketing verde: um olhar sobre as tensões entre greenwashing e ecopropaganda na construção do apelo ecológico na comunicação publicitária". *Revista Espaço Acadêmico*, n. 138, p. 23–31, 2012.

TAVARES, F.; IRVING, M. "Do biopoder ao ecopoder: um olhar sobre o consumo verde através dos conceitos de rizoma e sociedade de controle". V Encontro Nacional da Anppas. In: *Anais...* Florianópolis: Anppas, 2010.

TAVARES, F.; IRVING, M. "Do sólido ao líquido: consumo, logo existo". *Comum*, v. 13, n. 29, p. 90–116, 2007.

TAVARES, F.; IRVING, M. *Natureza S.A.: o consumo verde na lógica do ecopoder*. São Carlos: RiMa Editora, 2009.

TAVARES, F.; IRVING, M. "Sustentabilidade líquida: ressignificando as relações entre natureza, capital e consumo em tempo de fluidez". *Revista Espaço Acadêmico* (Universidade Estadual de Maringá - UEM), v. 13, n. 151, p. 1–11, 2013.

TAVARES, F. et al. "As mulheres vão às compras: um estudo teórico-empírico do comportamento feminino intergeracional e do 'consumo verde' no Rio de Janeiro. *Revista de Administração da UEG*, n. 7, 2016.

TAVARES, F. et al. "The 'green consumption' and the rhizomatic capital strategy: ads and reports in the brazilian media. Advances in Applied Sociology, v. 7, p. 35–63, 2017. In: *Scientific Research*.

TAVARES, F.; IRVING, M.; VARGAS, R. "O 'ter humano' e os 'kits de subjetividade': uma perspectiva psicossociológica do consumo através da publicidade". *Revista Conexões PSI*, v. 2, n. 1, p. 109–127, 2014.

TAYLOR, F. W. *Scientific management*. Nova York: Harper Roe, 1911.

TEIXEIRA, M. DE O. "A ciência em ação: seguindo Bruno Latour". In: *História, Ciências, Saúde*. 1. ed. Rio de Janeiro: Livros & Redes, 2001. p. 265–289.

THE COCA-COLA COMPANY. "Business & Sustainability Report". *Sustainability Report*, 2023. Disponível em: https://www.coca-colacompany.com/reports/business-and-sustainability-report. Acesso em: 14 dez. 2023.

THE COCA-COLA COMPANY. *The Coca-Cola Company: Mundo sem Resíduos.* Disponível em: <https://www.cocacolabrasil.com.br/sustentabilidade/mundo--sem-residuos>. Acesso em: 20 abr. 2020a.

TONON, D.; RANGEL, R. "Como apresentação do livro, recordamos um filme". In: *Compliance estratégico*. Belo Horizonte: Editora Dialética [livro eletrônico], 2020. p. 312.

TÖPKE, D. *A rede dos stakeholders na produção da Responsabilidade $ocioambiental Compartilhada (R$C): investigando processos psicossociais nas tessituras do controle e do capitalismo rizomático.* Rio de Janeiro: UFRJ: 2018, 298f. (tese de doutorado) do Instituto de Psicologia, Programa Eicos-UFRJ, 2018.

TÖPKE, D.; TAVARES, F. R$C: *Responsabilidade $ocioambiental Compartilhada no Brasil.* 1. ed. Curitiba: Appris, 2019.

UN CC:LEARN. *Introdução à ciência da mudança climática* UN CC:Learn, 2018. (Nota técnica).

UNESCO. *Pesquisa pública "O mundo em 2030": mudança climática e perda da biodiversidade.* Disponível em: <https://www.unesco.org/pt/articles/pesquisa-publica-o-mundo-em-2030-mudanca-climatica-e-perda-da-biodiversidade-sao-de--longe-maiores>. Acesso em: 25 mai. 2021.

UNFCCC. *The Paris Agreement.* Disponível em: <https://unfccc.int/process-and--meetings/the-paris-agreement>. Acesso em: 21 mar. 2021.

UNFCCC. *The twenty-third session of the Conference of the Parties (COP 23).* Disponível em: <https://unfccc.int/process-and-meetings/conferences/past-conferences/un-climate- change-conference-november-2017/sessions-of-negotiating-bodies/cop-23>. Acesso em: 22 jun. 2021.

VAN D., Y. K.; APELDOORN, P. A. Sustainable marketing. *Journal of Macromarketing*, v. 16, n. 2, p. 45–56, 1996.

VARGAS, R.; TAVARES, F. *Mídia e consumo: a subjetividade como mercadoria.* Curitiba: Editora Appris, 2018.

VARIAN, H. R. *Microeconomia: uma abordagem moderna*. Rio de Janeiro: Elsevier, 2012.

VENTURINI, T. "Building on faults: how to represent controversies with digital methods". *Public Understanding of Science*, v. 21, n. 7, p. 796–812, 2012.

VENTURINI, T. "Diving in magma: how to explore controversies with actor--network theory". *Public Understanding of Science*, v. 19, n. 3, p. 258–273, 2010.

VENTURINI, T.; MUNK, A.; JACOMY, M. "Ator-rede versus Análise de Redes versus Redes Digitais: falamos das mesmas redes?" São Paulo: Galáxia, n. 38, p. 5–27, 2018.

VIEIRA, M. *Nova Coca-Cola sem açúcar: é a melhor Coca-Cola de todos os tempos?* Disponível em: <https://www.cocacolabrasil.com.br/historias/marcas/nova-coca-cola-sem-acucar-melhor-coca-cola-de-todos-os-tempos>. Acesso em: 25 mai. 2021.

VILLAR, A. *Marketplace: teoria e prática* [recurso eletrônico]. São Paulo: Soul Editora, 2021.

WILKIE, W. L; MOORE, E. S. Scholarly Research in Marketing: Exploring the "4 Eras" of Thought Development. *Journal of Public Policy & Marketing*, v. 22, n. 2, p. 116– 146, 2003.

WILKIE, W. L.; MOORE, E. S. Marketing's Contributions to Society. In: *Journal of Marketing*, 1999.

WWF-BRASIL. *Novo relatório do IPCC sobre aquecimento de 1,5 °C pede mais esforços para ação climática*. Disponível em: <https://www.wwf.org.br/?67822/Relatrio-do-IPCC-2018-sobre-aquecimento-global-de-15C-incita-mais-esforços-para-ao-climtica-global>. Acesso em: 12 dez. 2018.

A Editora Senac Rio publica livros nas áreas de Beleza e Estética, Ciências Humanas, Comunicação e Artes, Desenvolvimento Social, Design e Arquitetura, Educação, Gastronomia e Enologia, Gestão e Negócios, Informática, Meio Ambiente, Moda, Saúde, Turismo e Hotelaria.

Visite o site www.rj.senac.br/editora, escolha os títulos de sua preferência e boa leitura.

Fique atento aos nossos próximos lançamentos!

À venda nas melhores livrarias do país.

Editora Senac Rio
Tel.: (21) 2018-9020 Ramal: 8516 (Comercial)
comercial.editora@rj.senac.br

Fale conosco: faleconosco@rj.senac.br

Este livro foi composto nas tipografias Athelas e Noka e impresso pela Imos Gráfica e Editora Ltda., em papel offset 90g/m², para a Editora Senac Rio, em abril de 2024.